DIANZI XINXI CHANYE ZHUANLI DAOHANG

电子信息产业专利导航

魏太琛　陈慧琪　余其凤　编著

海峡出版发行集团｜福建科学技术出版社

图书在版编目（CIP）数据

电子信息产业专利导航 / 魏太琛, 陈慧琪, 余其凤编著. —福州：福建科学技术出版社, 2023.12
　　ISBN 978-7-5335-7064-4

Ⅰ.①电… Ⅱ.①魏… ②陈… ③余… Ⅲ.①电子信息产业—产业发展—研究报告—莆田 Ⅳ.①F426.67

中国国家版本馆CIP数据核字（2023）第201984号

书　　名	电子信息产业专利导航
编　　著	魏太琛　陈慧琪　余其凤
出版发行	福建科学技术出版社
社　　址	福州市东水路76号（邮编350001）
网　　址	www.fjstp.com
经　　销	福建新华发行（集团）有限责任公司
印　　刷	福州万紫千红印刷有限公司
开　　本	787毫米×1092毫米　1/16
印　　张	15.75
字　　数	315千字
版　　次	2023年12月第1版
印　　次	2023年12月第1次印刷
书　　号	ISBN 978-7-5335-7064-4
定　　价	98.00元

书中如有印装质量问题，可直接向本社调换

前 言
CONTENTS

　　电子信息应用广泛，几乎融入人们生活的各个层面，人们的生产生活已经离不开电子信息技术。电子信息产业内涵非常丰富，包括微电子、光电子、软件、计算机、通信、网络、消费类电子、信息服务业等众多领域，但每个领域几乎都涉及设备、软件和服务业三大部分。

　　电子信息产业的竞争力一定程度上反映了一个国家或地区的信息化和工业化融合的程度，也代表了该国家或地区的智能制造水平。《电子信息产业专利导航》结合电子信息产业发展的市场环境、规模、结构布局和政策环境，通过对电子信息领域专利信息的深度挖掘，分析了电子信息产业的技术创新现状和未来发展方向。

　　同时，为了将专利导航在电子信息产业创新发展中的支撑作用更加具体化，本书还以莆田市电子信息产业为对象，揭示了莆田市电子信息产业发展方向，明晰莆田市电子信息产业发展现状及定位，并研究制定莆田市电子信息产业发展路径及专利布局规划，支撑莆田市电子信息产业转型升级。

　　《电子信息产业专利导航》总共分为七章：第一章为研究概况，第二章为电子信息产业发展现状，第三章为电子信息产业政策分析，第四章为新型显示技术领域专利分析，第五章为集成电路产业专利分析，第六章为智能终端电子产品及计算器产业专利分析，第七章为结论及建议。其中，第一章、第四章第四至第七小节、第七章第一至第二小节由魏太琛编著，该作者长期从事知识产权信息服务、产业竞争情报分析工作。第二章、第五章、第七章第三至第五小节由陈慧琪编著，该作者长期从事知识产权信息服务工作，主持或参与多项知识产权信息服务课题。第三章、第四章第一至第三小节、第六章由余其凤编著，该作者研究方向为情报分析和知识产权信息服务，熟悉专利分析实务。

《电子信息产业专利导航》编写过程中，得到有关部门领导、相关企业的大力支持，在此一并致以诚挚的谢意。谨向所有关心、支持和指导本书出版的领导、同仁表示衷心的感谢！

由于作者水平有限，书中陋知浅见在所难免，恳请广大读者不吝赐教。

作者谨识

2023 年 10 月

目 录
CONTENTS

第一章 研究概况

1.1 研究背景 2
1.2 研究目的 2
1.3 研究内容 3
  1.3.1 电子信息产业发展现状和方向 4
  1.3.2 莆田市电子信息区域发展定位 4
  1.3.3 莆田市电子信息产业发展路径 4
1.4 研究方法 5
  1.4.1 主要方法 5
  1.4.2 电子信息产业技术分解 5
  1.4.3 相关名词解释 6

第二章 电子信息产业发展现状

2.1 全球电子信息产业发展现状 10
  2.1.1 产业规模 10
  2.1.2 产业链 11
  2.1.3 产业技术演进趋势 11
  2.1.4 产业转移趋势 12
2.2 中国电子信息产业发展现状 13

2.2

2.2.1 产业规模 13
2.2.2 产业结构布局 13
2.2.3 产业发展历程 15
2.2.4 产业发展趋势 16

2.3 福建省电子信息产业现状 17

2.4 莆田市电子信息产业现状 19
    2.4.1 产业规模 19
    2.4.2 产品结构 20
    2.4.3 产业分布 20
    2.4.4 产业集聚态势初显 21

2.5 莆田市重点企业调研结果 22
    2.5.1 福建华佳彩有限公司 22
    2.5.2 仙游县元生智汇科技有限公司 23
    2.5.3 福建省福联集成电路有限公司 24
    2.5.4 福建安特微电子有限公司 25
    2.5.5 莆田市涵江永德兴电子石英有限公司 27
    2.5.6 福建省新威电子工业有限公司 28
    2.5.7 福建科创光电有限公司 30
    2.5.8 莆田市诺斯顿电子发展有限公司 32
    2.5.9 福建省飞阳光电有限公司 33
    2.5.10 莆田市涵江区依吨多层电路有限公司 35

第三章 电子信息产业政策分析

3.1 优势国家电子信息产业政策分析 38
    3.1.1 美国电子信息产业政策分析 39
    3.1.2 日本电子信息产业政策分析 40
    3.1.3 韩国电子信息产业政策分析 42

3.2 中国电子信息产业政策分析 43
    3.2.1 新型显示产业政策分析 48
    3.2.2 集成电路产业政策分析 50

3.2.3 智能终端产业政策分析 52
3.3 中国地方电子信息产业政策分析 54
3.3.1 上海市电子信息产业政策分析 54
3.3.2 苏州市电子信息产业政策分析 57
3.3.3 成都市电子信息产业政策分析 58
3.3.4 西安市电子信息产业政策分析 60
3.3.5 贵阳市电子信息产业政策分析 62
3.4 福建省电子信息产业政策分析 63
3.4.1 《关于进一步加快产业转型升级的若干意见》分析 63
3.4.2 《关于加快全省工业数字经济创新发展的意见》分析 64
3.4.3 《福建省"十四五"制造业高质量发展专项规划》分析 64
3.4.4 《福建省"十四五"战略性新兴产业发展专项规划》分析 66
3.5 莆田市电子信息产业政策分析 67
3.5.1 《莆田市人民政府关于推进"互联网+"行动的实施意见》分析 67
3.5.2 《莆田市"十三五"产业发展专项规划》分析 67
3.5.3 《关于印发莆田市"343"重点产业规划的通知》分析 68
3.5.4 《莆田市创新驱动发展战略行动方案（2023—2025年）》分析 68
3.5.5 《莆田市制造业数字化转型行动方案（2023—2025年）》分析 69
3.6 电子信息产业政策分析小结 69
3.6.1 优势国家电子信息产业政策小结 69
3.6.2 中国电子信息产业政策小结 70

3.6.3 中国地方电子信息产业政策小结 70
3.6.4 莆田市电子信息产业政策小结 71

第四章 新型显示技术领域专利分析

4.1 全球新型显示技术领域产业发展现状 74
 4.1.1 新型显示技术基本信息 74
 4.1.2 新型显示技术分类 74
 4.1.3 新型显示技术产业应用和产业链 75
 4.1.4 新型显示技术产业现状 76
 4.1.5 新型显示技术领域发展趋势 78

4.2 全球新型显示技术领域专利分析 81
 4.2.1 专利申请趋势分析 81
 4.2.2 专利地域分布 83
 4.2.3 专利申请人分析 84
 4.2.4 专利发明人分析 85
 4.2.5 专利技术生命周期分析 85
 4.2.6 失效和到期专利分析 87
 4.2.7 技术发展路线分析 88

4.3 全球新型显示领域龙头企业分析 90
 4.3.1 三星集团 90
 4.3.2 LG 集团 95
 4.3.3 京东方科技集团股份有限公司 97
 4.3.4 华星光电技术有限公司 98

4.4 中国新型显示领域专利分析 100
 4.4.1 专利申请趋势 101
 4.4.2 专利布局结构 103
 4.4.3 专利申请人分析 103
 4.4.4 区域创新实力定位 106
 4.4.5 产业结构定位 110

4.5 福建省重点企业分析 111
　　4.5.1 福建华佳彩有限公司 111
　　4.5.2 福建省飞阳光电有限公司 122
　　4.5.3 仙游县元生智汇科技有限公司 144
4.6 莆田市产业定位分析 149
4.7 小结 149

第五章 集成电路产业专利分析

5.1 集成电路领域产业发展现状 154
　　5.1.1 基本信息 154
　　5.1.2 产业基础数据 156
　　5.1.3 集成电路产业特点 157
　　5.1.4 面临的问题 159
5.2 中国集成电路领域专利概况 160
　　5.2.1 总体趋势 160
　　5.2.2 专利布局结构 161
　　5.2.3 创新主体统计 161
5.3 细分领域专利分析 163
　　5.3.1 IC 设计／结构 163
　　5.3.2 IC 制造 164
　　5.3.3 IC 封测 165
5.4 莆田市创新实力定位 167
5.5 莆田市重点企业分析 177
　　5.5.1 福建省福联集成电路有限公司 177
　　5.5.2 安特微电子有限公司 190
5.6 莆田市产业定位分析 197
5.7 分析结论 198

第六章 智能终端电子产品及计算器产业专利分析

6.1 智能终端电子产品及电子计算器产业链相关产品..................202
 6.1.1 智能终端的概念及其作用..............202
 6.1.2 我国智能终端产业集聚区..............202
 6.1.3 全球智能终端产业发展动态..............204
 6.1.4 我国智能终端存在的问题..............205

6.2 智能终端产品领域全球专利分析..............206
 6.2.1 专利申请趋势分析..............206
 6.2.2 专利技术来源国和应用国分析..............207
 6.2.3 主要专利申请人及竞争力分析..............208
 6.2.4 专利价值度分析..............209

6.3 智能终端产品领域中国专利分析..............209
 6.3.1 专利申请趋势..............209
 6.3.2 专利布局结构..............210
 6.3.3 专利申请人分析..............211
 6.3.4 区域创新实力定位..............212
 6.3.5 莆田市专利分析..............214

6.4 分析结论..............216

第七章 结论及建议

7.1 专利导航分析结论..............218
 7.1.1 产业由发达国家向新兴经济体转移..............218
 7.1.2 技术集中度高,龙头企业优势明显..............219
 7.1.3 产业发展需要开放创新和自主创新并重....219
 7.1.4 莆田市电子信息产业创新能力有较大提升空间..............219

7.2 莆田市电子信息产业发展定位分析..............221
 7.2.1 莆田市电子信息产业发展优势..............221
 7.2.2 莆田市电子信息产业发展劣势..............222

7.2.3 莆田市电子信息产业发展机遇 223
　　　7.2.4 莆田市电子信息产业发展挑战 224
　　　7.2.5 莆田市电子信息产业发展定位SWOT分析
　　　　　（态势分析）.. 224
　7.3 莆田市电子信息产业技术发展规划建议 225
　　　7.3.1 全球技术发展热点 225
　　　7.3.2 莆田市技术基础 226
　　　7.3.3 莆田市技术发展路线建议 226
　7.4 莆田市电子信息产业发展策略建议 227
　　　7.4.1 构建良好的营商环境体系 228
　　　7.4.2 提升企业创新能力 229
　　　7.4.3 增强企业竞争力 231
　7.5 莆田市电子信息产业发展其他建议 232
　　　7.5.1 对管理及服务部门的建议 232
　　　7.5.2 对企业的发展建议 236

参考文献 239

第一章

研究概况

1.1 研究背景

电子信息产业是在电子科学与技术的发展和应用的基础之上发展起来的，指的是研制和生产电子设备的产业，具有现代化和高科技化的特点，其应用于许多行业和领域，包括通信设备、电子计算机设备、军事设备、导航设备、电子仪器设备等。目前，电子信息应用广泛，几乎融入人们生活的各个层面，人们的生产生活已经离不开电子信息技术。

电子信息制造业的竞争力一定程度上反映了一个国家或地区的信息化和工业化融合的程度，也代表了该国家或地区的智能制造水平。电子信息产业的发展由于生产技术的提高和加工工艺的改进，集成电路差不多每三年就更新一代；大规模集成电路和计算机的大量生产和使用，光纤通信、数字化通信、卫星通信技术的兴起，使电子工业成为一个迅速崛起的高技术产业。

专利导航是在我国深入实施创新驱动发展战略的新形势下，在专利信息运用方面探索创新并及时总结出的一系列新理念、新机制、新方法和新模式。目前，专利导航已经覆盖区域规划类、产业规划类、企业经营类、研发活动类、标准运用类和人才管理类六种具体的应用场景，形成了多层次、开放式、立体化的方法体系，成为我国产业政策和创新发展不可或缺的重要内容。专利导航其实就是利用专利信息进行剖析的一种系统，为区域、产业转型升级，企业创新发展，标准制定，人才管理提供关于方向、定位及其之间路径信息的决策规划辅助方法。它可以帮助我们：洞悉产业或技术全景与发展态势，洞悉风险隐患，寻找发展机遇，精准决策，优化资源配置并提高创新效率和水平。

1.2 研究目的

电子信息产业是我国重点发展的产业，通过实施产业专利导航，并充分运用产业规划类专利导航项目成果，在产业专利布局态势和竞争格局的基础上开展企业专利导航，以发挥专利信息资源在技术创新发展中的引导作用，助力供给侧结构性改革，促进产业转型升级；逐步引导企业充分利用专利导航加强专利布局和预警，建立专利导航科技创新的决策机制，促进专利保护和运用。

莆田市是福建省电子信息产业的核心布局点之一、海峡西岸经济区电子信息产业重点基地，对莆田电子信息产业开展专利导航分析具有典型意义。以专利导航为媒介，以专利信息资源深度开发利用为基础，开展莆田市电子信息产业专利导航工作，有助于揭示莆田市电子信息产业发展方向，明晰莆田市电子信息产业发展现状及定位，研究制定莆田市电子信息产业发展及专利布局规划，导航和支撑莆田市电子信息产业转型升级。

根据前期的产业信息调研，与莆田市知识产权局、莆田市发改委、莆田市经信委等相关部门讨论沟通，结合莆田市产业发展实际，确定莆田市电子信息产业专利导航包括以下三个重要领域：新型显示技术、集成电路、智能终端电子产品以及与这三个产业链相关的其他电子信息领域（下文简称：智能终端），其中，新型显示技术将作为莆田市电子信息产业专利导航项目的重点研究领域。

导航项目分析电子信息产业专利拟解决下列关键问题：

（1）对电子信息领域的专利信息进行检索、分类、标引和加工，为建立基于BS架构的电子信息产业专利专题数据库做基础工作。

（2）对电子信息产业专利现状进行分析，包括申请量趋势、主要专利申请人、专利分布领域和侧重点等，为政府指导产业发展提供科学依据。

（3）跟踪分析国外电子信息领域重点公司在我国专利布局情况和对我国、福建省和莆田市电子信息产业发展的影响，指出在大力发展电子信息产业过程中可能存在的专利侵权风险。

（4）分析当前电子信息发明热点及技术空白点，充分了解国外重点国家的电子信息产业专利布局及专利创新情况，发现研究突破点。

（5）挖掘电子信息产业的核心专利，供我国、福建省和莆田市内相关研究和生产单位借鉴技术并注意规避技术风险；挖掘电子信息产业的技术空白点，为莆田市电子信息相关企业的技术布局提供参考，做到对行业的整体把控，占据技术制高点。

（6）结合莆田市实际，确定莆田市电子信息产业关键产业方向，重点专项进行分析，明确专利现状并绘制技术发展路线图及企业竞争力提升路线图，对莆田市电子信息产业发展有较强的、具有针对性的指引作用。

1.3　研究内容

电子信息产业包括微电子、光电子、软件、计算机、通信、网络、消费类电子以及信息服务业等众多领域。《电子信息产业统计工作管理办法》（2003）中将电子信息产业定义为：为实现制作、加工、处理、传播或接收信息等功能或目的，利用电子技术和信息技术所从事的与电子信息产品相关的设备生产、硬件制造、系统集成、软件开发以及应用服务等作业过程。

因此，电子信息产业链主要包括计算机、通信设备、电视、电子元器件、家用电器、智能终端等设备的制造、服务及应用软件的开发，涉及领域非常广泛。导航项目立足于莆田市电子产业重点领域，即新型显示技术、集成电路、智能终端电子产品领域，对这三个领域及相关电子信息产业全球及中国发展方向，莆田市发展定位、发展路径进行分析研究。

1.3.1　电子信息产业发展现状和方向

首先，从技术发展、产品供需、企业地位和产业转移等不同角度论证产业链与专利布局的关联度；其次，以电子信息产业链与其专利布局的关联度为基础，进一步从技术控制、产品控制及市场控制等角度论证全球产业竞争中专利控制力强弱程度，揭示专利控制力和产业竞争格局的关系；最后，以专利控制力为依据，预测产业结构体调整方向、技术发展重点方向和市场需求热点，为产业发展指明方向。

利用专利导航分析项目分析电子信息产业的全球核心专利分布及专利竞争格局，通过对产业价值链、核心技术、市场竞争力及重点领域专利申请情况的分析，全景揭示整个电子信息产业的结构调整方向、市场需求热点方向、技术发展重点方向，从而揭示电子信息产业发展现状和方向。

1.3.2　莆田市电子信息区域发展定位

区域产业发展定位立足区域电子信息产业现状，以专利信息对比分析为基础，将区域产业技术、人才、企业等要素资源在全球和我国电子信息产业链中进行定位，明确区域产业发展定位，并从宏观和微观两个层面揭示区域产业发展中存在的结构布局、企业培育、技术发展、人才储备等方面的问题。

研究莆田市电子信息产业的结构及专利布局的现状与趋势，近景聚焦莆田市在电子信息产业链的定位。通过对电子信息产业的目标需求分析，整理、分析和判断与电子信息产业主要产品和技术相关的技术领域的专利和非专利文献信息、国内外市场信息和其他信息，建立莆田市电子信息产业专利数据库，分析各个分支技术的技术发展、竞争态势、技术拥有者情况、研究热点方向等。

1.3.3　莆田市电子信息产业发展路径

区域产业发展路径导航模块以远景模式指出区域产业创新发展具体路径，包括但不限于：产业布局结构优化路径、企业整合及引进培育路径、技术引进及协同创新路径、人才培育及引进合作路径、专利协同运用和市场运营路径等。为莆田市内的产业结构优化升级、企业培育引进、技术及人才引进提升、专利协同创新及运营指明科学而具体的路线。系统完成对电子信息产业的专利分析，阐述全国电子信息产业的优势、劣势、机遇和威胁，并提出针对性的建议。

1.4 研究方法

1.4.1 主要方法

导航项目利用专业的专利分析工具和手段，对全球电子信息产业专利数据进行检索，在确保查准率和查重率的情况下开展相应的统计分析。分析主要是通过对专利文献相关著录事项的统计，通过人工分类检索，运用统计分析方法，分别从全球、中国和莆田市三个区域层次分析电子信息产业的关键技术、产业和市场的发展趋势、重点竞争对手、区域布局、发展方向等重点内容，并采用图表等可视化的形式直观显示统计的结果。同时辅以专业、详细的解读和分析，通过对产业技术发展趋势、标杆企业的技术走向、专利申请的密度区域、高危险区域等领域的分析，指导莆田市自创区企业和产业发展，规避技术和专利风险，找出相应产业的布局空白点，再结合省内企业专家、政府的建议和要求，指导自创区内的重点企业，进行深度的专利分析和挖掘，对核心专利文献进行分解和详尽的分析，梳理技术的发展脉络，了解技术的发展方向，实现技术的早研发、早布局和早产业化，并在此基础上，结合自创区龙头企业自身产品分析，实现重点企业的自我产品挖掘专利布局方案。

1.4.2 电子信息产业技术分解

根据前期的产业信息实地调研，基于莆田市知识产权局、莆田市发改委、莆田市经信委等相关部门讨论沟通以及重点企业（10家）对专利导航的分析需求的调研结果，结合《莆田市电子信息产业"十三五"发展规划》，确定莆田市电子信息产业专利导航包括以下四个分析领域：新型显示技术、集成电路、新型智能显示终端和电子计算器产业链相关产品，其中，新型显示技术将作为导航项目的重点研究领域。

莆田市电子信息产业按图1.1所示进行技术分解。

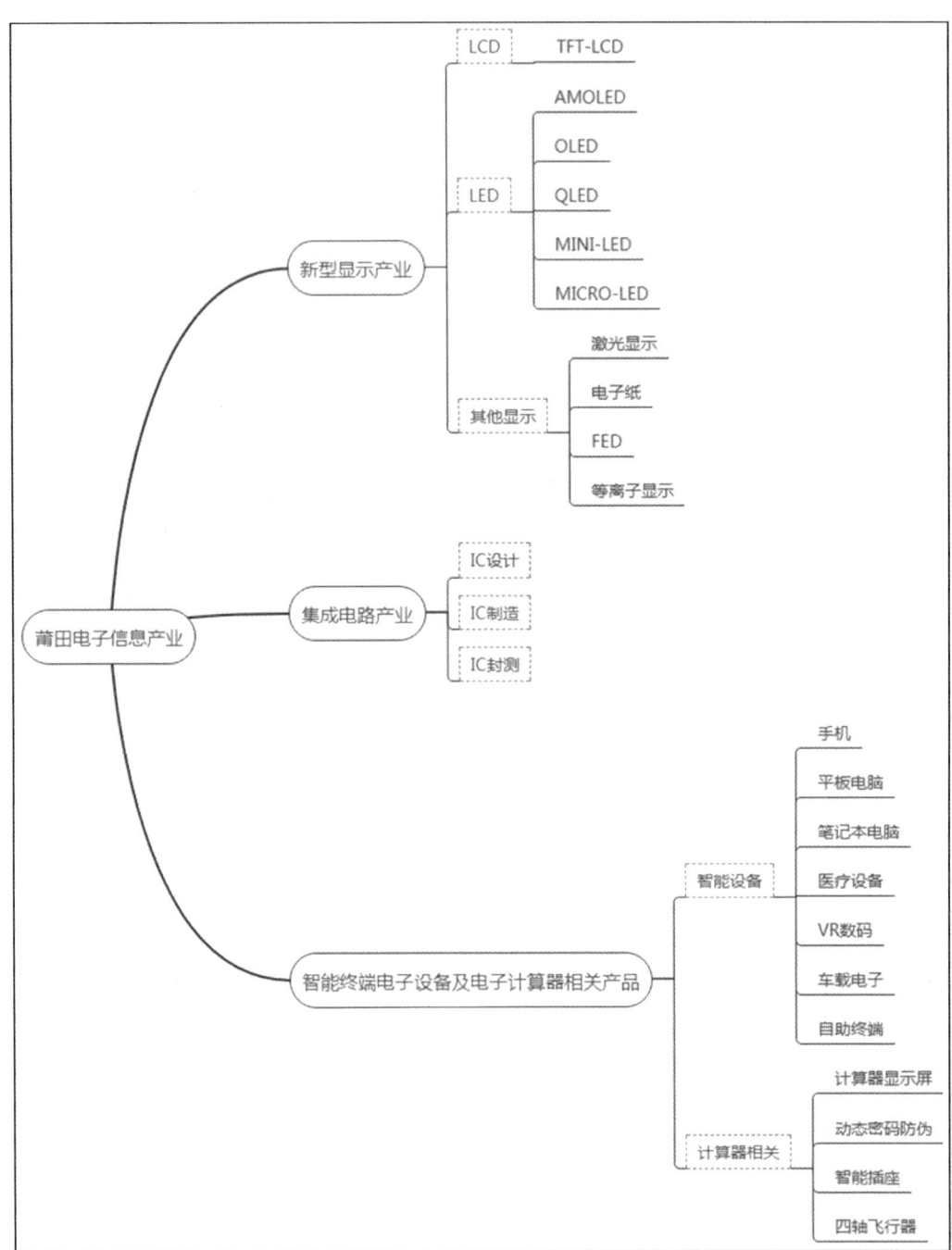

图 1.1　莆田市电子信息产业技术分解图

1.4.3　相关名词解释

（1）检索截止日

检索截止日即公开日在截止日期之前的所有专利。本书中新型显示领域相关专利检索截止日为 2018 年 6 月 30 日，集成电路领域相关专利检索截止日为 2018 年 10 月 30 日。

(2) 专利申请量

专利申请量是指截至检索日期，专利申请人向专利行政部门提出专利申请被受理而且已公开的数量。

(3) 专利项数

同一项发明可能在多个国家或地区提出专利申请，WIPO 将这些相关的多件申请作为一条记录收录。在进行专利申请数量统计时，对于数据库中以一族（这里的"族"指的是同族专利中的"族"）数据的形式出现的一系列专利文件，计算为"1 项"。一般情况下，专利申请的项数对应于技术方案的数目。

(4) 专利件数

在进行专利申请数量统计时，例如为了分析申请人在不同国家、地区或组织所提出的专利申请的分布情况，将同族专利申请分开进行统计，所得到的结果对应于申请的件数。1 项专利申请可能对应 1 件或多件专利申请。

(5) 专利授权量

专利授权量是指由专利行政部门授予专利权且已公告的数量。

(6) 有效专利量

有效专利量是指目前仍处于有效状态的授权专利数量。

(7) 专利技术来源国

专利技术来源国（Location），即专利申请人的所属国或地区。

(8) 专利技术应用国

专利技术应用国（Source Jurisdiction），即专利申请的国家或地区。

(9) 竞争力气泡图

通过气泡图可以分析在该领域内的各专利权人机构间的竞争力情况，气泡的位置是一个相对的概念，气泡的大小代表专利多少；横坐标与专利比重、专利分类、引用情况相关，代表机构的专利技术性，气泡位置越往右专利技术性相对就越强；纵坐标与专利权人的收入高低、专利国家分布、专利涉案情况有关，代表了机构的综合实力，气泡越往上综合实力相对就越强。

因此，气泡图可以分为 A、B、C、D 四个象限，A 象限的专利权人机构相对而言拥有强大的综合实力和深厚的专利技术；B 象限则表示拥有相对强大的综合实力但专利技术则相对较弱；C象限则与B象限刚好相反，处于该象限就表示综合实力相对较弱但专利技术则相对较强；D象限的专利权人机构在两方面都处于相对的劣势。可以说气泡越接近图的右上角，相对竞争力就越强。

（10）专利技术生命周期

专利技术生命周期是指在专利技术发展的不同阶段中，专利申请量与专利申请人数量一般性的周期性的规律。通过对专利申请量与专利申请人数量的时序变化分析，专利技术生命周期理论上存在五个阶段，即萌芽期、发展期、成熟期、衰退期和复苏期。

（11）技术功效矩阵

技术功效矩阵是微观分析最常用的一种分析方法，它能有效地实现对专利的重新分类，可以借此寻找专利申请的热门方向和空白点。

在技术功效矩阵中交叉点半径的大小代表了专利数量的多少，半径越大代表的专利数量就越多。因此图中半径最大的那些交叉点毫无疑问是这一领域中专利申请的热门方向，但也说明了该方向上的专利数量可能已经接近饱和，参与研究的机构很多，竞争十分剧烈，可供研究的空间相当有限，专利的申请上也会面临很多需要绕开的技术壁垒，增加了研究的成本。

相反，交叉点的半径越小代表的专利数量就越少，那些半径很小甚至没有的交叉点就是目前专利申请的空白点。产生这些空白点的原因有两点：一是目前的研究仍然很少或者存在一定的攻关难度，这就是所谓的技术空白点，这些空白点中的竞争相对较低，有大量的研究空间，可以在此进行适当的专利布局；二是研究的价值低，在大多数的机构看来并没有投入的必要，这可以称为研究中的陷阱，要尽可能避免。

注：导航项目的专利分析对象包括发明专利和实用新型专利，不包括外观设计专利。

第二章

电子信息产业发展现状

产业分析是专利信息分析的基础，在产业现状分析的基础上，开展专利导航分析，揭示专利控制力与产业竞争格局关系，分析产业创新方向和重点，明晰区域产业发展定位，研究产业创新发展路径，为指引产业发展规划提供依据。

2.1 全球电子信息产业发展现状

2.1.1 产业规模

电子信息产业是当今世界社会和经济发展的重要推动力量，世界主要国家都将电子信息产业作为重点发展的支柱性产业。近几十年来，全球电子信息产业飞速发展，产业规模大幅扩张。电子信息产业具有技术含量高、附加值高、污染少等特点，随着以平板电视、智能手机等为代表的市场热点产品的发展速度进一步加快，电子信息产业对社会变化影响力日益加大，并被全球各主要国家作为战略性发展产业。随着家用电器、智能终端、消费类电子等为代表的电子产品的爆发式发展，电子信息制造业进入了快速发展阶段。

美国、日本、韩国和欧洲等世界主要发达国家和地区纷纷将电子信息产业作为加快经济增长、保持长期竞争力的先导产业，2021年全球电子信息制造业市场规模达到9.97万亿美元，同比增长9.82%。近年来，新兴国家肩负着电子信息产业增长的重任。排名前十的国家中，市场规模增速超过5%的有中国、巴西、印度3个金砖国家，美国的市场增速为1%，日本等其他发达国家甚至出现负增长。

从产品结构看，在各类产品中，市场份额最大的是电子元器件，市场份额为32.04%，其次是电子数据处理设备、无线通信设备、控制与仪器设备，市场份额分别为25.23%、18.76%和8.27%。与2020年相比，各产品门类的市场份额保持稳定，其中增幅最大的是无线通信设备，市场份额同比上升了0.82个百分点，降幅最大的是电子数据处理设备，市场份额同比下降了0.7个百分点。2021年，在5G通信网络和新兴应用带动下，无线通信设备、医疗与工业设备成为增长最快的产品门类。产值方面，办公设备、电子数据处理设备、消费类电子产品出现下滑，其他各产品门类均实现增长。其中，医疗与工业设备、控制与仪器设备产值分别增长3.86%和3.71%，增长势头最强劲，办公设备、电子数据处理设备产值分别增长-4.83%和-4.62%，下滑势头最为严重。销售额方面，除办公设备、消费类电子产品外，其他各产品门类均实现增长，无线通信设备销售额增长2.81%，增速最快，办公设备销售额增长-4.94%，下滑最严重，电子数据处理设备产值下滑，但销售额仍增长0.3%。

2.1.2 产业链

从产业链的角度，电子信息产业可分为上游电子材料、中游电子元器件和下游电子终端。上游电子材料主要包括半导体材料、磁性材料、玻璃基板、PCB 板等。中游电子元器件包括 IC 芯片、存储器等主动元件，以及 RCL 元件、被动射频器件等被动元件。下游电子终端的种类繁多，如手机、电脑、电视、智能终端设备等。具体的产业链情况可见图 2.1。

此外，产业链的各环节存在着技术层次、增值与盈利能力的差异，因此有关键环节和一般环节之分。根据各环节对产业链发展的重要程度，可将电子信息制造业划分为电子元器件制造业和电子设备制造业两类。其中：电子元器件制造业为电子信息制造业提供核心零部件，是电子信息制造业的关键环节；电子设备制造业从事终端及外围设备的加工组装，是产业链的一般环节。

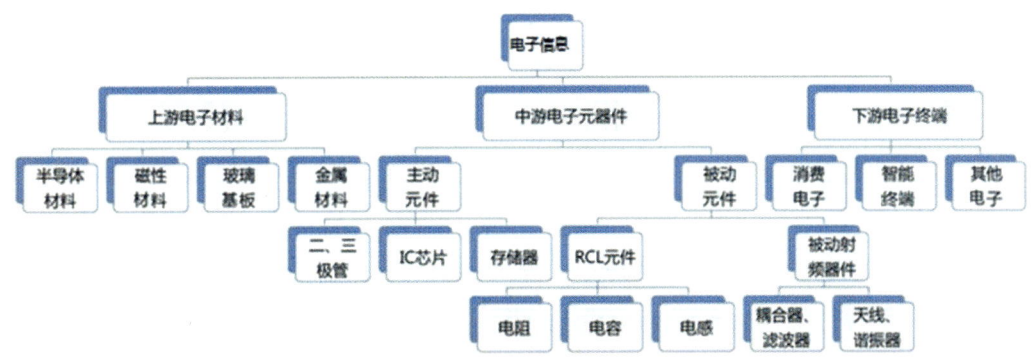

图 2.1　电子信息产业链

2.1.3 产业技术演进趋势

电子信息制造技术与"云+管+端"同步演进。随着互联网对传统产业的不断渗透，德国提出"工业 4.0"、美国提出"数字制造"、日本提出"I-Japan 战略"之后，全球电子信息制造业也朝着制造过程智能化、产业链的协同化方向转型。根据工信部电信研究院《ICT 制造业发展报告 2016》资料显示：信息通信技术产业正处于变革前期，云、管、端在同时演化，智能硬件正引领新的数字化浪潮，低功耗广域网将构建真正的万物互联基础设施，云+人工智能正驱动所有的行业变革；基于水平化平台的垂直整合（云+端）模式，正在成为构建技术生态系统的基本模式；信息通信技术与制造业和其他领域的跨界融合，使得 ICT+智能制造成为 2020 年之前电子信息制造业发展的主要方向。

电子信息制造产品朝着"智物移云"方向拓展。全球电子信息产业总体规模稳中有升，产销值持续增长，增速略有放缓。发达国家加快在信息基础设施、核心技术产业、以智能制造为核心的经济体系等方面进行战略部署，谋求在技术、产业方面继续领先的优势，占据高端制造领域全球价值链的有利位置。美国、日本、西欧等发达经济体依然是电子信息产业的主导，在技术研发和产品设计等方面拥有极大优势，但其市场份额逐步微弱下调。以中国、印度、巴西、东欧等为代表的新兴经济体依托于电子信息产业生产能力和工艺的提升，在世界电子信息产业中的地位不断上升，市场份额持续增长。电子制造业领域，电子元器件市场份额最大，电子数据处理设备、无线通信设备等紧随其后。信息技术服务在产业整体中占比提高，云计算、大数据、移动互联网等新兴信息技术服务蓬勃发展，物联网、可穿戴设备、智能制造等领域快速发展。[1]

2.1.4 产业转移趋势

全球范围内的电子信息产业已经完成了三次大转移。第一次产业转移的时间是20世纪60年代到80年代，转移地区主要是从欧洲和美国转移至日本、韩国以及中国台湾地区。第二次产业转移时间为20世纪90年代初到90年代末，转移地区主要从美国、欧洲、日本、韩国及中国台湾地区转移至中国大陆沿海地区。目前全球正处于第三次产业转移之中，这次产业转移不论在速度还是规模上，都呈现出前所未有的新高度。

从全球产业分布情况来看，全球电子信息产业格局目前已进入调整阶段，美国、日本以及欧洲等发达国家和地区依然是电子信息产业的主导，继续保持技术研发和产品设计领域的优势。尤其是美国的软件和集成电路行业长期占据产业的顶端，操作系统、数据库、开发工具等核心软件在全球市场的占有率高达80%，通用处理器、高端网络芯片、高端模拟芯片和可编程逻辑芯片、半导体加工设备等集成电路产品和设备在全球市场占据领先地位。欧洲有一批实力雄厚的大企业，西门子、飞利浦、诺基亚、爱立信、意法半导体在工业控制、家电、医疗、通信、半导体行业的排名居前列。日本在家电、通信、计算机、平板显示器、半导体等行业均有比较完整的产业配套体系，尤其以材料工业见长。中国、印度、马来西亚等新兴经济体，依托其生产能力和工艺水平的不断提升，在世界电子信息产业中的地位不断上升，并逐步向电子信息产业链的高端环节升级。韩国组建了以三星、LG为核心的大企业财团，半导体、平板显示器、通信产品等具有很强的竞争力，产业线之间可形成互补和支撑。

中国、印度等新兴经济体电子信息产业技术能力不断提升，在全球产业中所占的比重持续增加。整体上看，美国、西欧和日本整体份额将下滑，但是发达国家和地区控制着全球价值链的高端，拥有核心技术和产品设计能力，在全球电子信息产业中的主导地位依然稳固。以中国等亚太国家和地区（除北美、日本外）以及印度、巴西、南非及东南亚为代表的新兴经济体快速成长，在全球电子信息产品市场中的份额呈现上升态势。随着中国电子信息产品市场份额不断上升，美国市场份额不断下降，其他经济体市场规模与两强尚有很大差距,中国作为全球第一大市场的地位将持续稳固。总体上看,世界电子信息产业格局保持稳定并持续小幅调整,新兴经济体的地位和作用越来越重要。[2]

2.2 中国电子信息产业发展现状

2.2.1 产业规模

在我国经济由高速增长向平稳增长转变的背景下,电子信息产业保持着较快增长。据工信部统计数据,2021年,我国规模以上电子信息产业收入达到23.63万亿元,较2012年的10.97万亿元增加12.66万亿元。根据工信部电子信息产业公报统计,电子信息产业分为电子信息制造业、软件与信息及技术服务业。2021年,我国规模以上电子信息制造业实现营业收入141285亿元,占比60%;软件和信息技术服务业实现软件业务收入94994亿元,占比40%。

电子信息产业与其他领域的产业融合、技术融合、市场融合进一步加速和深化,已成为支撑我国制造强国、网络强国建设和我国经济社会创新发展的重要引擎。

我国电子信息产品进出口金额庞大。2021年,我国电子信息产品完成进口金额54008亿元,同比增长14.73%;实现出口金额63183亿元,同比增长17.9%。目前,我国电子信息制造业依然集中在东南沿海省份,不过四川及重庆近年来加大基础建设的力度,大力引进投资,电子信息制造业有上升的趋势。2021年,广东省的电子信息制造业企业数量位居第一,达到10030家。

2022年,我国规模以上电子信息制造业实现营业收入154487亿元,比上年增长5.5%;软件和信息技术服务业实现软件业务收入108126亿元,增长11.2%。分季度看,一季度、上半年、前三季度及全年,电子信息制造业增加值累计增速分别为12.7%、10.2%、9.5%和7.6%,行业运行呈现前高后低态势;软件业收入累计增速分别为11.6%、10.9%、9.8%和11.2%,行业运行总体平稳。

2.2.2 产业结构布局

从技术结构看,2022年,我国电子信息产业围绕集成电路、传感器、新型显示等产业关键环节和核心技术瓶颈,协调产业各方协同攻关,构建完善创新体系。近年来,随着经济全球化进程不断深入,全球产业链供应链分工深度和复杂程度持续上升,在提高了整体生产效率的同时,也暴露出供应链的脆弱性。在外部环境更趋复杂严峻和不确定的背景下,我国电子信息制造业持续推进核心技术研发攻关,在提高关键产品自给率、不断完善电子信息产业链的同时，助力制造业数字化转型，提高制造业各环节协同能力，持续增强供应链韧性。从产品研发来看，我国电子信息制造业关键环节和核心技术不断突破，部分领域已达业界先进水平。

从平台建设来看，新型显示、集成电路等创新平台在核心技术攻关等方面发挥重要作用。目前，我国已建成国家印刷及柔性显示创新中心、国家集成电路创新中心、国家智能传感器创新中心等电子信息制造业相关国家级制造业创新中心，以及国家新型显示技术创新中心、国家第三代半导体技术创新园等国家级技术创新中心，凝聚起产业重点环节及关键技术创新突破的"中国力量"。

从行业结构看，软件业收入比重持续提高，软硬比例更趋协调。在电子制造业中，内销市场与内资企业贡献度提升，内生动力进一步增强。

从产品结构看，智能化、高端化、融合化趋势凸显。智能手机、智能电视市场渗透率超过80%；国产品牌的高端彩电、手机和路由器加快涌现；智能手表、智能眼镜、虚拟现实设备、智能家居以及无人机等不断发展。

从产业聚焦形态看，我国电子信息产业在地域上已经形成了环渤海、长三角、珠三角三个电子信息产业聚焦地。其中环渤海地区主要承担元器件、家电、通信设备等产品的生产，主要包括北京、天津、大连、青岛等。长三角主要承担电子信息产品的生产和组装功能，主要包括上海、南京、无锡、苏州等。珠三角主要承担消费类电子产品和电脑零配件的生产和组装，包括广州、深圳、中山、佛山、东莞等。

从龙头企业看，近年来中国电子信息产业涌现出了一大批竞争实力强劲的企业，例如华为技术有限公司、联想集团、京东方、中国电子信息产业集团有限公司、海尔集团、中兴通讯股份有限公司、TCL集团股份有限公司、四川长虹电子控股集团有限公司、海信集团有限公司、北大方正集团有限公司、比亚迪股份有限公司、天能集团、浪潮集团、京东方科技集团股份有限公司、亨通集团有限公司、小米通讯技术有限公司等。

从整体看，我国电子信息产业结构仍不协调，终端产品比重大，基础产品占比低，对外依存度偏高，外需市场占比接近50%，产品出口以加工、代工为主，同质化现象严重。大型企业与小微企业发展态势分化，大型龙头企业实力雄厚，抵御风险能力较强，能够在逆境中保持相对平稳的发展，而提供配套产品的部分小微型企业，受到需求与成本的双重挤压，已出现众多倒闭案例。区域失衡局面仍未得到彻底扭转，中西部地区电子信息制造业尽管在"十二五"期间实现了快速增长，全国占比稳步提升，但东部地区在增速下降形势下利用资本、人才等优势加快转型升级，新的竞争优势正在形成，"十四五"期间与中西部地区的差距有可能再度拉大。

2.2.3 产业发展历程

我国电子信息产业发展经历了如下几个阶段：

改革开放初期。电子信息产品和服务长期短缺构成我国最基本的市场形势，因此电子信息产业发展旨在满足基本信息服务需求和社会信息化需求。

1984—1989 年。我国尚未在整个产业建立市场调节的供需机制，高度零散的生产过程具有机电化、民用化和非市场化的特征。

1990—1999 年。我国科技界主要解决如何从产业角度构建生产函数的问题，利用信息化重大工程吸收经验，将机电化特征的电子信息产业演变为具备完整硬件、软件的信息服务产业。

2000—2013 年。以 1998 年信息产业部成立为标志，信息产业进入了一个新的发展时期；尤其是进入 21 世纪后，我国加入 WTO 嵌入全球贸易和分工体系成为电子信息产业最基本的市场形势。通过长期模仿代工，开始满足全球市场对电子信息产品和服务的需求。这个阶段，主要解决我国如何利用禀赋优势和规模效应嵌入全球价值链的路径选择问题。多种所有制企业共同发展，广泛开展技术模仿、代工生产和出口贸易活动，丰富产品并拓展服务空间，电子信息产品与服务质量也有长足发展。

2013 年至今。在"新常态"下，我国产业经济发展的结构化问题成为电子信息产业面临的基本问题，包括电子信息产业在内，低端产能进入调整期，东南沿海大量代工企业面临倒闭风险，国内外需求疲弱导致低端陷阱持续扩大，进入结构调整期，需要解决电子信息产业发展政策转型问题。

2015 年，我国电子信息产业深入贯彻落实党中央、国务院的决策部署，加快推进结构调整，产业整体保持了平稳增长。

2017 年，我国规模以上电子信息制造业收入接近 14 万亿元。我国拥有全球最大规模的电子信息制造业，电子信息产业的销售收入已达全球第一。目前全球 70% 的智能手机、80% 的电脑、50% 以上的数字电视都是中国制造。我国手机、微型计算机、网络通信设备、彩电等主要产品产量居全球首位。2017 年，我国规模以上电子信息制造业利润总额只有 7000 多亿元，行业平均利润率只有 5.4%；具有核心知识产权竞争力的零部件主要依靠进口，高额利润被国外上游厂商攫取。我国全球规模的电子信息制造业依然是以整机组装为主，处于国际分工的下游，产品附加值低，与美、欧发达国家相比竞争力仍然偏低。

2022 年，规模以上电子信息制造业增加值比上年增长 7.6%，增速分别超出工业、高技术制造业 4.0 和 0.2 个百分点。从主要产品产量看，微型计算机产量 4.3 亿台，下降 7.0%；手机产量 15.6 亿部，下降 6.1%；集成电路产量 3242 亿块，下降 9.8%。

2.2.4　产业发展趋势

（1）产业保持快速发展的趋势

在全球电子信息产业飞速发展的大背景下，我国电子信息产业保持快速发展趋势。此外，以大数据、云计算、物联网为核心派生出新兴领域的快速发展亦为我国电子信息产业创造新需求。近年来，我国电子信息产业销售收入的增长趋势如图2.2所示。

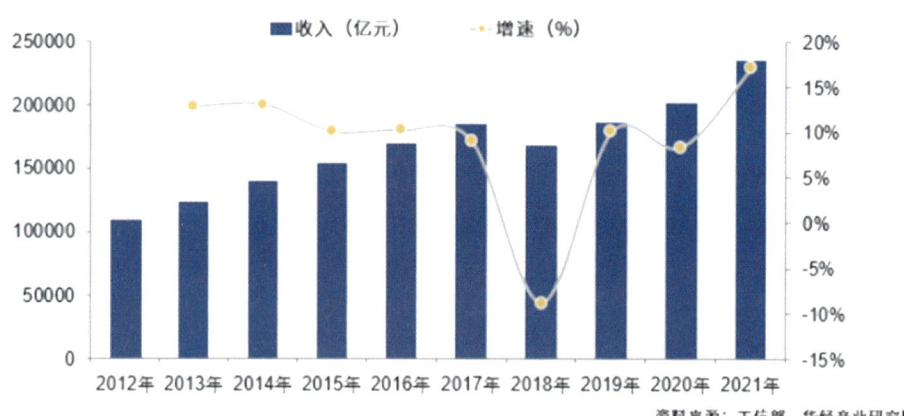

图2.2　国内电子信息产业收入增长趋势图

近年来，我国电子信息产品进出口金额如图2.3所示。

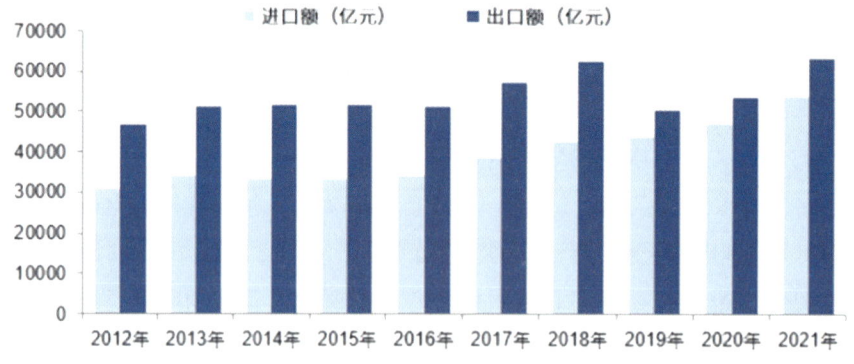

图2.3　2012—2021年中国电子信息产品进出口金额

（2）重点器件实现高端化发展

中国新型显示产业实现跨越式发展，成为全球显示产业的重要力量，产业规模和实力明显增强，面板自给率稳步提升，彻底扭转了中国液晶显示面板完全依赖进口的被动局面。"十二五"期间，产业总体投资超过 2000 亿元，生产线数量不断增加，高世代面板生产线量产数量从 2010 年的 1 条增加到 2015 年的 9 条，全行业销售收入从 2010 年的 461 亿元增加到 2015 年的 1675 亿元。显示面板出货面积提升至 4500 万平方米，以面积计算全球占比超过 20%，超过日本成为全球第三大显示器件生产地区，产业整体进入良性发展阶段。

中国 LED 产业规模高速增长，进出口贸易逆差逐渐缩小，随着产品技术实力逐步凸显，芯片国产化率得以大幅提高。2012 年受全球金融危机的影响，产业增速普遍放缓，全国 LED 产业依然保持了 23% 的增长率。近三年以来，随着中国 LED 照明市场的渗透率大幅增加，LED 产业保持高速增长的态势。从进出口看，随着国产芯片的技术水平和生产能力的提升，LED 器件出口数量和金额均呈现稳步增长，使得 LED 器件的进出口贸易逆差逐渐缩小。

中国智能家居产业规模快速增长，结构调整持续推进，智能家居技术研发和应用创新取得新进展。根据测算，2022 年，中国智能家居市场规模为 4517 亿元，其中以智能摄像机、智能门锁为代表的 AI 属性智能品类增速较快，作为智能家居的入门级产品，将持续助推智能家居的市场渗透与智能水平的深化。现阶段，AI 技术主要以智能视觉模组、智能语音模组的形式应用于智能家居各类型产品中，故拥有智能视觉、语音交互功能的智能扫地机、智能摄像机、智能门锁、智能音箱呈现出较高的 AI 技术渗透情况，并均有望在 2025 年突破 60% 的 AI 技术渗透率。智能照明主要通过传感器控制、语音模组的应用逐步提升其 AI 技术的渗透。相较于其他品类，智能白电的 AI 技术渗透情况较低，以冰空洗为核心的智能家电是用户的刚需用品，尽管其销售体量庞大，但以视觉、语音为主的智能表现并未完全贴合用户对该品类产品的使用需求，AI 技术应用渗透增长缓慢。纵观智能家居整体市场，2022 年 AI 技术的行业整体渗透约为 25%，伴随用户对家居生活舒适度要求的提高与技术成熟度的提升，AI 技术将更多渗透到各品类产品，根据预测：2025 年，AI 技术在智能家居的整体渗透将接近 50%，进一步服务用户的日常生活。

2.3 福建省电子信息产业现状

福建省的"福厦沿海信息产业基地"为首批国家信息产业基地之一。2012 年，福建省信息产业产品制造业产业规模位居全国第六位；2015 年，福建电子信息产业总销售规模超过 4300 亿元。2017 年，全省规模以上电子信息制造业实现产值 6081 亿元，比上年增长 11.8%；完成销售产值 5858 亿元，增长 15.3%。2019 年，实现营业收入 7116 亿元，产业综合发展指数排名全国前六。福建省电子信息集团、万利达、福大自动化、宏发电声四家企业入围2017年中国电子信息制造业百强。近年来，随着疫情防控转为常态化，国内电子信息产业复工复产基本达到正常水平，而海外新冠疫情持续演进，国际经济健康发展严重受阻，全球制造业格局面临着结构性调整。同时，5G、人工智能等新一代信息技术加快变革推动产业多元融合，数字经济驱动多样化，多极化产业链布局形态出现。面对新形势、新环境，亟需加大力度畅通供应链，稳定产业链，推动福建省电子信息产业发展在"危"中求"机"。

区域发展格局逐渐形成。福建省坚持"增芯强屏"和"数字福建"战略部署，促集聚、重创新，重大项目建设和产业配套策划并举，在集成电路、新型显示、信息服务等领域形成了具有区域特色和发展潜力的新兴产业集群。形成了以福州、厦门、泉州、莆田为中心的沿海集成电路产业带，以厦门、泉州为核心，包含化合物半导体、MEMS、功率半导体器件等多个集成电路特色产业园区，形成了"一带双核多园"的集成电路产业格局。形成了由福州、厦门、莆田"三驾马车"拉动漳州、龙岩等地的多点分布的光电显示产业格局。形成了以福州、厦门为物联网、大数据、人工智能等产业的双高地，辐射带动全省数字经济加快发展的信息服务业格局。

重大项目取得阶段进展。厦门联芯实现12英寸（1英寸=2.54厘米）晶圆月产能超过18500片，同步开发28纳米高压制程。三安半导体项目完成126.7亿元投资，设备采购进厂率77.6%，氮化镓外延、砷化镓外延等陆续投产，滤波器厂房主体结构封顶。中科光芯开展5G基站用25G DFB半导体激光器芯片研发生产，实现出货量同比增长300%。厦门天马G6柔性AMOLED面板生产线项目全面启动，设计产能为4.8万片/月。福州京东方大力购置自动化工艺及信息设备，实现Array段产能16.5万片/月，其43英寸（10切）产品目前Array段综合良率已达99%。此外，厦门士兰LED PVD设备用外延片托盘的研发生产，积极对接三安光电、北方华创等省内外龙头企业。恒坤股份正性光刻胶产品陆续导入长江存储、英特尔等国内外半导体企业，目前加快漳州泓光半导体项目的建设和产能扩充，同时计划投资8000万元建设光刻材料开放型实验室。

与上下游企业开展联合攻关。泉州博纯材料专注于超高纯电子特气、混合气体等电子级材料研制，其锗烷等气体材料广泛输送于长江存储、中芯国际、京东方、台积电等半导体企业，获得英特尔投资入股5000万元。晋江云晋智能为兆芯等国内重要DRAM、CPU厂商开展产业链配套，已完成首创DDR4 2T + 16G存储器产品研制，并开发下一代AI DDR5存储控制芯片产品。此外，美日丰创光罩、联华林德大宗气体、东旭光电玻璃基板、旭友电子偏光片、火炬电子陶瓷电容器等材料器件的配套能力也逐渐加强。

2.4 莆田市电子信息产业现状

莆田市电子信息产业起步较早，但发展较慢。改革开放初期，电子信息产业逐渐成为外商投资热点，一大批电子企业相继落户莆田市，基本上由华侨出资，由其亲属组织人员，将进口的半成品手工组装后再出口，主要以"三来一补"的方式依靠劳动力廉价的优势来吸引外商投资办厂，产品主要是电子表及计算器，占据当时香港地区市场80%的份额。但由于后来产品没有及时更新换代，在激烈的市场竞争中惨遭淘汰，产业优势逐渐丧失。2001年，涵江区利用莆田市行政区划调整的契机，对莆田高新技术开发区进行规划修编，并以此作为平台，把招商的着力点放在组建新型电子信息产业集群上，先后引进了安特半导体、新世纪电子、奇丰电子等一批投资规模大、技术含金量高的龙头骨干企业，生产范围不断拓展至自动化和信息化电子整机产品以及电子计算器产品，并建立了"国家火炬计划莆田液晶显示产业基地"。近年来，莆田市电子信息产业发展较快，产品科技含量不断提高，由单一的低端电子表、计算器逐步发展到中高端的液晶显示器、可视电话、传真机、手机、覆铜板、智能电子、新型元器件、集成电路、液晶显示、光电通信等多样化产品。产业规模不断扩大，产业链不断延伸，产业集群格局初现端倪，形成了一批规模较大、科技含量较高的电子企业，培育了莆田市电子信息产业集聚平台（莆田高新技术产业园区）。

莆田市整个电子信息产业呈现三大特点：一是产业集聚规模稳步提升，规模以上企业70家，产值达186.78亿元。二是产业科技水平不断提高。低端产品电子计算器等比例不断下降，而高端产品液晶显示器、新型电子元器件、触摸屏等比例不断上升。三是产业外向度较高，产品基本上以外销为主。从一个小小的电池向上延链、向下补链、全面强链，发展新型显示、集成电路、5G设备、电子元器件、终端结构件等，形成"一中心两基地"发展布局，即城厢信息技术研发中心、涵江新一代电子信息制造基地和仙游智能终端制造基地。

2.4.1 产业规模

2015年，莆田市规模以上的电子企业总产值达186.78亿元，完成增加值59亿元，增长9.3%，占莆田市规模工业比重7.4%，对规模以上工业增长的贡献率达6.4%，拉动规模以上工业增长0.7个百分点。与制鞋产业、化工产业、机械装备制造业等其他产业集群相比还有较大差距。所调研的20家规模企业大多数员工数量在1000人以下，中低档电子消费品从业人员比以前大幅减少，高科技企业从业人员大多数为200—300人，且大多数是流水线工人，管理人员和研发人员较少。

莆田市不断优化产业结构，频频在高新电子信息产业领域发力，引进一批重大项目，总投资超900亿元，传统发展模式不断转型升级，从劳动密集型走向技术密集型。

2017年,全市有电子信息规模以上企业87家。2021年,实现规模产值252亿元,同比增长10.2%,占全市规模工业比重7.9%。[3] 2022年1—10月,全区电子信息企业实现规模产值221.76亿元,同比增长5.22%,电子信息产业生产总值占全区规上企业产值的19.9%。近年来,莆田市进一步强化顶层设计,研究出台电子信息产业扶持政策,加快产业集聚;强化产业链式发展,实施"增芯强屏"战略,加快产业配套创新驱动,全面提升电子信息产业高质量发展。截至2022年,全市电子信息产业规上企业有77家,完成产值356亿元。莆田市积极融入福建省电子信息制造业"增芯强屏"和终端产品创新发展战略,持续做强做大做优电子信息制造业。涵江区落户福联、安特、依吨、德信等电子信息龙头企业,打造数字经济高地;城厢区的光电子元器件制造企业杰讯光电是国家重点"小巨人"企业,为国内大型科技公司供应商,企业产品出口韩国、日本等国家,随着大唐5G科技应用集群、三利谱偏光片、翔远科技高精密集成电路板等项目落地,城厢区初步形成区域电子信息产业集群;仙游的元生智汇、星星科技、凯茂科技等6家电子信息规上企业2021年实现产值63.77亿元。[4]

2.4.2 产品结构

产品结构由原来以加工生产电子元器件、计算器、电子玩具等技术含量低的产品为主,逐步向生产技术含量高的产品过渡。电子信息产业紧盯5G时代,聚焦新型显示、集成电路、智能终端等领域,通过建立"一个产业、一个班子、一个基金、一个政策"工作机制,招引或建成一批填补国内空白、全国领先的百亿产业龙头项目。TN/STN-LCD产业以新威电子、德信电子等企业为代表,主要产品包括ITO玻璃、驱动集成模块、偏振片等原材料,也包括手机、传真机、可视电话、MP3等液晶显示市场成品。电子计算器产业以新威电子等企业为代表。新型电子元器件产业以安特微电子、新世纪电子材料、南华电子等企业为代表,主要产品有4英寸芯片、覆铜板、多层线路板、柔性印刷电路板、低频石英谐振器、钽电容、硅铝微丝引线等。称重、称力平衡器产业以锐马(福建)电气制造有限公司、衡力传感器有限公司为代表,光电产业以杰讯光电(福建)有限公司、莆田市嘉辉光电有限公司为代表。触摸屏Sensor以福建省飞阳光电有限公司为代表。高新技术企业发展较慢,传统产业市场形势严峻,订单减少。

2.4.3 产业分布

据统计,莆田市电子信息产业亿元以上企业数为26家。规模以上企业的分布分别是涵江区48家、城厢区11家、荔城区7家、秀屿区2家、仙游县2家,亿元以上企业的分布分别是涵江区16家、城厢区5家、荔城区5家。如图2.4分析显示,莆田市电子信息产业规模以上企业主要分布在涵江区(68%)和城厢区(16%),而且主要是在涵江区国家级高新技术产业园区与城厢区华林经济开发区。因此，莆田市"十三五"产业发展专项规划明确指出涵江区产业定位以高端装备和电子信息为主，兼顾发展传统优势产业，其中电子信息产业要依托莆田国家高新技术产业开发区，积极培育高世代面板、新一代电子信息等领域的高新技术产业，加快产业转型升级。城厢区产业布局要兼顾发展电子信息产业，华林经济开发区将分期建设以LED、光通信、光存储等为主导产业的莆田市光电产业园。在莆田国家高新技术产业开发区、华林经济开发区和仙港工业园分别规划建设5000亩（1亩≈666.67平方米）、1000亩、2000亩的电子信息产业园，引导产业集聚发展。

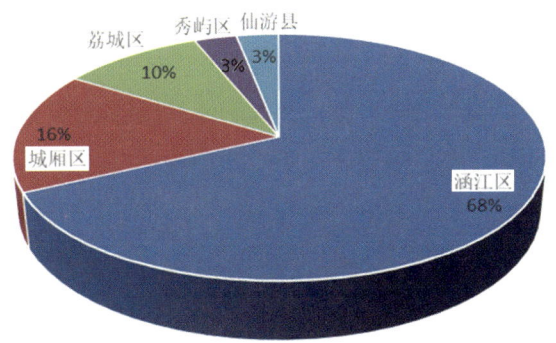

图 2.4　规模以上企业在县区分布图

2.4.4　产业集聚态势初显

莆田市的电子信息产业已初步形成了以电子计算器、液晶显示器、电子元器件、新型电子材料等为主导的产业特色，并具有一定规模，但是随着电子信息产业全球性结构调整，多数企业的生产设备老旧、劳动力成本高、更新换代滞后、低端产能过剩以及出口环境恶化等因素，导致产品技术含量不高、有竞争力企业偏少、发展层次偏低、市场份额逐渐下降，加上行业龙头、高端产业链核心环节和优势项目的缺失，因此把招商的着力点放在组建新型电子信息产业集群上，培育产业龙头，抢占价值链高端。全球第五大模组生产商、中国台湾地区最大的显像管生产企业——台湾中华映管公司总投资240亿元建设2条6代LTPS/IGZO/OLED生产线，生产中小尺寸触控面板，设计产能6万片/月的玻璃基板。安特集成电路有限公司对接台湾地区技术团队，联合福建省电子信息集团进行四方合作合资建设砷化镓、氮化镓、碳化硅生产线项目。安特微电子、福建省电子信息集团、中芯国际等实力企业，共同合作建设8英寸芯片生产线项目，拟引入韩国海力士集团生产设备，建设一条月产能为10万片规模的8英寸集成电路芯片生产线，通过设备更新升级的方式打造有竞争力的集成电路芯片产业链。龙头项目的落户、建设，极大地推动了电子信息产业转型升级，将带动上下游产业项目的发展，产业集聚发展态势逐渐显现。

2.5 莆田市重点企业调研结果

为了从更为微观的角度展示部分重点电子信息产业关键技术的研发创新现状，更有针对性地开展专利导航服务，项目组走访调研了福建省 10 家电子信息产业重点企业，了解研发生产和专利布局情况，获取专利导航需求。

2.5.1 福建华佳彩有限公司

（1）企业概况

福建华佳彩有限公司是中国台湾华映科技的全资子公司，总投资 240 亿元，占地 2000 亩，分两期建设两条触控面板生产线，主要生产应用于高阶智能手机显示屏、平板显示屏、车载显示屏的薄膜晶体管、薄膜晶体管液晶显示器件、彩色滤光片玻璃基板、有机发光二极管，是莆田市目前投资额最大的高新技术产业项目。

该项目于 2015 年动工建设，将建设全国第一条六代中小尺寸金属氧化物面板生产线。2017 年 7 月 1 日，福建华佳彩有限公司举行新产品发布会，由华佳彩自主研发的金属氧化物 TFT ＋内嵌式触控＋ 0.3t 玻璃直投的新产品成功量产，实现了面板行业金属氧化物自制技术世界第一、金属氧化物 +FHD 高阶产品世界第一、0.3t 玻璃直投量产世界第一。

目前产品主要有 5.5 英寸手机显示屏、5.7 英寸手机显示屏、平板显示屏，上游配套厂商有佳能、日产等设备、材料供应商，下游应用厂商有中兴、华为、VIVO 等手机、平板厂商。

目前拥有研发人员 185 人，年研发费用 7300 万元；企业重点关注的技术方向为 IGZO、AMOLED 及柔性面板技术。

产品主要竞争对手是夏普，生产核心技术拥有者为日本 JST、SEL、夏普。夏普和中电熊猫已经实现相关产品的量产。

（2）企业确定的导航需求和目的

通过到企业调研，最终确认了企业专利导航的需求。导航技术方向为 IGZOTFT-OLED 像素驱动电路（GOA）和补偿电路，导航目的为查找可能侵权的专利，为企业规避专利侵权风险提出预警。

（3）技术分析路线

氧化物半导体作为有源层应用于薄膜晶体管器件最早可追溯到 20 世纪 90 年代，具有迁移率高、出色的薄膜生长技术等优点，可广泛应用于 LED 显示器。氧化物半导体有二元氧化物（如 SnO_2、ZnO、In_2O_3、Ga_2O_3）、三元氧化物（如 IZO、ZTO）、四元氧化物（如 IGZO），其中 IGZO 已成为新型显示技术的热点。

根据目前的技术发展趋势、企业的导航需求和目的，对氧化物薄膜晶体管技术专利导航拟定以下技术分析路线（图 2.5）。

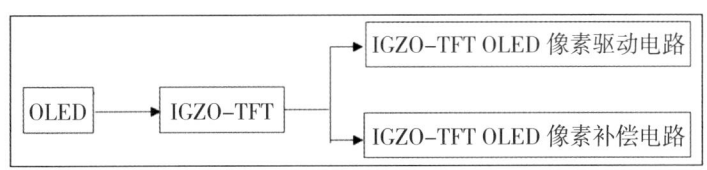

图 2.5　氧化物薄膜晶体管技术分析路线

2.5.2　仙游县元生智汇科技有限公司

（1）企业概况

仙游县元生智汇科技有限公司是由苏州春兴精工股份有限公司等多家上市公司投资的子公司。公司主营业务有电子科技技术研发，制造电子元器件、玻璃制品、半导体、芯片、电子产品、塑料制品，主要购置精雕机、切割机、扫光机、热弯成型机、丝印机、平磨机、超声波清洗机等核心设备。公司现有 2D 玻璃的热弯成型技术，开展研发 2.5D、3D 曲面玻璃的热弯成型技术和精度扫光技术工艺，曲面玻璃 CNC 精密加工技术、热弯成型技术、精度扫光技术、精度扫光技术、激光技术。企业在市场中处于中下游位置，上游配套厂商有沙伯、LG、卡秀等，下游应用厂商有中兴、华为、OPPO 等，市场占有率约 10%。智能终端项目是莆田市电子信息产业龙头项目之一，一期项目的主打产品曲面玻璃盖板结构件，计划建成 1 条曲面玻璃结构件生产线、3D 玻璃数控加工中心，计划年产玻璃盖板结构件 2500 万件。企业现有研发人员 40 人，其中硕博士 2 人、高工 10 人，研发费用包括研发设备等 300 万元，玻璃加工工艺是企业急需突破的技术关键。

（2）企业专利导航需求确认

随着新型显示技术的发展，使用薄膜晶体管液晶显示（TFT-LCD）、有机发光（OLED）或触摸屏（TP）等其他平面显示技术的电子产品中，轻、薄是两大主要核心竞争要素。玻璃减薄方法分为物理减薄和化学减薄。相对于物理减薄，化学减薄因为减薄时间短、设备投入小、产品良率高，且减薄蚀刻液的成分简单、成本低，逐渐成为玻璃面板减薄的主流技术方法。企业专利微导航项目技术界定在玻璃制造工艺中的化学减薄问题，即用化学药剂氢氟酸对玻璃表面蚀刻处理达到减薄的目的，企业微导航项目将为企业在现有玻璃减薄工艺中存在的问题寻求参考技术方案。

(3) 主要专利技术分解

根据开题报告提供的玻璃加工工艺技术分解表，通过调研再次进行细化。化学减薄技术属于玻璃加工工艺的下属技术（玻璃加工工艺技术 > 玻璃表面处理技术 > 蚀刻技术 > 化学减薄技术），具体技术分解如表 2.1 所示。

表 2.1 玻璃加工工艺技术分解表

一级技术	二级技术	三级技术
化学减薄工艺改进	蚀刻率改进	玻璃成分
		蚀刻液配方
		温度
		时间
		其他
	工艺过程改进	预处理阶段
		减薄阶段
		减薄后处理阶段
	设备改进	浸泡式
		喷洒式
		瀑布流式

2.5.3 福建省福联集成电路有限公司

（1）企业概况

福建省福联集成电路有限公司是由福建省电子信息集团投资，与台联电（UMC）技术合作的国有控股企业，专注于第二代与第三代半导体芯片制造的晶圆专工服务，成立于 2015 年 10 月，第一期投资 10 亿元，在莆田市建设一座砷化镓芯片制造的 6 英寸晶圆厂，于 2017 年正式投产；二期计划投资 20 亿元扩建砷化镓产能并建设一座氮化镓芯片制造的晶圆厂。福联主要生产化合物半导体（砷化镓、氮化镓）微波射频芯片，具有完整的 HBT、PHEMT 器件技术，研发团队中硕士 24 人、博士 1 人。

（2）企业专利导航需求确认

通过到企业调研，最终确认了企业专利导航的需求。导航方向为砷化镓 HBT、

HEMT 器件技术领域，企业希望通过导航，了解砷化镓 HBT、HEMT 器件领域的总体技术和制造工艺现状，掌握主要申请人、主要竞争对手及其专利布局状况，希望能为企业专利布局或专利运营工作提出建议。

（3）主要专利技术分解

砷化镓材料是除硅单晶之外最重要、用途最广泛的化合物半导体材料之一，其主要特点是宽禁带、直接带隙和高电子迁移率（其电子迁移率比 Si 高 7 倍），在微电子和光电子领域有巨大的应用空间，主要用于制作高速、高频、大功率电子器件。随着全球半导体产业的发展，砷化镓晶片的需求大幅增加。砷化镓材料在世界发达国家均被视为重要的战备储备物资，美、英、法、德等国家都对它的开发应用投入了巨大资金，尤其是美国，将砷化镓材料的生产应用技术列入国家战略并对外建立技术壁垒。现代军备技术中的关键技术均与砷化镓材料有直接关系，对国防技术起到重要作用。我国也已经将它列入国家高科技优先发展目录，砷化镓材料成为国家鼓励发展的产业。目前，主要商用的砷化镓工艺有高电子迁移率晶体管（HEMT）、应变式高电子迁移率晶体管（pHEMT）和异质结双极型晶体管（HBT）。

2.5.4　福建安特微电子有限公司

（1）企业概况

福建安特微电子有限公司是俄罗斯在福建省投资的第一家微电子外资企业，成立于 2002 年 2 月，投资额 4670 万美元，坐落在莆田国家高新技术开发区，占地面积 108 亩。

公司集设计、研发、生产、销售为一体，先后引进 4 英寸、5 英寸、6 英寸芯片生产设备，采用先进的 CMOS 集成电路、功率器件等工艺和产品技术，成功开发 100 多种具有自主知识产权的集成电路、功率器件等微电子芯片产品，主营产品包括石英钟 IC、电子表 IC、计算器 IC、闪灯 IC、节能灯 IC。产品主要应用于节能灯、充电器和开关电源，在市场中居于产业供应链的上游，产品市场占有率约为 10%。公司目前拥有研发人员 32 人，年投入研发经费 389 万元。企业目前关注产品升级、工艺改良和成本降低。

（2）企业确定的导航需求和目的

通过到企业调研，最终确认了企业专利导航的需求。导航技术方向为硅基半导体芯片氧化层与金属互连线外表面的钝化技术，目前采用聚亚酰胺作为钝化材料。导航目的是为技术开发确定方向和技术方案［对三氧化二铝（Al_2O_3）钝化材料有研发应用兴趣］。

(3) 技术分析路线

随着集成电路的集成度提高和特征尺寸减小，布线密度越来越高，器件之间以及布线之间电气隔离的钝化膜非常重要。另外，为提高器件性能稳定性和可靠性，必须把器件与周围环境隔离开，也要求对半导体器件表面进行钝化处理。

根据钝化工艺可将半导体表面钝化膜分为两类：第一类钝化膜是与制造器件的单晶硅材料直接接触的。其作用在于控制和稳定半导体表面的电学性质，控制固定正电荷和表面复合速度，使器件稳定工作；第二类钝化膜通常是制作在氧化层、金属互连线上面的，它应是能保护和稳定半导体器件芯片的介质薄膜，需具有隔离并为金属互连和端点金属化提供机械保护作用。

根据企业的需求调研，导航技术方向为硅基半导体芯片氧化层与金属互连线外表面的钝化技术（即第二类钝化膜）。目前钝化材料主要有 Si_3N_4、Al_2O_3、磷硅玻璃、硼硅玻璃以及金属氧化物和有机聚合物（聚酰亚胺）等。

根据钝化膜材料和钝化工艺，做出如表 2.2 所示的技术分解。

表 2.2　硅基半导体芯片氧化层与金属互连线外表面的钝化技术分解表

一级技术	二级技术	三级技术
表面钝化技术	钝化膜材料	有机聚合物（聚酰亚胺）
		三氧化二铝（Al_2O_3）
		氮化硅
		金属氧化物
		磷硅玻璃
		硼硅玻璃
	钝化工艺	物理涂布
		热分解淀积
		外延淀积
		真空蒸发
		阳极氧化
		直流溅射
		等离子体增强化学气相沉积

2.5.5 莆田市涵江永德兴电子石英有限公司

（1）企业概况

莆田市涵江永德兴电子石英有限公司坐落于莆田高新技术产业开发区，创办于 2003 年，是一家集研发、制造、销售为一体的专业生产石英晶体谐振器的高科技企业。公司专业生产柱状 3×8 普通石英晶体谐振器、柱状 3×8 环保石英晶体谐振器、柱状 2×6 石英晶体谐振器等。产品市场占有率为 40% 左右，处于市场中端位置。公司具有研发人员 11 人，本科以上 6 人；研发费用占收入的 6% 以上。

（2）企业专利导航的需求

通过到企业调研，最终确认了企业专利导航的需求。导航方向为石英晶体谐振器及其生产制造方法，企业希望通过导航，了解石英晶体谐振器及其生产制造领域的技术发展现状，了解石英晶体谐振器的主要结构技术、制造工艺及生产加工装置，并寻求潜在的技术合作伙伴。

（3）主要专利技术分解

晶体谐振器作为基本元件，位于电子信息产业链的前端，是电子信息制造业的重要组成部分，是通信、计算机及网络等系统和终端产品提升性能和集成度的基础。近年发布的国家规划中都提到了对于新型片式元件、智能制造以及产品主要应用领域新型智能手机的重点支持。2012 年 3 月，《电子基础材料和关键元器件"十二五"规划》提出了针对新一代电子整机发展需求，大力发展新型片式化、小型化、集成化、高端电子元件；2015 年 3 月，《外商投资产业指导目录》明确将"新型片式元器件""频率控制与选择元件"列入鼓励外商投资产业目录；2016 年 12 月《"十三五"国家战略性新兴产业发展规划》提出，"做强信息技术核心产业，顺应网络化、智能化、融合化等发展趋势，提升核心基础硬件供给能力"，提升"新型片式元件"供给保障能力；2017 年 2 月，《战略性新兴产业重点产品和服务指导目录》明确将"新型片式元件"、"通信基站用石英晶体振荡器"、高端"压电晶体材料"作为电子核心产业列入指导目录。通过上述各类政策的不断加码，晶振行业战略地位已经逐渐显现。

根据相关技术背景和专利技术情况，笔者整理了石英晶体谐振器及其生产制造方法领域的主要专利技术分布情况，依此做出如下主要技术分解（图 2.6）：

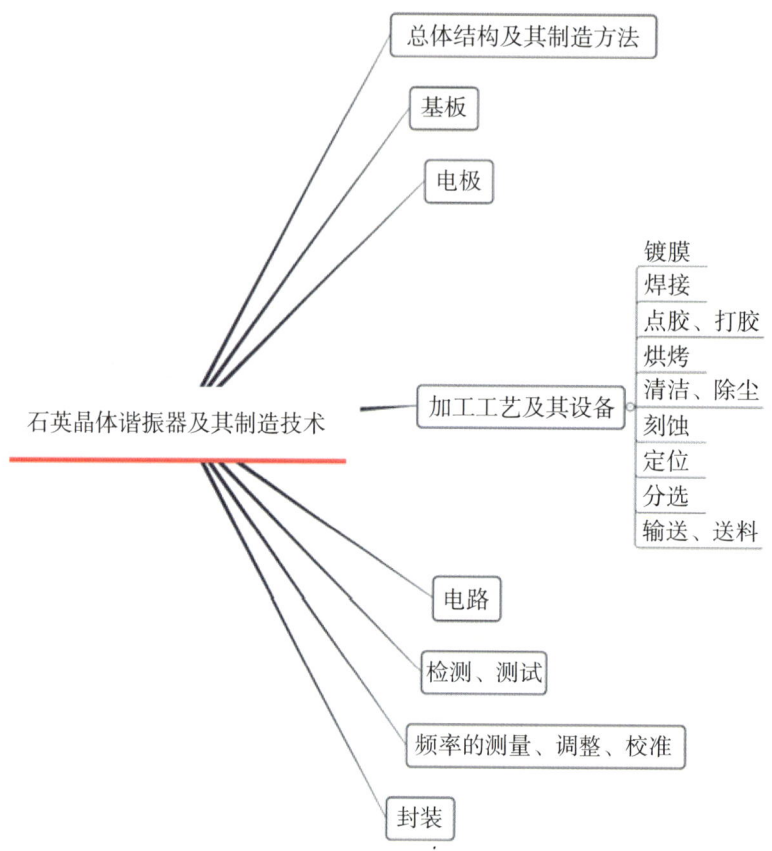

图 2.6　石英晶体谐振器及其生产制造技术分解

2.5.6　福建省新威电子工业有限公司

（1）企业概况

　　福建省新威电子工业有限公司，是新威国际控股有限公司的子公司之一。主要生产电子液晶显示器、电子表、钟、芯、石英表、电子玩具、电子计算器、石英振荡器、集成电路、电路板、导电橡胶、传真机、打卡机、收银机、五金及塑胶等相关电子配件、微型电脑记事本及其配件、电话机、无绳电话机、计步器、手机、COG、电波钟、收音机、数码相框、MP3、MP4、倒车可视探头、录音机、数码相机、多功能遥控器、血压计产品、车载电子产品。近年来，无人机的应用范围不断扩大，市场暴涨，且随着无人机技术趋于成熟和行业门槛降低，大量企业涌入无人机市场，福建省新威电子工业有限公司也加入了研发生产无人机市场中。无人机即拥有四个以上螺旋桨，由电动马达驱动、电脑控制的小型无人航空器，由高性能的轻量电子功能模块零部件组成。福建省新威电子工业有限公司生产的无人机的市场定位为消费级四轴航拍无人机，拥有翻转滚动等特技动作、自动跟随飞行、稳定拍摄、简单操控等功能，与主流市场基本产品定位保持一致。无人机的芯片部分由其他企业提供,无人机的飞控技术自主研发,企业配备研发人员有电子工程师 2 人、结构工程师 2 人、软件工程师 1 人。公司在主营业务上共申请 56 件专利,其中发明申请专利 2 件(均因发明专利申请公布后的驳回无授权)、实用新型专利 17 件、外观设计 37 件,并未对无人机飞控技术进行专利布局。莆田市至今为止只有福建省新威电子工业有限公司一家无人机生产厂家,在无人机产业发展上晚于深圳等城市。

(2)企业专利导航的需求

企业专利微导航项目的技术界定在四轴无人机如何控制机身的翻转滚动的问题,属于无人机的飞控技术里的姿态控制技术范畴。

随着无人机飞控技术的发展并趋于成熟,企业技术定位为已有技术的跟进者,报告拟对无人机翻转滚动姿态控制的专利进行梳理,并深入分析重点专利(通过结合专利的高被引数及人工阅读筛选出企业关注点的专利)的技术要点,寻求企业申请专利的突破改进口。

(3)主要专利技术分解

无人机飞行控制技术是一项涉及多门学科的技术,飞行控制技术是无人机产业的核心技术,根据调研后改进的技术分解如表 2.3 所示。

■ 表 2.3　飞行控制技术分解表

一级技术	二级技术	三级技术
飞行姿态控制	自身结构改进	动力系统
		飞控系统
	算法改进	PID 控制
		反步法
		嵌套饱和控制
		四元数反馈控制
		神经网络控制
		滑膜控制
	控制方式改进	视觉传感系统
		实时动态控制
		俯仰角等参数控制
		智能控制

2.5.7 福建科创光电有限公司

(1) 企业概况

福建科创光电有限公司成立于 2011 年 11 月，位于莆田市荔城经济开发区（西天尾镇洞湖村），是一家半自动化生产电容触摸屏的高新科技企业，建设规模为年生产 14 万平方米的电容触摸屏。项目总投资 2500 万元，公司厂房面积 4000 平方米，从业人员 100 余人，其中管理技术人员近 40 人。

产品方面，科创光电主要生产大尺寸多点触控电容屏、低功耗多点触控电容屏，主要应用在工控仪器、手机、上网本、平板电脑、电子书、便携式游戏机、智能教育平板上。目前，科创光电已掌握 55 寸（1 寸 ≈ 3.33 厘米）以下及 65 寸电容式触摸屏生产技术，85 寸电容式触摸屏产品生产技术正在实验中。

研发创新方面，科创光电拥有研发人员 11 人，其中，硕士及以上学历 2 人、高工 2 人，每年研发费用约 260 万元。科创光电已申请专利 19 项，授权量 45 项，其中 1 项为国际专利，于 2013 年 9 月通过国家高新技术认定，并于 2016 年 12 月通过新一轮的国家高新企业技术认定。

产学研合作方面，科创光电重视核心技术的研究与应用，先后与福州大学光电显示技术研究所、美国加州大学爱尔分校（UC，Irvine）和美国 Z&L Creative 科研公司建立产、学、研的校企合作，建立了福州大学光电显示技术研究所、科创光电触控技术研发中心等，为企业发展提供人才后备和技术支持，并实现平台共建。

企业发展方面，目前绝大多数消费类电子产品均采用电容触控技术，电容触控技术正处于蓬勃发展时期，科创光电也因此处在快速发展阶段。但从具体触控技术发展角度，科创光电主打的 GG 触控技术正逐渐被 OGS、In-cell 等技术替代，且 OGS 各大厂商主要将研发方向往中大尺寸屏幕上转移，冲击科创光电的现有产品线，因此科创光电也处于转型期，面临触控产品技术的转型换代。

竞争对手方面，科创光电的竞争对手既包括欧菲光科技、TPK-宸鸿科技等触控领域巨头，也包括深圳市品触光电科技、广东宸景光电科技、东之晖电子科技（深圳）、深圳市汇力隆科技、深圳市盛腾光电、江西中泰和讯科技等电容式触摸屏生产企业。

(2) 企业确定的导航需求和目的

通过调研，科创光电确认本次专利导航的对象为 GG 触控技术，重点关注其中的激光微加工工艺。科创光电希望通过专利导航达到以下目的：①了解 GG 触控结构技术的发展现状；②为企业下一步研发明确方向或寻求参考技术方案；③寻求潜在的技术合作伙伴。

(3) 主要专利技术分解

①电容式触摸屏技术分类

目前,电容式触摸屏的感应器技术架构主要分为外挂式(Out-cell)、内嵌式(In-cell)、表嵌式(On-cell)三种类型。Out-cell 通过贴合与显示屏成为一体,主要有 GG、GFF 和 OGS 三种技术,主要差别在于 ITO(氧化铟锡)镀层载体和层数的不同以及触控感应器所在位置的不同,该方案主要由触控厂商主导。In-cell 和 On-cell 则是分别制作于显示屏的内部和表面,这两种方案主要由面板厂商生产。In-cell 技术将触控薄膜内置在液晶面板之内,其最大的优势就是可以做到极致轻薄化,但是由于需要克服液晶面板本身对触控薄膜的影响,所以良品率低,代表商品是 iPhone 5s。而 On-cell 也是基于同样理念,只不过触控薄膜的位置不同,三星的 Galaxy S 系列均采用 On-cell 触控技术。

② GG 触控技术

GG(Glass-Glass),即"盖板玻璃 + 感应层玻璃",也称玻璃式外挂触控技术。GG 技术由苹果公司开发,应用在 iphone 4/4s、ipad 上。GG 触控感应器位于盖板玻璃和显示模组中间,其结构由一块玻璃基板支撑,ITO 导电涂层分别镀在玻璃基板两侧。GG 触控技术的优点是透光率好、强度和灵敏度高、工艺难度小,缺点是多了一层玻璃,厚度较厚,不符合智能手机"轻薄短小"的发展方向。

根据触控屏结构的组成,对采用 GG 结构的外挂式电容触摸屏做出以下技术分解,如图 2.7 所示。

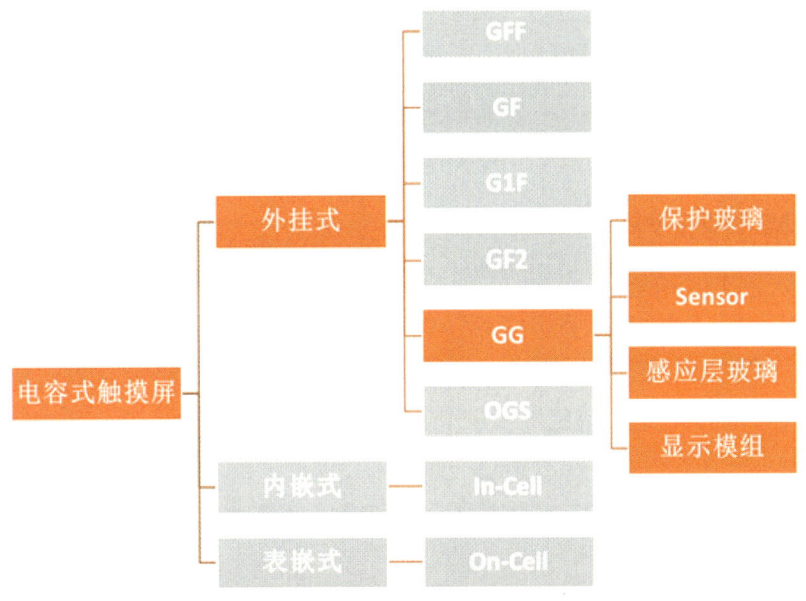

图 2.7　GG 触摸屏技术分解

2.5.8 莆田市诺斯顿电子发展有限公司

（1）企业概况

莆田市诺斯顿电子发展有限公司于2006年成立，注册资本1000万元，位于莆田市荔城区黄石镇工业园区谷城东路，是一家专业生产日用百货、产品LCD及液晶显示模块及其软件开发的科技型企业。建有厂房1900m², 研发大楼600m², 公司现有员工125名。

产品方面，诺斯顿主营TN型液晶产品，主要应用于便携式液晶显示动态密码器模块（网易将军令）、车载电子设备液晶显示模块、便携式脉搏点滴测试仪，以及MP3、手机屏、显示模块、掌上电子游戏机、计算器、计步器、万年历、电子表、电子宠物、电子秤、测电笔、汽车时钟、电话机、空调、万用表、电子记事本、汽车液晶遥控器、收音机、电子仪表、对讲机、CD、VCD、DVD及汽车音响等，月产量可达到800万件。公司通过了ISO 9001：2008质量管理体系的认证、ROHS欧盟环保体系认证等。

研发创新方面，诺斯顿拥有专职研发人员8人，其中硕士以上学历4人，年研发经费约200万元。2016年，诺斯顿实施技术改造。2015年12月，公司和中国科学院深圳技术研究院合作，利用对方的科研人才，开发技术含量高的电子产品。2016年底，日本的客户前来考察，并达成合作意向。

企业发展方面，当前液晶显示屏产业整体处于衰退期，受此大环境影响，诺斯顿也处于转型期，正积极摆脱来料加工的单一模型，向研发生产型企业发展。

（2）企业确定的导航需求和目的

通过调研，诺斯顿确认专利导航的对象为动态密码液晶显示防伪技术。诺斯顿希望通过专利导航了解液晶防伪技术的发展现状。

（3）主要专利技术分解

液晶防伪属于一种光学偏振防伪技术。光学偏振防伪技术利用光的偏振特性来提取防伪信息，是一种新型的防伪技术产品。而液晶材料因其独特的光学双折射特性，可以结构性地产生特定的相位延迟，为偏振防伪技术提供了可行性。通过摩擦取向或光取向等技术，将防伪标识转化为带有光学偏振特性的标识并印刷在标签中的液晶层，正常肉眼观察时无法看到，只有透过一张检偏器薄膜才能看到防伪标识。该技术是综合了图像防伪、数码防伪和材料体系的一种复合防伪技术，具有很高的技术壁垒，在一定时间内很难被仿制。

液晶光学防伪技术在防伪领域具有广阔的应用前景，通过液晶多畴定向技术可以制作出具有隐藏正负片图像二线防伪特征的液晶防伪元件。一般的液晶防伪元件是在基材上先涂布取向层，对取向层的不同区域进行不同方向的曝光，然后再在其上涂布向列相液晶层，靠取向层来使液晶分子进行不同方向的排列。由于液晶层无色透明，通过肉眼无法观察到图像，而通过偏振片观察时，液晶防伪元件呈现明暗不同的区域，黑暗区域和明亮区域分别组成图像和背景，将偏振片改变一定的角度或者改变圆偏振片的旋向，明暗区域相互转换，即图像区和背景区反色从而形成正负片转换的效果。在液晶防伪元件的连续化生产过程中，液晶层的取向质量与固化程度不仅直接影响液晶防伪元件中隐藏图像的清晰程度和质量，而且也会对后续涂层的分子定向产生影响，因此，在生产过程中对隐藏图像的质量进行控制就显得尤为重要。

根据液晶防伪器件的组成，对其做如下技术分解，如图2.8所示。

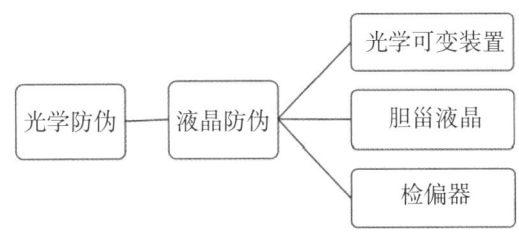

图 2.8　液晶防伪器件技术分解

2.5.9　福建省飞阳光电有限公司

（1）企业概况

福建省飞阳光电有限公司位于莆田市江口镇飞天实业工业园，成立于2012年8月，注册资金1000万元，总投资超过8000万元，厂房面积6000多平方米，并拥有净化厂房4000多平方米，现有员工100余人，其中大专以上义化程度的专业技术人员30余人。

产品方面，飞阳光电主要生产电容式触摸屏和触摸屏Sensor［包括DITO（Double ITO）和SITO（单层氧化铟锡，Single ITO）及单面ITO-Sensor］。产品主要应用在车载电子、平板、手机、医疗电子、智能家居等领域。

研发创新方面，飞阳光电拥有专职研发人员10人，年研发费用约150万元。2013年，飞阳光电淘汰传统的银浆工艺技术，开发出全新的镍金工艺，并于2013年8月设立了国内第一条镍金工艺自动化生产线，成为国内首家将镍金工艺运用于触摸屏领域的企业，填补了该领域空白。2015年2月，飞阳光电通过了ISO认证，并进军车载高端产品市场，成功转型；2015年3月，公司镍金工艺实现重大改良，成为全球第一家能实现镍金工艺量产的企业，生产的触控产品运用到车载、金融等高端领域，并获得了国家高新技术企业证书。

企业发展方面，得益于电容式触摸屏在消费类电子领域的广泛应用，飞阳光电正处于快速发展期。同时，飞阳光电还突破原有的市场定位，不断加大对车载、金融、医疗、家电、PC端等应用新领域和新客户的开发力度，将供销链由过去的中低端小厂商向高端客户群延伸，已成功与奔驰、通用、美的等多家企业巨头配套厂商建立了合作关系。

专利布局和运营方面，在镍金工艺改良期间，飞阳光电自主研发出一种快速检测触摸屏接口的测试台和触摸屏切割平台，并围绕该平台申请专利20多件，体现了良好的专利布局意识。但在调研中也发现，飞阳光电于2014年从沈阳创达技术交易市场有限公司、成都世旗电子科技有限公司受让了有关触摸和液晶显示的4件专利，但均因知识产权管理人员变动，没有及时续费的原因导致专利权终止失效，说明其专利管理能力有待进一步提升。

（2）企业确定的导航需求和目的

通过调研，飞阳光电确认专利导航的对象为In-cell触控技术，重点关注其中的镀膜工艺和电路蚀刻工艺。飞阳光电希望通过专利导航为企业专利布局和专利运营工作提供建议。

（3）主要专利技术分解

In-cell是将触控感应线路搭载于显示面板内部，在TFT阵列基板与彩色滤色膜之间形成的盒内部嵌入触摸传感器功能，能有效减少光学胶等多种材料的使用，增加透光性的同时减少显示器件的厚度。In-cell技术首次大规模应用在iPhone 5手机上，并获得成功。得益于该技术，iPhone 5与iPhone 4S相比厚度下降18%，达到7.6毫米，质量则下降20%，达到112克。2014—2015年，我国多家面板、手机厂商均大幅进军In-cell领域，华为和乐视的主打产品也均搭载了In-cell触控系统。In-cell技术未来将成为触摸屏企业争取下游客户资源的有利竞争条件之一。

由于搭载In-cell触控技术的触控面板只有"两层"架构，符合智能手机向"轻薄短小"的发展方向，因此在TFT-LCD时代占据一席地位。同时，因In-cell将触控传感器嵌入到像素中的同时也必须将配套的触控集成电路嵌入其中，否则很容易导致错误的触控感测讯号或者过大的噪声，这意味着制程工艺的复杂度和难度都会加大。LCD中的液晶层采用印刷涂覆法，良率较高；而OLED中的各项有机层均采用蒸镀法附膜，技术要求高、难度大，所以良率也较低。在蒸镀结构中再增加一层触控IC必将影响良率。OLED的制程良率一直偏低，如果使用In-cell必将导致更低的良率。故目前尚无针对AMOLED屏的In-cell触控方案。

根据触控屏结构的组成，对采用In-cell结构的内嵌式电容触摸屏做出以下技术分解，如图2.9所示。

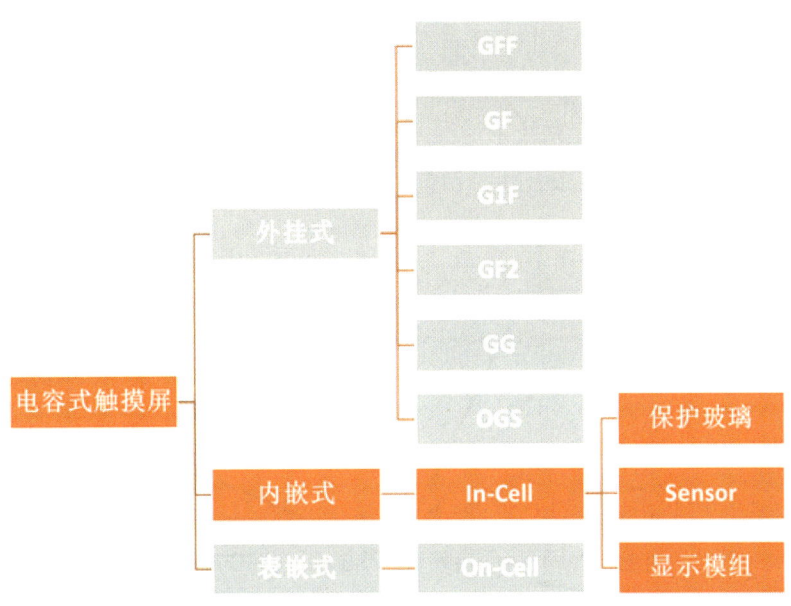

图 2.9　In-cell 触摸屏技术分解

2.5.10　莆田市涵江区依吨多层电路有限公司

（1）企业概况

莆田市涵江区依吨多层电路有限公司的主要产品是单面电路板、双面电路板、高密度电路板、多层电路板等新型电子元器件，公司的产品广泛用于民用电器、工业控制电器、卫星通信及国防工业等领域，被国家列为高科技产品。公司目前是福建最大的电路板制造企业之一。企业目前设立企业技术中心 1 个，人员有 32 人，其中博士 3 人、大学以上学历 23 人。自 2016 年开始，每年投入的新产品研发及工艺创新费用约占企业产品销售收入的 4% 以上，对企业新产品、新工艺进行研发起到关键性的作用。

（2）企业专利导航需求确认

通过到企业调研，最终确认了企业专利导航的需求。导航方向为电路板生产制造技术领域，企业希望通过导航，了解电路板生产制造领域的总体技术现状，了解电路板各主要制造工艺技术的发展状况，掌握主要申请人、主要竞争对手及其专利布局状况，并重点关注高频电路板的生产制造技术。希望能为下一步研发明确方向或寻求参考技术方案，并寻求潜在的技术合作伙伴。

（3）主要专利技术分解

印制电路板（Printed Circuit Board，PCB），是指在通用基材上按预定设计形成点间连接及印刷元件的印刷板，其主要功能是使各种电子零组件形成预定电路的连接，起中继传输的作用。印制电路板被称为"电子系统产品之母"，几乎所有的电子设备都要使用印制电路板，不可替代性是印制电路板制造行业得以长久稳定发展的重要因素之一。

根据相关技术背景和专利技术情况，根据电路板的功能类型和制造工艺过程，对专利申请相对较多的主要相关技术做出如图 2.10 所示的技术分解。

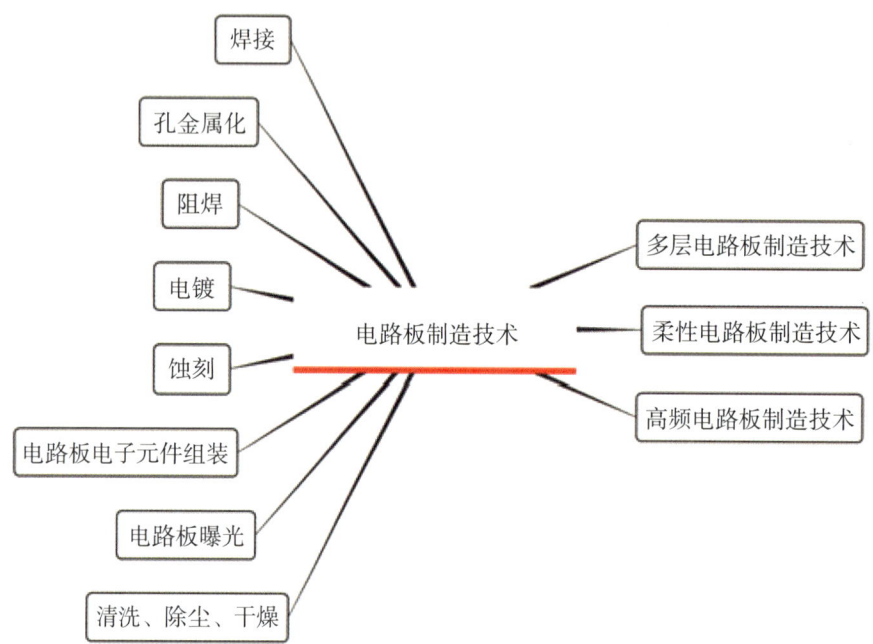

图 2.10　电路板生产制造技术分解

第三章

电子信息产业政策分析

产业政策是政府对工业为主的各产业部门的资源配置实行的各种干预政策，还包括对私人企业产生影响的一些产业组织政策的总和。产业政策的核心内容是政府进行政策性干预，是针对资源配置出现的各种"市场失灵"及其他更广泛的作用。产业政策涉及税收政策、财政政策、贸易政策、对外开放政策、环保政策、产业布局政策、科技政策、教育政策、卫生政策等。

对于电子信息这一战略性新兴产业来说，创新是驱动发展的第一动力。专利作为创新保护的重要手段，专利信息导航分析研究与创新推动政策息息相关，因此，本章以创新为基础、以专利为脉络，对国外及国内电子信息比较发达的国家及地区电子信息产业政策进行分析与研究，为莆田市制定电子信息产业相关政策提供建议。

3.1 优势国家电子信息产业政策分析

近年来，世界电子信息产业持续复苏，美、日、欧盟等主要国家和经济体纷纷将信息产业作为主导产业，出台一系列政策措施以推动其发展，电子信息产业回升态势明显，产销值呈现出强劲增长的态势。由于各个国家的发展水平不同，其电子信息产业发展现状与格局也有所差异。优势国家出台的关于电子信息产业的主要政策有美国的《先进制造业伙伴计划》、德国的《工业4.0》、日本的《2015年版制造白皮书》、英国的《英国制造2050》等，都努力促使国际资本调整布局。重点国家电子信息产业发展战略汇总如图3.1所示。

国家	发展情况	相关政策措施
美国	电子信息产品产值和市场规模平稳增长，细分行业发展格局稳定	《战略投资计划》；"网络中立"法案；"智慧城市"计划
俄罗斯	电子信息产品进口额大于出口额；IT基础设施建设日趋完善；软件外包业发展迅猛；信息化应用普及率高	《信息社会发展规划（2011—2020年）》《2013—2018年）信息技术产业发展路线图》《2014—2020俄联邦信息技术产业发展战略及2025年前远景战略》《俄联邦2030年前科技发展前景预测》
德国	电子产品产值居欧盟各国首位；德国企业研发投入巨大；中德贸易逆差严重	《思想·创新·增长——德国2020高技术战略》《电子电气设备法》《工业4.0战略》《数字经济2025》
英国	电子信息产业总体规模保持稳步增长，欧盟中位居第三	《政府信息通信技术（ICT）战略》《把握数据带来的机遇：英国数据能力战略》《2015—2018年数字经济战略》
韩国	电子信息产业规模庞大；出口业绩良好；不同电子信息产品产值和销售额存在波动	设立创造经济革新中心；提供财税支持，鼓励企业技术创新；设立政府扶持性基金
日本	产品产值在全球占比下降，但仍实力雄厚；各领域产品产值持续波动；产品进口额呈下降趋势，出口额平缓波动	《I-Japan战略2015》《机器人新战略》《2015年版制造白皮书》

图 3.1 重点国家电子信息产业发展战略汇总

3.1.1 美国电子信息产业政策分析

美国是当今世界电子信息制造领域的第一强国,无论是核心技术、专利还是产品创新都走在世界前列,拥有思科、高通、IBM 等大型国际公司,它们为美国电子信息产业发展注入了源源不断的创新动力。

电子信息产业的发展和转型升级是美国多项国家级重大战略和计划的关键,无线通信与雷达、电子数据处理、电子元器件等行业保持迅猛发展。美国在电子信息产业领域拥有丰富的人力资源和资本,以硅谷为代表,众多知名大学和研发机构为产业发展保证了人才供给;大量的风险投资满足了产业的资金需求,在产业竞争上拥有绝对优势。此外,美国政府对研发投入、科技、教育,对技术和产品严格的专利保护和基础设施建设等方面的政策扶持,推动着电子信息产业的发展。"工业互联网"的提出标志着美国将电子信息产业发展重心转移到了先进制造、智能机器、先进分析等方向。

2005 年,美国总统信息技术咨询委员会(PITAC)的报告《计算科学:确保美国的竞争力》指出:"21 世纪最伟大的科学突破将是计算科学所获得的成就",建议"联邦政府、学术界和工业界必须共同制定一个数十年的发展蓝图,在科学和工程学科方面推动计算科学的发展",并且警告说:"我们正面临一个重要时刻,如果不能高瞻远瞩,全力以赴,我们将失去科技领先地位、经济竞争优势,甚至国家安全也无法保障,这将影响几代人。政府、学术界和工业部门必须开展长期、大规模的有效合作,确保美国拥有先进的计算科学技术和资源,确保美国在 21 世纪仍然享有科技领先地位、经济繁荣和国家安全。"

2011 年起,美国陆续出台了《美国先进制造业国家战略计划》等多项战略规划,力求促进美国先进制造业的发展,提高美国制造业全球竞争力。确定了先进制造企业、智能机器、先进分析三个投资方向,建设网络物理安全、"数字制造公用平台"两个重点任务,并将网络服务提供商重新规划到美国《电信法案》所管辖的范围,重点保护互联网的开放性。2015 年,奥巴马政府制定了智慧城市计划,大力发展电子信息制造业,着力打造物联网应用所需的试验床,基于物联网和 IPV6 技术的电子信息制造产品,引领全球电子信息制造产业的发展。

基于对全球信息技术(IT)产业面临的巨大变革深刻并充分认识,美国于 2015 年 7 月创建了"国家战略计算计划"(National Strategic Computing Initiative,NSCI),旨在使高性能计算(HPC)的研发与部署最大程度地造福于经济竞争与科学发现。这一战略的核心内容是:一方面,要沿着 More Moore(延伸摩尔定律)道路继续前行,基于冯·诺依曼结构和 CMOS(互补金属氧化物半导体)工艺发展 E 级计算机;另外一方面,还要研究后摩尔定律时代基于非冯·诺依曼结构采用后 CMOS 工艺的新算法、新机制，发展新一代计算。该计划指明了美国在未来一段时间内围绕高性能计算技术与产业发展的战略目标、任务、方向及发展路径，同时构建了组织架构，明确了各方面的责任分工。

2018年5月，美国白宫主办了美国人工智能峰会，主要探讨能够使美国民众受益、确保美国在人工智能领域的主导地位的相关政策，其中包括利用人工智能技术提高行政效率，以及在特定行业的应用中发挥其显著影响力等内容。特朗普尤其强调道："……这种革新几乎可以改善我们生活的每一个方面，为美国工人和家庭创造巨大的新财富，并在科技、医学和通信领域大胆地开创新领域。"特朗普政府将优先为人工智能研究与开发领域提供资金支持，并且在2019财年预算申请中将人工智能作为管理研发的优先事项。

2021年1月，美国国会通过国防授权法案（NDAA），其中包含名为《为美国创造有益的半导体生产激励措施（Creating Helpful Incentives to Produce Semiconductors for America，CHIPS for America）》的立法，授权一系列计划以促进美国境内半导体的研究、开发和制造，旨在促进美国芯片产业发展。

2022年7月，美国参议院和众议院通过"芯片和科学法案"（CHIPS and Science Act 2022）；8月，美国总统拜登正式签署该法案，计划在5年内投资2800亿美元，使美国在全球技术优势竞争中领先于中国。该法案将在5年内为半导体行业提供527亿美元资金。其中，390亿美元将直接用于制造业补贴，132亿美元用于研究和劳动力发展，20亿美元用于汽车和国防系统中使用的传统芯片，5亿美元用于国际信息通信技术安全和半导体供应链活动，并为高科技制造商提供240亿美元的税收抵免。法案还向半导体行业提供了25%的投资税收抵免优惠，覆盖半导体生产以及相关设备的资本开支。

3.1.2 日本电子信息产业政策分析

日本电子信息产业实力雄厚，截至2016年底，日本电子信息产品产值约为12万亿日元，占全球总量的6.79%。其中，电子元器件贡献产值相对较高，在所有电子产品中所占比重超过2/3，产值同比增长了11.12%；工业电子设备居中，产值为2.79万亿日元，同比增长0.86%。虽然消费类电子设备整体出货量仍然可观，但产值出现下滑，电子信息产业结构持续调整。以夏普、索尼、松下为代表的龙头企业，在显示器、摄像头等电子信息产品核心零部件方面优势依然显著。智能穿戴、机器人等创新产品有望成为日本电子信息产业新的消费增长点。

21世纪以来，日本电子企业为应对全球模块化战略兴起与全球产业价值链解构，采取了被动性的模块化战略，相对更加封闭的过往战略惯性与路径依赖而在向模块化转型的过程中出现反应滞后的问题，从而陷入战略被动。电子企业于经济危机爆发前后才开始频繁布局模块化战略，并根据自身高价值模块的提供能力与核心价值模块的特点，实行了更强调封闭性与国内制造地位的日本特色"开放与封闭"战略模式。然而，战略展开的滞后性与价值链构成的历史性缺陷使日本电子企业逐渐被韩国赶上。

近几年，日本先后出台了《I-Japan 战略 2015》《2015 年版制造白皮书》等政府纲领性文件，根据《2015 年版制造白皮书》，在积极发挥信息技术作用方面，日本制造业落后于欧美国家，建议在未来将日本制造业转型成为利用大数据的"下一代"制造业。具体而言，日本通过大量培养制造业方面的人才，有保留性地向海外转移生产，积极发挥信息技术的作用，重点利用大数据技术、物联网技术及软件技术发展下一代制造业，加快制造业的升级换代，推动制造业中不同行业的融合，以此促进日本电子信息产业的发展。

日本电子企业实现战后振兴的核心是企业对异质性资源与能力进行持续与偏重培养。在战后初期以组织创新为能力积累的主要方式，20 世纪六七十年代以来以技术创新来实现全球竞争地位的提升，并最终以创新为核心占据全球产业分工的价值高点。在这一战略路径下，日本企业的产业链地位也随着差异化战略进程而由低端向中高端演变，生产运营由本土化向全球化演变，技术研发由引进、模仿向跟随、领先创新演变，最终在 20 世纪 90 年代末构建起发展水平最高的产业集群之一。

近年来，随着中国电子信息行业的逐步崛起，日本政府陆续出台了一系列应对措施。2023 年 5 月 23 日，日本经济产业省发布修订《关于根据出口贸易管制令附表 1 和外汇令附表确定货物或技术的部令》，结束此前 3 月 31 日开始的该修正案征求意见阶段，正式将新增的 6 大品类（3 项清洗、11 项成膜、1 项热处理、4 项曝光、3 项蚀刻、1 项检测）在内的 23 项高性能半导体制造设备列入出口管制名单，于 2023 年 7 月 23 日起正式实施。虽然日本政府称这项出口管制政策未针对特定国家，但美国、韩国等 42 个实行一揽子出口许可证的国家和地区无须单独批准，中国等国家均需单独得到日本政府批准，事实上形成了对中国的半导体禁令。

目前管制主要聚焦于先进工艺（14 纳米以下）的前道设备，尚未延伸至半导体材料和零部件领域。美国此前严格限制高端半导体设备对华出口，日本此举意在配合美国进一步封锁中国先进制程工艺的发展，此举对日本本土半导体企业来说意味着即将面临巨大的损失，同时也将加速中国半导体设备国产替代进程。根据联合国国际贸易中心的统计显示，日本 2021 年向中国出口的制造设备达到约 120 亿美元，金额占出口到全世界设备的近四成，在所有地区中最高。而根据近期长江存储、华力集成、华虹无锡 3 座典型晶圆厂招投标数据，美国设备厂商份额为四五成，日本厂商份额为三成左右，国产份额为二成左右，对日系设备的替代有较大的空间。

3.1.3 韩国电子信息产业政策分析

二战后，韩国的经济遭受到严重的破坏，农业是国民经济的主体，工业几乎全部被摧毁，进入20世纪60年代，韩国对产业结构的一系列针对性调整扭转了其经济滞后的局势，创造了令人瞩目的"汉江奇迹"，经济迅速得到发展壮大。工业的发展引领韩国经济，韩国工业所取得的成果不仅在国内，在国外也受到很高的评价，由此成为发展中国家的重要学习典范。制定并推行合理的产业政策，这种政府主导型经济体系的强有力的推动是韩国经济高速发展的重要因素。

韩国在全球信息通信技术发展指数排名居世界第一，电子信息产业规模庞大，部分产业在全球具有重要地位。电子元器件和无线通信设备是韩国电子信息产业的中坚力量，半导体、移动通信和消费类电子产品市场份额居全球领先地位。近年来，韩国各类电子产品产值变化上下波动。控制与仪器设备和医疗与工业设备增速较快；计算机、办公设备、电信设备和消费类电子产品则有所下滑。

韩国是全球电子信息产业制造强国，以三星、LG为代表的电子信息产品制造是其核心竞争力所在。20世纪90年代中期，韩国制订了发展国家信息基础设施和IT产业的KII计划。1995年，韩国科技部制订了旨在推进韩国赶超先进科技国家的"The G-7HAN Project"计划。1995年，韩国通过该计划对平板显示资助1780万美元。1997年，大幅度增长政府支持金额，追加到7160万美元。2000年，韩国政府投资1.2亿美元用于研发，用于包括平板显示子项目在内的173项核心技术研究。2002年，韩国产业资源部又公布了"平板显示器产业发展计划"，明确提出要重点发展LCD/PDP和OLED等新材料细分领域，从材料设备的自给率和产品出口规模提出了增长目标。

实行以核心原创基础技术开发支持领先的创新者战略。2007年9月，韩国政府在《FTA时代产业政策走向》中明确提出，新的产业技术政策将从既有"快速跟随者战略"转变为"领先的创新者战略"，这使得对核心、原创和基础技术的开发成为韩国产业技术政策的重点方向。2008年，韩国在出台的面向未来的一系列经济发展战略方针中，提出产业技术改革的政策方向是支持国内外研发主体之间协调和配合，推动核心、原创技术的开发。在2009年颁布的《新增长动力规划及发展战略》中，为了支持新增长动力产业发展，韩国政府明确提出要从供给层面加快创新突破，包括掌握核心主导技术和加强基础性技术的开发。2010年10月，韩国政府发布了《主导未来产业的技术开发项目》，选定五大未来主导产业技术。2011年7月，韩国国家科技委员会审议通过了《国家融合技术发展基本计划》，决定划拨1.818万亿韩元（当时约合人民币109亿元），用于推动发展"融合技术"。

政府以扶持性（资金）基金引导产业发展方向和路径。韩国政府在产业政策工具的运用中，比较重视通过扶持性基金来实现对产业发展方向和路径的引导。实际上，韩国政府无论是对新增长动力产业发展的鼓励、支柱产业高附加值化的支持、实施低碳绿色发展模式的倡导、中小企业发展的扶持、核心原创基础技术开发的重视，还是对产业的全球资源整合布局，都设立了相应的扶持资金或专项的扶持基金。比如，从产业基金来看，韩国政府为了促进电子信息产业的发展，对于重点领域设立了专项扶持基金。本世纪初，韩国政府设立了 860 亿韩元的"信息技术促进资金"，用于公共部门的信息化；2006 年，为了支持半导体、显示器领域中小设备业者的设备投资，韩国政府募集了 1500 亿韩元的企业供需基金；2010 年，韩国政府组建了 1500 亿韩元（约合美元 1.32 亿）规模的半导体基金会，以支持 IC 设计产业发展。

从 2002 年到 2012 年，韩国政府每年提供 1700 万美元用于显示器新技术研发经费，7.4 亿美元用于支持电子工业产业带建设，同时政府加大对电子协会、技术中心和人才培养支持力度，实现税收优惠政策。这些政策的制定，很好地促进了韩国光电信息产业的发展，培育了三星、LGD、现代等世界知名企业发展，奠定了韩国在光电信息产业的世界地位。2012 年，韩国显示面板产业出口规模超过了 650 亿美元，产品在国际市场上占有率高达 42%。

韩国政府主要从三个方向推进电子信息制造业的发展：一是成立相关机构，设立创造经济革新中心，大力支持电子信息产业创新发展，支持物联网、金融科技、游戏产业、新一代通信方式、3D 打印产业。二是提供财税支持，鼓励企业技术创新。韩国政府通过给新技术创业企业提供无息贷款，提供办公室、资金，减免税收、消减关税等优惠政策，鼓励私营企业技术创新。三是以政府扶持性基金引导产业发展方向和路径，加大研发和产品创新的资金投入。2018 年，韩国电子产业生产额为 1711.01 亿美元，排名全球第三，位于中国和美国之后，赶超日本。

2023 年 1 月，韩国政府将面板业列入《特别限制税务法》（Restriction of Special Taxation Act）所定义的国家战略产业，与半导体、电池及疫苗的地位相同，享有税额抵减及投资补贴，并将上述产业的设备投资抵减税额从原本的 8% 调升至 15%。在新型显示产业方面，韩国国内面板制造商计划到 2027 年投资超过 65 万亿韩元（约合人民币 3421 亿元）用于信息技术（IT）和下一代显示器研发的 OLED 生产线扩建。政府将以制度支持作为回应，包括扩大税收抵免、指定专业园区、放松管制以及投资超过 1 万亿韩元（约合人民币 52.6 亿元）的研发资金。借此，韩国计划在 4 年内将其全球市场份额扩大到 50%，并将与竞争对手的技术差距拉大 5 年以上。

3.2　中国电子信息产业政策分析

电子信息产业是我国经济的战略性、基础性和先导性支柱产业，渗透性强、带动作用大，在推进智能制造、数字经济发展中具有重要的地位和作用。自 2016 年以来，国家出台了一系列发展规划，如《中国制造 2025》《国家信息化发展战略纲要》《电子信息制造业 2023—2024 年稳增长行动方案》以及四部门《关于加强产融合作推动工业绿色发展的指导意见》等。

（1）《中国制造 2025》

《中国制造 2025》明确提出"以加快新一代信息技术与制造业深度融合为主线，以推进智能制造为主攻方向"，在加速向制造强国迈进过程中，需要在集成电路、信息通信设备、操作系统等新一代信息技术领域实现突破。"互联网+"行动指导意见的持续推进，要求密切跟踪信息技术变革趋势，努力发展新技术、新模式、新业态，构建以互联网为基础的融合型产业生态体系。国家信息安全战略和网络强国战略的实施，需要尽快突破芯片、整机、操作系统等核心技术，大力加强网络信息安全技术能力体系建设，增强信息安全保障能力和网络空间治理能力。引导制造业朝着分工细化、协作紧密方向发展，促进信息技术向市场、设计、生产等环节渗透，推动生产方式向柔性、智能、精细转变。对于智能制造来说，电子信息产业既是技术产品提供方，也是需求应用方。电子信息产业是智能制造解决方案的提供方，通过与传统制造业融合渗透，改造提升其竞争力；同时，电子信息产业自身也需要智能制造升级，优化制造流程，提高制造水平。也就是说，"十三五"时期，在助力中国制造转型升级的同时，我国电子信息产业也处于转型发展的关键时期。党的十八大提出"发展现代信息技术产业体系"，这个体系是在现有的电子信息产业基础上，以新一代信息技术产业为引领，实现软硬一体化、产品与网络融合、产业与服务互动。

（2）《国家信息化发展战略纲要》

2016 年 7 月 27 日，国务院、中共中央办公厅联合印发了《国家信息化发展战略纲要》。《纲要》提出要构建先进技术体系。制定国家信息领域核心技术设备发展战略纲要，以体系化思维弥补单点弱势，打造国际先进、安全可控的核心技术体系，带动集成电路、基础软件、核心元器件等薄弱环节实现根本性突破。

（3）《电子信息制造业 2023—2024 年稳增长行动方案》

2023 年，工业和信息化部、财政部联合印发《电子信息制造业 2023—2024 年稳增长行动方案》（以下简称《行动方案》）。《行动方案》提出，2023—2024 年计算机、通信和其他电子设备制造业增加值平均增速达 5% 左右，电子信息制造业规模以上企业营业收入突破 24 万亿元。2024 年，我国手机市场 5G 手机出货量占比超过 85%，75 英寸及以上彩色电视机市场份额超过 25%，太阳能电池产量超过 450 吉瓦，高端产品供给能力进一步提升，新增长点不断涌现；产业结构持续优化，产业集群建设不断推进，形成上下游贯通发展、协同互促的良好局面。

《行动方案》明确，坚定实施扩大内需战略，激发市场潜力。一是促进传统领域消费升级，依托技术和产品形态创新提振手机、电脑、电视等传统电子消费；推动手机品牌高端化升级，培育壮大折叠屏手机产业生态；以智能化、信息化手段服务全民体育健身需求，宣传推广智能体育典型案例；做好智慧健康养老产业发展引导规范工作，发布智慧健康养老产品和服务推广目录，开展应用试点示范。二是培育壮大新增长点，推动虚拟现实、视听产业、先进计算、北斗应用、新型显示、智能光伏等领域创新发展。

《行动方案》提出，加大投资改造力度，推动高端化、绿色化、智能化发展。一是有序推动集成电路、新型显示、通信设备、智能硬件、锂离子电池等重点领域重大项目开工建设。二是推动产业逆周期升级改造，鼓励企业开展逆周期投资；支持企业加大产线技术改造升级力度，依法依规淘汰落后产能，提升中高端产品比重。三是促进绿色制造和智能化升级，鼓励建设电子信息制造业绿色工厂，推动光伏、LED产业智能转型升级。

《行动方案》明确，稳住外贸基本盘，提升行业开放合作水平。一方面，稳定出口市场，引导电子整机行业优化出口产品结构，持续推动出口企业开展跨境电商业务，助力企业用足出口退税政策。另一方面，积极开展国际交流合作，鼓励外资企业在我国扩大电子信息领域投资，在集成电路、新型显示、智慧健康养老、超高清视频、北斗应用等领域建立与有关国家（地区）间常态化交流合作机制等。

《行动方案》强调，深化供给侧结构性改革，提升行业供给水平。一是提升创新发展水平。加强Micro-LED、印刷显示等前瞻性产业布局；面向个人计算、新型显示、VR/AR、5G通信、智能网联汽车等重点领域，推动电子材料、电子专用设备和电子测量仪器技术攻关，研究建立电子材料产业创新公共服务平台，发挥好集成电路材料生产应用示范平台、国家新材料测试评价平台、电子材料行业中心等公共服务功能等。二是全面提升供给能力。落实集成电路企业增值税加计抵减政策；着力提升芯片供给能力，积极协调芯片企业与应用企业的对接交流；优化集成电路、新型显示等产业布局并提升高端供给水平；统筹资源加大锂电、钠电、储能等产业支持力度。

政策方面（国家级），近年来，我国先后出台多项行业政策与产业政策以促进电子信息产业的快速发展，相关政策如表3.1所示。

表3.1 中国电子信息产业相关政策

发布时间	发布部门	政策名称	主要内容
2021	工信部等部门	《关于加强产融合作推动工业绿色发展的指导意见》	加快电子信息技术与清洁能源产业融合创新，推动新型储能电池产业突破，引导智能光伏产业高质量发展

续表

发布时间	发布部门	政策名称	主要内容
2021	工信部	《"十四五"智能制造发展规划》（征求意见稿）	确定智能制造业发展愿景，到2025年，智能制造装备和工业软件技术水平和市场竞争力显著提升，国内市场满足率分别超过70%和50%
2021	国务院	《中华人民共和国国民经济和社会发展第十四个五年规划和2035年远景目标纲要》	坚持创新在我国现代化建设全局中的核心地位……加快发展现代产业体系，巩固壮大实体经济根基，并将高端智能制造与机器人技术在内的多个领域视为制造业核心竞争力提升的关键
2021	工信部	《基础电子元器件产业发展行动计划（2021—2023年）》	到2023年，电子元器件销售总额达到21000亿元，充分满足信息技术市场规模需求。鼓励龙头企业面向行业开放共享业务系统，带动产业链上下游企业开展协同设计和协同供应链管理。加强公共平台建设，围绕电子元器件各领域开展产品检测分析、评级、可靠性、应用验证等服务，为电子系统整机设计、物料选型提供依据
2020	国务院	《新时期促进集成电路产业和软件产业高质量发展的若干政策》（国发〔2020〕8号）	进一步优化集成电路产业和软件产业发展环境，深化产业国际合作，提升产业创新能力和发展质量。推动集成电路、软件和信息技术服务出口，大力发展国际服务外包业务，支持企业建立境外营销网络。商务部会同相关部门与重点国家和地区建立长效合作机制，采取综合措施为企业拓展新兴市场创造条件
2019	发改委	《产业结构调整指导目录（2019年）》	将"新型电子元器件（片式元器件、频率元器件、混合集成电路、电力电子器件、光电子器件、敏感元器件及传感器、新型机电元件、高密度印刷电路板和柔性电路板等）制造"列为鼓励类
2019	中共中央、国务院	《粤港澳大湾区发展规划纲要》	创新驱动，改革引领。实施创新驱动发展战略，完善区域协同创新体系，集聚国际创新资源，建设具有国际竞争力的创新发展区域，具有全球影响力的国际科技创新中心。瞄准世界科技和产业发展前沿，加强创新平台建设，大力发展新技术、新产业、新业态、新模式，加快形成以创新为主要动力和支撑的经济体系

续表

发布时间	发布部门	政策名称	主要内容
2018	国家统计局	《战略性新兴产业分类（2018）》	将电子核心产业中的电子元器件与机电组件设备制造、高端装备制造产业中的智能制造装备列为战略性新兴产业
2017	国务院	《国务院办公厅关于积极推进供应链创新与应用的指导意见》	提出推进供应链协同制造。推动制造企业应用精益供应链等管理技术，完善从研发设计、生产制造到售后服务的全链条供应链体系。推动供应链上下游企业实现协同采购、协同制造、协同物流，促进大中小企业专业化分工协作，快速响应客户需求，缩短生产周期和新品上市时间，降低生产经营和交易成本
2016	工信部、发改委	《"十三五"信息产业发展指南》	2020年，电子信息制造业主营业务收入目标为14.7万亿元。确定了集成电路、基础电子、基础软件和工业软件、关键应用软件和行业解决方案、智能硬件和应用电子、计算机与通信设备、大数据、云计算、物联网9个领域的发展重点，研究部署了7个重大工程，明确了相关保障措施
2016	国务院	《"十三五"国家战略性新兴产业发展规划》	进一步发展壮大新一代信息技术、高端装备等战略性新兴产业；着力提高智能制造核心装备与部件的性能和质量，打造智能制造体系，强化基础支撑，积极开展示范应用，形成若干国际知名品牌，推动智能制造装备迈上新台阶
2016	发改委、财政部、商务部	《鼓励进口技术和产品目录（2016年版）》	将新型电子元器件（片式元器件、频率元器件、混合集成电路、电力电子器件、光电子器件、敏感元器件、新型机电元件、高密度印刷电路板和柔性电路板等）制造（C27）继续列为鼓励发展的重点行业，对符合国家产业政策和专项规划的投资类项目项下进口生产性设备、零部件（不予免税产品目录中产品除外）给予贴息支持

续表

发布时间	发布部门	政策名称	主要内容
2016	国务院、中共中央办公厅	《国家信息化发展战略纲要》	到2025年,新一代信息通信技术得到及时应用,固定宽带家庭普及率接近国际先进水平,建成国际领先的移动通信网络,实现宽带网络无缝覆盖。信息消费总额达到12万亿元,电子商务交易规模达到67万亿元。根本改变核心关键技术受制于人的局面,形成安全可控的信息技术产业体系。到本世纪中叶,信息化全面支撑富强民主文明和谐的社会主义现代化国家建设,网络强国地位日益巩固,在引领全球信息化发展方面有更大作为
2015	国务院	《中国制造2025》	加快推动新一代信息技术与制造技术融合发展,把智能制造作为两化深度融合的主攻方向;着力发展智能装备和智能产品,推进生产过程智能化,培育新型生产方式,全面提升企业研发、生产、管理和服务的智能化水平,形成关键制造装备供货能力

3.2.1 新型显示产业政策分析

发改委、工信部两部委联合发布实施制造业升级改造重大工程包。按照党中央、国务院的部署,为做好制造业稳预期、稳信心、稳投资、稳增长工作,促进转型升级、提质增效,加快制造强国建设,国家发改委、工信部组织实施制造业升级改造重大工程包。为贯彻落实"十三五"规划纲要和《中国制造2025》,聚焦制造业高端化、智能化、绿色化、服务化,组织实施10大重点工程。其中电子信息升级工程中包含新型平板显示工程。重点发展低温多晶硅(LTPS)、氧化物(Oxide)、有机发光半导体显示(AMOLED)等新一代显示量产技术,建设高世代生产线;发展玻璃基板、增亮膜、光刻胶、OLED蒸镀工艺单元设备部件、蒸镀设备自动化移载系统等关键材料和设备领域,增强自主配套能力;推动关键共性技术联合开发和产业化示范;布局量子点、柔性显示等前瞻技术领域。

核心基础零部件中将重点发展新型显示器件。发展高分辨率TFT-LCD显示器件、低温多晶硅TFT-LCD显示器件、金属氧化物TFT-LCD显示器件,AMOLED(低温多晶硅背板)、AMOLED(金属氧化物背板)、柔性AMOLED等新型显示器件。开展布局全息、激光等显示技术以及碳基、量子点等新型显示技术研发。在先进基础工艺方面,提出发展 LTPS、Oxide 背板量产工艺，AMOLED 背板、蒸镀和封装等工艺，柔性显示相关工艺。在基础材料方面，着重发展大尺寸 AMOLED 显示及照明用高性能有机发光材料；高世代大尺寸 TFT-LCD 面板用玻璃基板、柔性玻璃基板；混合液晶和相关单体材料、智能调光窗户用分散液晶材料、偏光片及相关光学薄膜材料、彩色滤光片及彩色光刻胶材料、大尺寸高精度掩模板、有机发光材料等材料；大尺寸金属靶材、旋转靶及氧化物靶材；高纯电子气体和试剂等配套材料（表 3.2）。

2021 年，中共中央、国务院印发了《扩大内需战略规划纲要（2022—2035 年）》，其中要求"加快发展新产业新产品"，提出"推动人工智能、先进通信、集成电路、新型显示、先进计算等技术创新和应用"等内容。

表 3.2 我国新型显示行业相关政策

发布时间	发布部门	政策名称	主要内容
2006	国务院	《国家中长期科学和技术发展规划纲要（2006—2020年）》	重点发展高清晰度大屏幕显示产品，开发有机发光显示、场致发射显示、激光显示等各种平板和投影显示技术，建立平板显示材料与器件产业链
2011	国务院	《工业转型升级规划（2011—2015年）》	重点支持高世代薄膜晶体管液晶显示器件（TFT-LCD）面板发展，提高等离子体显示器件（PDP）产业竞争力，加快大尺寸有机电致发光显示器件（OLED）、电子纸、三维（3D）显示、激光显示等新型显示技术的研发和产业化，发展上游原材料、元器件及专用装备等配套产业，完善新型显示产业体系，平板显示产业规模占全球比重提高到 20% 以上
2014	发改委、工信部	《2014—2016 年新型显示产业创新发展行动计划》	到 2016 年，产能利用率保持合理水平，产品结构不断优化，行业资源环境效率显著提高，按面积计算出货量达到世界第二，全球市场占有率超过 20%，产业总体规模超过 3000 亿元
2012	科技部	《新型显示科技发展"十二五"专项规划》	将"开发新型显示产业配套材料、重要装备、低成本技术、低功耗技术和产品设计技术"作为应用研究的重要方向

续表

发布时间	发布部门	政策名称	主要内容
2018	工信部	《2018—2020 新型显示产业行动计划》	将重点引导支持企业超高清、柔性面板等量产技术的研发，通过技术创新，带动产品创新，实现产品结构调整，加快研究布局 OLED 微显示、印刷 OLED 显示等前瞻性的显示技术，加强技术储备，完成新技术路线的探索和布局
2021	财政部、海关总署和税务总局三部	《关于 2021—2030 年支持新型显示产业发展进口税收政策的通知》	自 2021 年 1 月 1 日至 2030 年 12 月 31 日，对新型显示器件生产企业进口国内不能生产或性能不能满足需求的自用生产性（含研发用，下同）原材料、消耗品和净化室配套系统、生产设备（包括进口设备和国产设备）、零配件，对新型显示产业的关键原材料、零配件（即靶材、光刻胶、掩模板、偏光片、彩色滤光膜）生产企业进口国内不能生产或性能不能满足需求的自用生产性原材料、消耗品，免征进口关税
2021	工信部等六部门	《关于开展"百城千屏"超高清视频落地推广活动的通知》	助力超高清视频产业发展
2022	国家电影局	《"十四五"中国电影发展规划》	将影院 LED 屏等技术与设备列为重点研究对象，让 LED 屏幕厂商看到了新的增长空间

3.2.2 集成电路产业政策分析

我国历来重视集成电路产业发展，先后发布了《鼓励软件产业和集成电路产业发展的若干政策》《进一步鼓励软件产业和集成电路产业发展的若干政策》，也就是通常所说的 18 号文件和 4 号文件。这两个文件对于推动我国集成电路产业发展发挥了重要作用，它们是一脉相承的，其主要内容包括财税政策、投融资政策、研究开发政策、进出口政策、人才政策、知识产权政策、市场政策等。《国家集成电路产业发展推进纲要》在保持 18 号、4 号文件等现有政策的基础上，重点增加了三个主要内容。

一是加强组织领导。成立国家集成电路产业发展领导小组，负责产业发展推进工作的统筹协调，强化顶层设计，整合调动各方面资源，解决重大问题，根据产业发展情况的变化，及时动态调整产业发展战略。成立由有关专家组成的咨询委员会。

二是设立国家集成电路产业投资基金。重点吸引大型企业、金融机构以及社会资金对基金进行出资。基金实行市场化、专业化运作，减少政府对资源的直接配置，推动资源配置依据市场规则、市场竞争实现效益最大化和效率最优化。基金支持围绕产业链布局，重点支持集成电路制造领域，兼顾设计、封装测试、装备、材料等环节，推动企业提升产能水平和实行兼并重组、规范企业治理，形成良性自我发展能力。

三是加大金融支持力度。重点在创新信贷产品和金融服务、支持企业上市和发行融资工具、开发保险产品和服务等方面，对集成电路产业给予支持。

此外，我国近年来鼓励集成电路产业发展的相关政策梳理如下（表3.3）。

表3.3 中国集成电路产业促进政策

发布时间	发布部门	政策名称	主要内容
2014	国务院	《国家集成电路产业发展推进纲要》	提出突出企业主体地位，以需求为导向，以整机和系统为牵引、设计为龙头、制造为基础、装备和材料为支撑，以技术创新、模式创新和机制体制创新为动力，破解产业发展瓶颈，推动集成电路产业中的突破和整体提升，实现跨越发展，为经济发展方式转变、国家安全保障、为综合国力提升提供有力支撑。设立国家产业投资基金，主要吸引大型企业、金融机构以及社会资金，重点支持集成电路等产业发展，促进工业转型升级。支持设立地方性集成电路产业投资基金。鼓励社会各类风险投资和股权投资基金进入集成电路领域
2015	国务院	《中国制造2025》	将集成电路及专用装备作为"新一代信息技术产业"纳入大力推动突破发展的重点领域，着力提升集成电路设计水平，掌握高密度封装及三维（3D）封装技术，提升封装产业和测试的自主发展能力，形成关键制造装备供货能力
2016	国务院	《关于印发"十三五"国家科技创新规划的通知》（国发〔2016〕43号）	将"核高基"、集成电路装备等列为国家科技重大专项，发展关键核心技术，着力解决制约经济社会发展和事关国家安全的重大科技问题，建成一批引领性强的创新平台和具有国际影响力的产业化基地，造就一批具有较强国际竞争力的创新型领军企业，在部分领域形成世界领先的高科技产业

续表

发布时间	发布部门	政策名称	主要内容
2018	财政部、税务总局、发改委、工信部	《关于集成电路生产企业有关企业所得税政策问题的通知》(财税〔2018〕27号)	对满足要求的集成电路生产企业实行税收优惠减免政策,符合条件的集成电路生产企业可享受前五年免征企业所得税,第六年至第十年按照25%的法定税率减半征收企业所得税,并享受至期满为止的优惠政策
2019	财政部、税务总局	《关于集成电路设计和软件产业企业所得税政策的公告》	对依法成立且符合条件的集成电路设计企业和软件企业,在2018年12月31日前自获利年度起计算企业所得税优惠期,第一年至第二年免征企业所得税,第三年至第五年按照25%的法定税率减半征收企业所得税,并享受至期满为止
2019	工信部、发改委等十三部委	《制造业设计能力提升专项行动计划(2019—2022年)》	在电子信息领域,大力发展集成电路设计、大型计算设备设计、个人计算机及智能终端设计、人工智能时尚创意设计、虚拟现实/增强现实(VR/AR)设备、仿真模拟系统设计等
2020	国务院	《新时期促进集成电路产业和软件产业高质量发展的若干政策》	为进一步优化集成电路产业和软件产业发展环境,深化产业国际合作,提升产业创新能力和发展质量,推出一系列支持性财税、投融资、研究开发、进出口、人才、知识产权、市场应用和国际合作政策
2020	财政部、税务总局、发改委、工信部	《关于促进集成电路产业和软件产业高质量发展企业所得税政策的公告》	对集成电路线宽小于65纳米(含)且经营期在15年以上的集成电路生产企业或项目,前五年免征企业所得税,第六至十年按照25%的法定税率减半征收企业所得税;对集成电路线宽小于130纳米(含),且经营期在10年以上的集成电路生产企业或项目,前二年免征企业所得税,第三至五年按照25%的法定税率减半征收企业所得税

3.2.3 智能终端产业政策分析

智能终端是整合产业链撬动社会总需求的关键抓手,因此,面对全球智能终端市场日新月异的发展,我国从完善产业链做起,全方位加快发展移动智能终端产业,在资金、政策、人才等多方面加大对智能终端产业的支持力度，培育一批有引领作用的龙头企业。近些年来，为了促进智能终端行业发展，我国颁布了多项关于支持、鼓励、规范智能终端行业的相关政策，如2022年工信部发布的《关于大众消费领域北斗推广应用的若干意见》丰富了北斗智能终端位置服务。探索将北斗高精度、短报文等功能应用于智能手机、可穿戴设备，构建亚米级定位应用场景，推动其成为应急通信手段，在健康养老、儿童关爱、助残关怀、新兴消费、便民服务等领域广泛应用（表3.4）。

表3.4 中国智能终端行业相关政策

发布时间	发布部门	政策名称	主要内容
2022	工信部	《关于大众消费领域北斗推广应用的若干意见》	丰富北斗智能终端位置服务。探索将北斗高精度、短报文等功能应用于智能手机、可穿戴设备，构建亚米级定位应用场景，推动其成为应急通信手段，在健康养老、儿童关爱、助残关怀、新兴消费、便民服务等领域广泛应用
2022	国务院	《关于印发计量发展规划（2021—2035年）的通知》	服务数字中国建设。加强计量与现代数字技术、网络技术以及产业数字化科研生产平台联动。以量值为核心，提升数字终端产品、智能终端产品计量溯源能力
2022	国务院	《关于印发"十四五"旅游业发展规划的通知》	推进全息展示、可穿戴设备、服务机器人、智能终端、无人机等技术的综合集成应用。推动智能旅游公共服务、旅游市场治理"智慧大脑"、交互式沉浸式旅游演艺等技术研发与应用示范
2021	工信部	《关于切实解决老年人运用智能技术困难，便利老年人使用智能化产品和服务的通知》	推动手机等智能终端产品适老化改造。各终端制造企业要充分考虑老年人使用手机等智能终端产品的使用需求，使智能终端产品具备大屏幕、大字体、大音量、大电池容量、操作简单等更多方便老年人使用的特点，方便老年人看得见、听得清、用得了，更好地获取信息服务
2020	国务院办公厅	《关于印发新能源汽车产业发展规划（2021—2035年）的通知》	新能源汽车融会新能源、新材料和互联网、大数据、人工智能等多种变革性技术，推动汽车从单纯交通工具向移动智能终端、储能单元和数字空间转变，带动能源、交通、信息通信基础设施改造升级，促进能源消费结构优化、交通体系和城市运行智能化水平提升，对建设清洁美丽世界、构建人类命运共同体具有重要意义

续表

发布时间	发布部门	政策名称	主要内容
2020	国务院办公厅	《关于以新业态新模式引领新型消费加快发展的意见》	积极开展消费服务领域人工智能应用，丰富5G技术应用场景，加快研发可穿戴设备、移动智能终端、智能家居、超高清及高新视频终端、智能教学助手、智能学伴、医疗电子、医疗机器人等智能化产品，增强新型消费技术支撑
2018	国务院	《关于推行终身职业技能培训制度的意见》	推进培训内容和方式创新，鼓励开展新产业、新技术、新业态培训，大力推广"互联网+职业培训"模式，推动云计算、大数据、移动智能终端等信息网络技术在职业技能培训领域的应用，提高培训便利度和可及性
2017	国务院	《关于进一步扩大和升级信息消费持续释放内需潜力的指导意见》	推介适合农村及偏远地区的移动应用软件和移动智能终端。构建面向新型农业经营主体的生产和学习交流平台。推动民族语言软件研发，减少少数民族使用移动智能终端和获取信息服务的障碍。鼓励各地采用多种方式促进信息终端普及
2017	国务院	《关于印发新一代人工智能发展规划的通知》	加快智能终端核心技术和产品研发，发展新一代智能手机、车载智能终端等移动智能终端产品和设备，鼓励开发智能手表、智能耳机、智能眼镜等可穿戴终端产品，拓展产品形态和应用服务
2017	国务院、中共中央办公厅	《关于加强乡镇政府服务能力建设的意见》	推广数字智能终端、移动终端等新型载体，灵活运用宽带互联网、移动互联网、广播电视网、物联网等手段，推动乡镇公共服务向智慧化、网络化方向发展

3.3 中国地方电子信息产业政策分析

3.3.1 上海市电子信息产业政策分析

2016年8月30日，上海市政府发布了《"中国制造2025"上海行动纲要》（以下简称《纲要》）。《纲要》对集成电路的阐述大致和《上海市制造业转型升级"十三五"

规划》类似，有所差异的是《纲要》的表述更为精练，并增加了对后摩尔时代新材料、新技术的布局，提出突破后摩尔时代微电子新材料、新器件结构以及高密度光电集成的产业化应用关键技术。

2017年2月6日，上海市经信委发布了《上海市促进电子信息制造业"十三五"规划》（以下简称《"十三五"规划》）。《"十三五"规划》对"十三五"期间上海市电子信息制造业发展重点和方向进行了更为细化的阐述。明确了"十三五"期间上海市集成电路的发展目标：在产业规模方面，到2020年，集成电路产业销售规模力争达到2000亿元。在技术和工艺方面，技术和工艺、先进设计能力进入16/14纳米及以下，量产工艺达到16/14纳米；特色工艺进入世界先进行列，部分领域达到国际领先水平。在产业配套方面，国产主要专用装备和材料在大生产线上占有率分别超过30%和40%，关键装备和材料进入国际采购体系。在产业结构方面，结构更加优化，设计制造的比重显著提升，设计业、制造业、封装测试业、装备材料业占比分别为4：3：2：1。在培育龙头企业方面，要培育出一批设计、制造、装备的龙头企业，设计和制造领域的龙头企业进入世界先进行列。

2021年12月，上海市经信委发布了《上海市电子信息产业发展"十四五"规划》（以下简称《"十四五"规划》）。《"十四五"规划》指出，上海市电子信息制造业水平能级和产业链韧性不断提升，软件和信息服务业高端化、智能化、平台化发展水平不断提升，电子信息产业发展综合实力不断增强，产业规模持续扩大。电子信息产品制造业整体实现稳步增长，产业投资年均增速达28.5%，工业总产值年均增长2.0%；软件和信息服务业快速发展，经营收入年均增长12.7%，其中互联网信息服务业经营收入较"十二五"期末增长244.4%。

《"十四五"规划》将电子信息制造、软件和信息服务、前沿新兴领域列为三大重点领域，并分别作出了规划部署。

在电子信息制造业方面，《"十四五"规划》提出三点要求：一是要以集成电路为核心先导。着力推动集成电路自主创新与规模发展，加快核心关键技术攻关、先进制造工艺研发、生产能力升级，提升芯片设计、制造、封装、装备材料全产业链能级，形成国际一流、技术先进、产业链完整、配套完备的集成电路产业体系，为电子信息产业的持续创新发展夯实基础。二是优先发展基础支撑领域。聚焦下一代通信设备、新型显示、汽车电子等基础支撑领域，着力推动关键技术创新突破和产业链协同发展。三是大力推动终端创新。聚焦物联网、智能终端、智能传感、超高清视频、智慧健康养老等领域，加强终端产品创新突破、软硬件协同、产品迭代和应用示范，不断完善行业发展生态。

在软件和服务业方面，《"十四五"规划》提出三点要求：一是提升软件产业核心竞争力。聚焦基础软件、工业软件、行业软件、平台软件,继续巩固软件产业的优势地位,突破一批核心关键技术,填补一批国内空白,推出一批打破国际垄断的高端产品,推广一批规模化应用,全面促进软件产业高质量发展。二是推进信息服务模式创新。进一步推动信息技术在产业和社会发展中的融合应用,激发在线新经济赋能带动活力,加快发展新技术、新业态、新模式。三是壮大网络安全产业。坚持关键保障和市场服务两手抓,推进技术攻关和制度创新双突破,聚焦技术创新、服务创新和应用创新,提升网络安全产业发展能级水平。

在前沿新兴领域方面,《"十四五"规划》提出要前瞻布局关键技术研发,夯实共性基础技术发展能力。

《"十四五"规划》部署了推动产业协同创新、促进产业高端化提升、加快产业数字化转型、构建产业特色化布局等重点任务;明确了加强组织保障、优化制度设计、强化要素支撑、优化企业服务等保障措施。在前沿新兴领域方面,《"十四五"规划》提出,要前瞻布局关键技术研发,夯实共性基础技术发展能力。提前布局6G网络体系架构创新与前瞻共性关键技术研究,重点开发面向卫星互联网、全面体验、无人驾驶、智慧工厂等应用场景的前沿产品。加强元宇宙底层核心技术基础能力的前瞻研发,推进深化感知交互的新型终端研制和系统化虚拟内容建设,探索行业应用。

上海市陆续出台了多项政策,为科技创新、战略性新兴产业发展进一步创造良好的环境,对上海市电子信息产业发展起到了保驾护航的作用。

2016年4月,为加强财政科技投入联动与统筹管理,上海市政府发布了《本市加强财政科技投入联动与统筹管理实施方案》(以下简称《方案》)。《方案》提出了建设全市统一的财政科技投入信息管理平台,最终实现覆盖专项指南发布、项目申报、立项、实施、验收等全过程的统一信息管理。《方案》专门提出围绕具有全球影响力的科技创新中心建设实施一批重大战略项目的任务要求,实施市级科技重大专项,集中资源,加强财政科技投入力度,聚焦突破国家急需、能填补空白、上海市自身有基础和有能力的一批关键技术,支持建设一批重大科技基础设施。

2016年4月,上海市经信委出台了《上海市信息化建设和应用专项支持实施细则》(以下简称《细则》)。《细则》对上海市信息化发展专项资金在信息化建设和应用领域的使用进行了规范。《细则》确定了信息化建设和应用领域的使用专项支持资金主要用于促进上海市"四个中心"和具有国际影响力的科技创新中心建设的信息化项目,重点支持如推动信息化惠及民生、推动信息化和工业化深度融合、推动信息化在城市建设和管理领域的深度应用、提升政府管理和公共服务的水平和效率等。《细则》规定了支持额度一般不超过项目总投资的20%,最高不超过500万元。

2017年2月,上海市经信委出台了《上海产业转型升级投资基金管理办法》(以下简称《管理办法》）。《管理办法》共分 9 章 28 条，重点明确产业基金运作管理的总体设想、基金组织架构和职责、基金规模和资金来源、基金投资及存续期限、基金投资方向和运作方式、基金投资退出和风险控制、绩效评价与激励等相关规范。《管理办法》确定了产业基金一期规模为 10 亿元，全部为政府性出资，主要为一般公共预算，产业基金投资退出形成的收益可用于基金的滚动发展。同时，《管理办法》指出了产业基金的重点投向应当符合国家和本市产业政策及相关规划，主要支持基础性、带动性、战略性特征明显的产业领域，重点投向《中国制造 2025》《"中国制造 2025"上海行动纲要》以及上海市制造业转型升级相关规划明确重点发展的方向。

3.3.2 苏州市电子信息产业政策分析

电子信息产业政策的发展过程牵涉众多的企业类型和数量，涵盖范围广泛，甚至牵一发而动全身，因此可以作为一个集群进行解读。苏州市政府立足于苏州市经济社会的长远发展和电子信息产业集群的健康成长，致力于推动电子信息产业集群化发展，从企业落户、贴息等多个角度进行了政策扶持。2022 年，苏州市密集出台《苏州市培育发展集成电路产业创新集群 2025 行动计划》《苏州市培育发展新型显示产业创新集群 2025 行动计划》《苏州市电子信息产业创新集群建设实施方案》。

（1）《苏州市电子信息产业创新集群建设实施方案》（苏府办〔2022〕122 号）

打造苏州制造品牌。主要任务：实施"苏州制造"品牌登峰行动计划，完善电子信息"苏州制造"品牌企业培育库，有目标、有重点、分层次精准指导培育。同时，加强品牌宣传推广，统筹策划、分层推进，强化企业家自主品牌意识，充分利用全媒体平台和企业行业、社会组织等宣传载体，形成"苏州制造"品牌宣传合力，讲好"苏州制造"品牌故事。

支持服务平台建设。充分利用中科院纳米所加工平台、中科院纳米所测试平台、赛宝华东分所、赛迪苏州研究院等公共服务平台，助力中小企业创新发展。鼓励开展涉及技术研发、中试生产、标准制定、检测服务等公共服务平台建设。组建细分领域产业联盟和完善苏州市电子信息行业协会、苏州光电通信协会、苏州半导体产业联盟等行业协会或联盟，提供政策普及、供需对接、标准宣传、人才培训、项目申报、交流合作等公共服务。

强化知识产权保护。聚焦电子信息产业关键技术领域，引导创新主体加强产学研服深度合作，支持建立高价值专利培育中心，培育一批具有核心竞争力的高价值专利（组合）。聚焦电子信息产业细分行业领域，开展产业专利导航分析，研判产业发展现状，绘制产业创新和专利地图，指引产业发展规划。推动集成电路、人工智能等重点产业知识产权运营中心建设，探索构建产业知识产权联盟和专利池，保障产业发安全。争取国内外电子信息重点标准化技术组织落户，研制一批突破"卡脖子"技术、具有核心竞争力的关键技术标准，促进电子信息上下游产业链标准协同。

（2）《苏州市培育发展集成电路产业创新集群2025行动计划》（苏创新集群办〔2022〕1号）

主要任务：加快培育科技中小企业。 加强企业梳理，建立集成电路产业重点企业库，加强分业指导、分类施策，加大产业对接、政策支持、挂钩联系等服务力度，重点培育技术水平领先、竞争力强、成长性好的科技型中小企业，引导企业专注于细分市场产品创新、产品质量提升和品牌培育，培育一批细分行业"隐形冠军"，鼓励企业申报高新技术认定。到2025年，力争新增高新技术认定企业超400家。

培育认定创新领航企业。 开展苏州市集成电路细分领域创新领航企业评选，建立苏州市集成电路创新领航企业库，重点培育一批掌握关键核心技术、创新能力强、经济效益好、拥有自主品牌、具有示范带动作用且凝聚产业资源的创新领航企业。鼓励企业申报"专精特新"企业、"单项冠军"和"小巨人"企业。到2025年，力争培育创新领航企业30家，新增市级以上"专精特新"企业30家。

（3）《苏州市培育发展新型显示产业创新集群2025行动计划》（苏创新集群办〔2022〕2号）

主要任务：开展创新企业培育。 加强服务创新，开展创新型企业评选，积极遴选一批创新能力强、引领作用大、研发水平高、发展潜力好的骨干高新技术企业，建立创新型领军企业培育库，壮大科技型企业创新"生力军"，针对企业发展的不同阶段和要求，开展精准的企业服务。

推动重点平台建设。 瞄准世界科技前沿，服务国家重大战略需求，重点开展基础研究，支持纳米所新型显示重点实验室建设，围绕超高清和新型显示等相关领域前沿方向布局。积极引进和培育科技型服务企业，鼓励开展超高清视频技术研发、中试生产、标准制定、检测服务等公共服务平台建设。

打通产业资金链。 支持开展金融创新，鼓励开展基于超高清视频产业的供应链金融、融资租赁等金融服务。发挥苏州市产业创新集群发展基金作用，支持新型显示产业创新集群发展，撬动引领社会资本投资。

3.3.3 成都市电子信息产业政策分析

2023年3月，成都市发布了《成都市关于进一步促进新型显示产业高质量发展的若干政策》，该政策围绕"补链强链延链""强化创新驱动""优化产业环境"出台多项措施，旨在打造全国一流的新型显示产业生态。

2023年7月，成都市经信局、财政局联合印发《成都市关于进一步促进新型显示产业高质量发展的若干政策实施细则》（以下简称《实施细则》）。《实施细则》旨在落实着力克服新型显示产业发展瓶颈，进一步推动产业健康有序发展，促进产业建圈强链。《实施细则》共11条，前10条针对补链强链延链、强化创新驱动、优化产业环境3大类别，10类专项，对申报条件、支持标准、申报材料进行了明确，第11条（其他）对政策申报主体、申报材料、申报时间等具体事项进行了解释。《实施细则》明确了投资驱动、供应链协同、产品链应用、生产服务、关键技术创新、重大专项配套、前瞻储备、人才引进、公共平台、会展赛事10大项目的申领条件。各个项目最高奖励从20万元到1000万元不等。针对重大专项配套项目，获得工信部等国家部委重大专项资金支持的企业，按国家支持额的50%给予最高1000万元的配套奖励；如国家资金是分期拨付，则按实际到位资金按比例进行配套奖励。《实施细则》鼓励争取国家专项，对新获得高端软件领域国家专项项目，按照实际到位中央资金的15%，给予最高不超过3000万元的资金支持。鼓励行业用户开展国产化替代，打造工业软件、基础软件、嵌入式软件、行业应用软件、新兴平台软件5类应用场景，每年遴选不超过5个典型示范项目，按其国产软件采购金额的30%，给予场景建设单位最高不超过1000万元支持。对新获得高端软件领域国家级试点示范（仅限无中央资金支持者）的项目，且项目总投入不低于2000万元的，按照项目实际投入的5%，给予最高不超过1000万元支持。

"十四五"时期，成都市电子信息产业重点发展领域如下：

集成电路。服务国家集成电路发展战略，芯片设计领域，重点巩固增强射频/微波芯片、北斗导航芯片、信息安全芯片、功率半导体、IP核等领域设计优势，面向下一代移动通信、新一代人工智能等，提升基站基带芯片、服务器级和桌面级中央处理器芯片（CPU）、图形处理器芯片（GPU）、指纹识别芯片、3D人脸识别芯片等芯片设计能力。晶圆制造领域，引进12英寸通用芯片产线，布局6—8英寸的成熟工艺、特色工艺产线，支持现有化合物半导体产线提升工艺和产能，有序发展存储芯片产线。封装测试领域，建设通用、开放的封装测试产线，推动芯片级封装、晶圆级封装、系统级封装、三维封装等研发及产业化。材料设备领域，推动光掩膜版、新型封装基板、大尺寸化合物半导体衬底、大尺寸硅片研发和规模化生产，布局光刻机、光源等半导体装备和零部件。推动存储芯片、通信芯片、计算芯片、智能汽车芯片、化合物半导体、大尺寸硅片领域形成领先优势，成为全国集成电路产业标杆城市。

新型显示。重点发展显示面板、无屏显示和掩膜版，强化TFT-LCD生产线和AMOLED生产线（含高世代）建设，促进新型显示产业规模达千亿级；延伸布局激光部件、光学镜头等上游核心领域，重点开展运动补偿、动态对比度和清晰度提升技的研发和光学、画质等性能提升技术的攻关，推动无屏显示产业全国领跑。研发和生产高世代、高精度的 TFT-LCD 掩膜和新型掩膜，形成全球代数最高和全国产能最大、产线最多的掩膜版制造能力。

智能终端。以消费类和行业应用类电子为重点，建立涵盖"芯片—器件—整机—系统应用"的完整新型计算终端产业生态，提升轻薄便携超高清平板电脑、笔记本电脑、大屏幕触控型一体化台式机、4K 以上分辨率及 8K+5G 终端等中高端产品占比。重点发展车载智能系统、控制系统、传感器等智能汽车电子，大气数据系统及传感器、空管系统、机载空地通信、北斗导航等航空航天电子；推广应用医疗电子设备以及便携式家用医疗电子产品等。

高端软件。依托中国软件名城建设，做强地理信息、工业电商、智能服务、车联网、跨境电商等行业应用软件及服务，开发面向新型智能终端、智能装备、行业应用集成平台等平台化软件产品，提升软件服务的供给能力；重点提升工业控制软件以及高端装备嵌入式操作系统、嵌入式支撑软件、嵌入式应用软件供给能力；布局基于数字化工厂的管控转型等四大领域工业 APP。大力发展网络视频、网络信息安全、数字文创、虚拟/增强现实、电子竞技等消费场景，突破交互感知、内容设计、安全保护等关键技术，打造国内第一方阵网络视听基地。

新一代信息网络。巩固提升成都市网络信息安全位于全国第一方阵优势，搭建 5G 测试、协同创新、检验认证基础型创新链条，推动 5G 与垂直行业深度融合。布局密码产品、电磁防护、工控安全、云计算安全、大数据安全、区块链安全等重点领域，构筑技术创新、产业生态、服务应用三大优势。布局做强光纤光缆、光器件、光模块、微基站、网络通信设备、卫星通信等特色优势领域，做强发挥雷达、太赫兹、空管系统、北斗导航、卫星通信等领域的技术优势，增强通信设备核心研制能力。提升智能物联网芯片、智能传感器、高频及超高频 RFID、智能物联网操作系统等领域设计研发和解决方案能力，加快开展智慧城市、智慧交通、智慧农业、智能家居、应急减灾等领域示范应用。

3.3.4 西安市电子信息产业政策分析

西安市是我国中西部发展的核心城市之一，亦是我国电子信息产业的领军城市。"十一五"期间，电子信息产业就被西安市政府认定为重点发展的高新技术产业之一；2020 年，电子信息产业正式列入西安市六大支柱产业；2021 年，西安市明确提出了电子信息产业 2025 年的发展目标。西安市相关电子信息产业政策见表 3.5。

表 3.5 西安市电子信息产业重点政策解读

发布时间	政策名称	主要内容
2022	《西安市"十四五"数字经济发展规划》	促进产业数字化转型，引育龙头企业。在电子信息制造业方面，以龙头企业重点项目为依托，持续发挥项目方法效应，在集成电路制造上着力构建"IC设计引领、制造主导、封测支撑、关键材料与设备配套"的集成电路完整产业链，建设世界一流高端芯片产业基地
2022	《西安市"十四五"工业和信息化发展规划》	以多个重点项目为支撑，打造电子信息制造产业集群，实现产业规模倍增，到 2025 年，产值规模达到 3500 亿元
2022	《西安市"十四五"科技创新发展规划》	在电子信息产业方面，强化提升基础研究能力，突破关键核心技术，健全人才引培体系，促进高新区高质量发展
2021	《西安市国民经济和社会发展第十四个五年规划和二〇三五年远景目标纲要》	推动创新链产业链深度融合，引领包括电子信息在内的支柱产业做实做强做优，增强核心竞争力，打造电子信息制造产业集群
2018	《2018 年工业稳增长促投资推动高质量发展的若干措施》	加快电子信息和大数据产业发展，继续抓好集成电路、智能终端、平板显示等电子信息产业领域重大项目建设，力争尽快达产达效，加快"互联网+制造业"重点项目建设，建立工业大数据分析平台，推进工业电子商务试点示范
2018	《大西安（西安市—西咸新区）国民经济和社会发展规划（2017—2021）》	在提升产业创新能力方面，以重点项目为引领，提升集成电路设计、半导体封装、电子级硅材料等优势领域的技术创新能力，发展壮大电子信息产业；在新材料方面，重点发展以电子信息为主的特种功能材料以及其他高性能复合材料
2017	《关于系统推进全面创新改革试验打造"一带一路"创新中心的实施意见》	优化重大科技创新能力布局，积极争取国家重大科技基础设施布局西安，在包括电子信息在内的重点领域，建设一批国家重点实验室、工程实验室、工程（技术）研究中心等创新平台，争取布局国家级产业创新中心
2015	《西安市贯彻〈中国制造 2025〉实施意见》	推进信息化与工业化深度融合，推动包括电子信息在内的重点领域推广智能工厂和数字化车间建设。加快发展集成电路产业。2025 年，力争西安市电子信息制造业产值达到 3000 亿元

3.3.5 贵阳市电子信息产业政策分析

2021年11月，贵州省工信厅印发了《贵州省"十四五"电子信息制造业发展规划》（以下简称《规划》）。《规划》阐述了全省"十四五"时期电子信息制造业发展方向，明确了发展目标、主要任务和保障措施，确定了电子信息制造业工作重点。

《规划》结合贵州省电子信息制造业发展实际，提出壮大发展具有传统优势的新型电子元器件产业，大力发展具有市场竞争力与技术优势的电子材料产业（电子陶瓷材料、磁性材料、电池材料等电子功能材料，电子浆料等工艺与辅助材料，印制电路板材料等封装与装联材料，光伏材料），积极发展以应用为牵引的电子产品制造产业（锂离子电池、高性能计算机、智能终端、新型显示设备、汽车电子），培育发展高端前沿的潜力产业（宇航级电子产品、集成电路、5G通信、北斗终端设备、物联网设备、人工智能等）。

结合各项产业发展规划和相关政策，围绕产业集聚、补链强链延链、创新融合等方面提出六项主要任务。

①**推动产业集聚化发展**。以贵阳贵安为核心引领区，辐射带动其他市（州）特色化、集约化发展，大力建设市（州）产业带；按照"一园一首位、一园一特色"的要求，推进园区统筹协调发展。

②**打造重点特色产业链**。立足产业基础，加快引进缺失薄弱环节，重点培育打造锂离子电池、高端显示设备、智能终端、高端服务器等特色产业链。

③**加快提升创新能力**。建设新型创新研发及产业化平台，加快建立以企业为主体、市场为导向、政产学研用相结合的协同创新体系，强化关键核心技术攻关，提升产业基础能力。

④**培育壮大企业主体**。通过转型升级、上市培育行动、兼并重组等举措，做大做强龙头企业。建立优质企业梯度培育体系，培育发展"专精特新"企业。深入推广质量管理方法，推进质量品牌建设。

⑤**推动产业融合发展**。依托中国振华工业互联网电子行业标识解析二级节点和工业互联网平台应用创新推广中心、贵州工业云平台，推动工业互联网赋能。构建上下游协同发展机制，加快信息化和工业化融合步伐，推进硬件软件一体化发展。

⑥**深化开放合作**。瞄准电子信息制造领先国家和地区，开展专题招商、精准招商。积极利用"贵州+"合作模式，加强区域间协作。深化与东南亚、"一带一路"沿线国家的合作，鼓励企业"走出去"。

2022年4月8日，贵州省大数据发展领导小组办公室印发《贵州省"十四五"大数据电子信息产业发展规划》（以下简称《规划》）。

《规划》提出，将以贵阳贵安为核心，统筹区域发展和空间布局，引导省内其他地区错位互补、协同发展，形成"一核引领、多点协同"的大数据电子信息产业布局。一是"一核引领"。立足贵阳贵安大数据产业集聚发展优势，强力落实"强省会"行动部署，坚定不移推进数字货币，发挥牵引作用，建设数据中心、智能终端、数据应用3个千亿级产业集群，打造辐射周边、引领全省、示范全国的大数据电子信息产业集聚区，形成"一核引领"。二是"多点协同"。充分整合各市州资源禀赋和产业基础，突出差异化优势，实现市州间错位互补、协同发展，通过大数据赋能推动传统产业的转型升级，做深做透大数据融合应用。

《规划》系统谋划了"3+5"任务框架，推进贵州市在新时代西部大开发上闯新路、在实施数字经济战略中抢新机，打造数字经济发展创新区。"3+5"任务框架，即"电子信息制造业、软件和信息技术服务业、通信业"3个基础产业，市场主体培育、开放创新平台建设、数据要素市场培育、新型基础设施建设、产业融合赋能5大支撑。其中，"市场主体培育"包括打造数据中心、智能终端、数据应用3个主导产业集群，打造数字企业矩阵，加强产业人才引育，优化产业载体建设；"开放创新平台建设"重点建设高能级创新平台和产业交流合作平台；"数据要素市场培育"重点是强化数据要素汇聚与供给，推进数据要素市场化流通，加快数据要素开发利用；"新型基础设施建设"包括建设信息基础设施、融合基础设施，布局创新基础设施；"产业融合赋能"包括大数据赋能"四化"，赋能政府治理，赋能社会民生。

3.4 福建省电子信息产业政策分析

3.4.1 《关于进一步加快产业转型升级的若干意见》分析

2015年7月，福建省人民政府印发《关于进一步加快产业转型升级的若干意见》，其中指出，福建省要紧紧抓住信息产业快速发展的契机，攻克核心关键技术，努力实现福建省电子信息产业跨越发展，打造东南沿海新的电子信息产业基地、集成电路产业基地。

集成电路产业领域，以整机需求为牵引，开发一批量大面广和特色专用的集成电路产品，以技术创新、模式创新为动力，提升集成电路设计水平，突破核心通用芯片等一批关键技术，提升芯片的应用适配能力。合理区域布局，依托福州、厦门、泉州、莆田等集成电路产业，在沿海一线形成芯片设计、制造、封装、模块、整机应用于一体的集成电路产业带，推动12英寸晶圆生产线等一批高端集成电路制造重点项目建设。

新型显示产业领域，突破核心关键产业链环节，重点突破面板前段工艺、驱动和控制IC设计封装、整机模组一体化设计等关键技术，整合资源引进新型显示面板上游材料生产线，推进 8.5 代新型半导体显示器件生产线、6 代低温多晶硅显示面板及彩色滤光片生产线等一批项目建设，形成以大型显示器件企业为核心，较为完整的上下游配套产业体系和相对完善的整机制造产业。

计算机及网络通信产业领域，依托沿海计算机和网络通信产业，重点提升计算机、计算机外设、各类终端和网络设备的集成设计、嵌入式软件、信息安全软件、信息安全电源等关键技术，重点发展微波通信、激光/红外探测镜头、电子信息镜头及应用系统等系列产品。推进军民融合卫星应用基础设施建设，促进高分、北斗卫星数据应用产品、应用软件、应用终端产业和应用领域的拓展。

3.4.2 《关于加快全省工业数字经济创新发展的意见》分析

2018 年 3 月，福建省人民政府办公厅在全国率先出台《关于加快全省工业数字经济创新发展的意见》（以下简称《意见》），要求到 2020 年，福建省工业数字经济产业规模持续壮大，电子信息产业实现规模超过 1.2 万亿元，年均增长 12%。创新能力显著增强，以数字技术创新为主要动能的工业新生态初步建立。数字化转型效果明显，互联网、大数据、人工智能和实体经济深度融合，工业企业智能化改造步伐加快，新模式、新业态不断涌现。

《意见》提出，要夯实工业数字经济产业基础。其中，电子信息制造业"增芯强屏"和终端产品创新是重中之重，同时要加快工业软件、物联网、大数据、人工智能等新兴技术产业化，推动信息技术产业高质量、集聚化发展，具体举措包括：实施加快集成电路产业集聚、构筑新型显示产业链、加快计算机与信息通信产业升级、壮大半导体照明产业、打造锂电池千亿产业集群这五大任务，落地实施 28 纳米集成电路芯片、6 英寸砷化镓芯片、8.5 代新型显示等一批重大项目建设等。加快工业企业数字化升级步伐是工业数字经济创新发展的重要一环。《意见》提出，要持续推动信息化和工业化深度融合，推动制造业加速向数字化、网络化、智能化发展；重点推动企业生产数字化转型，加快创建"中国制造 2025"试点示范城市，建设"机器换工"和智能制造样板工厂（车间）示范项目；提升企业管理数字化水平，培育一批高水平两化融合咨询服务机构，支持中小企业使用工业云平台；推动企业数字化服务化融合发展，引导大型制造企业剥离设立专业化软件与技术服务机构等。

3.4.3 《福建省"十四五"制造业高质量发展专项规划》分析

2021 年 7 月 7 日，福建省政府印发了《福建省"十四五"制造业高质量发展专项规划》（以下简称《规划》）。根据《规划》，福建在"十四五"期间，要做大做强电子信息和数字产业，突出"增芯强屏"延链补链发展，重点发展特色专用芯片、柔性显示、

LED、自主计算机整机制造，及以 5G 为牵引的网络通信等领域，深入实施数字经济创新发展工程，加快数字产业化进程，培育壮大大数据、物联网、人工智能等新一代信息技术产业。到 2025 年，全省电子信息和数字产业规模持续壮大，其中电子信息产业规模达到 1 万亿元。

集成电路领域，加快形成"一带双核多园"的集聚发展格局。发挥重点企业作用，加快发展高端芯片，突破 28 纳米以下先进制程工艺，推动 MEMS 传感器生产线建成投产。推动重大项目建设，提升高速芯片、高功率芯片、5G 射频芯片和 5G 功放芯片等制造工艺水平。研发并产业化内存封装、系统级封装、晶圆级封装等先进封测技术，提升企业的生产能力和技术水平。发展特色集成电路设计业，重点开展智能物联等新一代信息技术应用芯片研发，推进集成电路企业和研发机构移植使用国产软件工具，引导芯片设计与应用结合，着力提升消费类电子领域芯片设计竞争力。增强集成电路材料和装备本地配套及服务能力，支持大尺寸硅片、光刻胶、电子气体以及刻蚀设备、半导体检测设备等研发和产业化。

新型显示领域，做强做优玻璃基板、面板、模组、整机等新型显示全产业链。着眼前沿显示技术发展和市场需求，加强液晶、光刻胶等核心基础材料研究与自主开发。引导重点企业加快发展，着力攻克 OLED 蒸镀工艺、彩色电子纸、Mini/Micro LED 等一批关键技术，加快 3D 显示、激光显示等新型显示技术研发布局。

计算机和网络通信领域，发挥重点企业作用，发展计算机和服务器产业、新型移动终端设备和以 5G 为重点的通信产业与设备。推动国产整机、服务器制造生产，带动相关关键零部件、核心元器件协同发展。推进大唐 5G 东南产业基地、永定国动通信产业基地等项目建设，加强核心芯片、显示屏、基站天线、射频组件等 5G 核心器件产品开发及产业化，发展 5G 微基站、智能手机、金融智能 POS 机及各类通信设备与终端等产品，推动 AR/VR 终端产品研发生产。

工业软件和大数据领域，提升工业软件发展水平，推动工业软件、大数据和制造业深度融合。发挥福州市作为国家工业互联网二级节点和全国新的数据交换口岸优势，促进工业软件和工业互联网协同发展。突破数据集成、平台管理、开发工具、微服务框架、建模分析等关键技术瓶颈，发展工业研发设计、三维 CAD、生产制造、经营管理和服务等全生命周期管理的工业软件产品及应用解决方案，大力推广应用具有自主技术的工业软件。深度挖掘数据价值，加快数据存储、清洗挖掘分析、自然语言理解等大数据技术研发，着力构建自主可控的大数据产业链、价值链和生态系统。推动工业大数据发展应用，加速制造业数字化转型升级。

3.4.4 《福建省"十四五"战略性新兴产业发展专项规划》分析

2021年10月，福建省人民政府办公厅印发《福建省"十四五"战略性新兴产业发展专项规划》（以下简称《规划》）。《规划》提到，到2025年，福建省战略性新兴产业规模与创新能力迈上新台阶，取得一批重大标志性成果，培育一批具有全球影响力的龙头企业，打造创新引领、结构优化的生态体系，稳步提升在全球产业链、价值链中的地位，培育一批特色鲜明、优势互补、结构合理的战略性新兴产业集群。《规划》明确，聚焦新一代信息技术、高端装备、新材料、新能源、生物与新医药、节能环保、海洋高新七大重点领域，前瞻布局未来产业，打造具备国际竞争力的战略性新兴产业集群。

新一代信息技术产业领域，深化新时代"数字福建"建设，聚焦高性能集成电路、超高清视频显示、光电等电子核心产业，扩大下一代信息网络及高端信息服务多元优质供给，将福建省打造成为国内领先的新一代信息技术产业高地。到2025年，新一代信息技术产业增加值力争达到3500亿元，年均增长10.9%。

电子核心产业领域，瞄准高性能集成电路，聚焦存储器、光通信芯片、多媒体芯片、车规级芯片、第三代半导体芯片等领域，布局建设较大规模特色工艺制程生产线和先进工艺制程生产线，积极发展先进封装测试，加快推进芯片设计平台（EDA平台）及配套知识产权库（IP库）的国产化，推动设计、制造、封测、材料、设备产业链一体化跨越发展。发挥海峡两岸集成电路产业合作试验区的示范带动作用，形成以厦门市、泉州市为辐射高地的"一带双核多园"集聚发展格局。

超高清视频显示领域，重点发展有机发光二极管（OLED）、铟镓锌氧化物（IGZO）、有源矩阵有机发光二极管（AMOLED）、量子点发光二极管（QLED）、印刷显示、量子点显示、柔性显示等新型显示产业。加快布局柔性显示生产线，提升柔性基板、低温半导体背板、薄膜封装、柔性器件等量产技术研发能力，开发曲面屏、可折叠屏、可弯曲屏等柔性显示产品。支持本土发光二极管（LED）龙头企业切入小间距显示领域，前瞻布局微型发光二极管显示（Micro LED）、迷你发光二极管显示（Mini LED）产业。做强做优面板、模组、整机、显示材料等新型显示全产业链。推动超高清视频芯片、人脸识别、智能视觉、全息成像、三维显示（3D）等技术取得突破。发展壮大福州市、厦门市、莆田市等产业集聚区。

光通信、精密光学、光电探测等光电产业领域，攻破高速光通信关键器件和芯片等"卡脖子"技术，打造光芯片、光器件、光模块、光通信设备、光纤光缆等光通信全产业链。突破精密光学制造与检测技术，培育壮大光学镜头、光学镜片、光学测量设备等精密光学产业。依托中国兵器装备集团—福州大学先进技术创新研究院，加快新一代光电探测与数字图像传感器的基础研究和落地转化。重点打造福州市、厦门市、泉州市等产业集聚区。

新型元器件、敏感元器件领域，突破微机电系统（MEMS）、薄膜工艺技术，支持发展光电器件、磁光器件、声光器件、运动传感器、压力传感器等。电力电子功率器件领域，重点发展大功率器件、电源驱动芯片等。

下一代信息网络领域，即第五代无线网络（5G）。抢抓第五代移动通信发展的窗口期，支持龙头企业推进核心技术、标准以及关键产品研制，加快5G建设，开展典型场景应用。推进超大容量核心交换机研发和产业化。加强核心芯片、显示屏、基站天线、射频组件等5G核心器件研发和产业化。

3.5 莆田市电子信息产业政策分析

3.5.1 《莆田市人民政府关于推进"互联网+"行动的实施意见》分析

2016年3月，莆田市人民政府发布了《莆田市人民政府关于推进"互联网+"行动的实施意见》（莆政综〔2016〕30号），以推动莆田市经济转型升级，加快科技创新和产业变革。其中提出发展目标：到2018年，互联网与各领域进一步融合发展，成为改进公共服务和社会治理重要手段，社会服务进一步便捷普惠；网络经济与实体经济协同互动的发展格局基本形成，经济发展进一步提质增效，互联网支撑大众创业、万众创新的作用进一步增强。到2020年，"互联网+"成为引领创新发展的重要驱动力量，基本实现"数字化、网络化、可视化、智慧化"，经济社会运行高度网络化。到2025年，网络化、智能化、服务化、协同化的"互联网+"产业生态体系基本完善，以开放、共享为特征的"互联网+"新经济形态基本形成，信息社会初步建立。

3.5.2 《莆田市"十三五"产业发展专项规划》分析

2016年5月，莆田市发布《莆田市"十三五"产业发展专项规划》，将电子信息产业定位为新兴产业，重点发展集成电路、高世代面板等新一代信息技术产业。其中：①面板，引进高世代面板生产线，推动产业链上下游延伸配套；②集成电路，以8英寸集成电路、砷化镓、欣兴电子项目为龙头，带动发展形成芯片设计、制造、封装、整机应用为一体的集成电路产业链；③光电通信，以杰迅、飞阳、贺喜为龙头，重点发展大功率LED照明产品，打造LED芯片设计、封装及应用产品制造的完整产业链；④大数据、物联网，以医疗健康云平台、联通东南云数据中心、全国二手车第三方认证平台为基础，加大工业物联网、车联网、智能家居等运用，促进软件和信息服务业发展。

发展举措包括：①重点推进高世代面板、半导体 8 英寸集成电路、砷化镓、欣兴电子、LED 产品生产、手机配件生产等面板、芯片全产业链项目；②建设"福建芯片产业园"，推动集成电路孵化平台、测试中心建设；③推动联通东南云数据中心、全国二手车第三方认证平台建设。

发展目标为：2015 年完成产值近 210 亿元，力争到 2020 年产业规模产值超 500 亿元；培育新一代电子信息产业产值超 50 亿元企业 2 家、超 100 亿元企业 1 家。2017 年 3 月，莆田市人民政府成立了莆田市电子信息产业发展领导小组，以促进莆田市电子信息产业发展，着力引进一批技术领先、带动性强的电子信息产业链重大项目，加快推进产业转型升级。

3.5.3 《关于印发莆田市"343"重点产业规划的通知》分析

2020 年初，中共莆田市委办公室、莆田市人民政府办公室发布《关于印发莆田市"343"重点产业规划的通知》（莆委办发〔2020〕8 号）。2020 年 8 月，莆田市出台《关于成立"343"重点产业专项领导小组的通知》《关于成立"343"重点产业政策研究小组的通知》等文件，成立 10 个重点产业专项领导小组和 10 个重点产业政策研究小组。莆田市围绕产业链"强链、补链、延链"，全力打造"莆田版"链长制。市委市政府有关负责同志挂帅出任 10 个重点产业专项领导小组组长，从全市各领域博士、硕士人才中筛选出 30 多名清华、北大等名校毕业的领导干部担纲 10 个重点产业政策研究小组牵头人。10 月 31 日，莆田市委组织部、市发改委联合召开"343"产业政策研究小组座谈会，邀请各领域博士、硕士引进生等智慧力量，与莆田市直有关部门人员齐聚一堂，探讨如何发挥产业政策研究小组参谋助手作用，理清工作思路，助推"343"产业高质量发展。

何为"343"？即做优鞋服、工艺美术、食品 3 个传统优势产业，做强新型功能材料、电子信息、高端装备、新能源 4 个战略性新兴产业，培育数字经济、平台经济、生命健康 3 个未来产业。

3.5.4 《莆田市创新驱动发展战略行动方案（2023—2025 年）》分析

2023 年 5 月 18 日，为贯彻落实习近平总书记关于科技创新的重要论述，加快实施创新驱动发展战略，加快建设绿色高质量发展先行市，莆田市人民政府制定了《莆田市创新驱动发展战略行动方案（2023—2025 年）》（以下简称《方案》）。《方案》中提到：到 2025 年，莆田市创新投入明显加大，创新资源配置合理，创新活力充分激发，创新平台不断涌现，创新链与产业链、资金链、人才链深度融合，建成"1234"科技创新体系，助力莆田市绿色高质量发展。莆田市"1234"科技创新体系："1"是指打造一座城，即莆田科创城；"2"是指科技创新的两大主攻方向，即新材料和智能化；"3"是指政府、企业、社会三方协同，政府引导科技创新，企业是科技创新的主体，高校、科研机构和社会组织等为科技创新提供服务；"4"是指创新链、产业链、资金链、人才链"四链"深度融合。

围绕产业链部署创新链，大力发展科技服务业。聚焦新材料和智能化，推动产业链协同化。推进产科教一体化，促进科技成果转化。重点发展智能终端、集成电路、可穿戴设备、高清液晶面板、电子元器件、柔性电子等。引进一批集成电路设计、制造、封装、测试等企业。支持企业开发高端TFT-LCD液晶显示模组、柔性OLED显示模组。

3.5.5 《莆田市制造业数字化转型行动方案（2023—2025年）》分析

2023年8月7日，为深入贯彻党的二十大精神和国家、福建省委、福建省政府关于深化新一代信息技术与制造业融合发展工作部署，认真落实《福建省工业数字化转型三年行动计划（2023—2025）》（闽工信信息〔2022〕41号），全面推进莆田市制造业数字化转型，持续增强制造业核心竞争力，打造全方位高质量发展超越新引擎，莆田市工信局、发改委、财政局联合发布了《莆田市制造业数字化转型行动方案（2023—2025年）》（以下简称《方案》）。《方案》中指出：支持集成电路、新型显示、电子元器件等企业针对研发设计、生产管理、质量检测、供应链管理等环节加快数字化改造，重点推进设计软件应用、机器设备联网和关键工序自动化，打造5G全连接工厂。至2025年底，莆田市电子信息规上企业关键工序数控化率达85%以上，经营管理数字化普及率达90%以上，数字化研发设计工具普及率达90%以上。

3.6 电子信息产业政策分析小结

3.6.1 优势国家电子信息产业政策小结

电子制造业领域，电子元器件市场份额最大，电子数据处理设备、无线通信设备等紧随其后。信息技术服务在产业整体中占比提高，云计算、大数据、移动互联网等新兴信息技术服务蓬勃发展，物联网、可穿戴设备、智能制造等领域快速发展。

纵观各国电子信息产业推动措施可知，发展电子信息产业：一是政府要确保正确的引导作用，审时度势积极调整发展战略；二是政府要给予一定的财政、税收相关的资金支持，充分利用创新资源，增强竞争优势；三是坚持产学研合作机制，加强人才培养和建设，协调互补，不断推进产业创新；四是坚持提高企业的研发能力，促进创新活动的开展，营造有利于电子信息科技创新的环境。

3.6.2 中国电子信息产业政策小结

2016年以来，国家出台了一系列促进电子信息产业发展的规划：《中国制造2025》提出以加快新一代信息技术与制造业深度融合为主线，以推进智能制造为主攻方向。《"十三五"国家战略性新兴产业发展规划》通过促进信息技术向市场、设计、生产等环节渗透，推动生产方式向柔性、智能、精细转变。《国家信息化发展战略纲要》要求以体系化思维弥补单点弱势，打造国际先进、安全可控的核心技术体系，带动集成电路、基础软件、核心元器件等薄弱环节实现根本性突破。《信息产业发展指南》提出：一是加强集成电路产业发展的顶层设计、统筹协调；二是推动产业资本与金融资本协同；三是加快提升以企业为主体的创新能力；四是引导集成电路企业的兼并重组和资源整合。

在新型显示、集成电路、智能终端三个莆田市重点发展的领域，国家也有相关的发展促进政策。比如新型显示产业，通过重点专项、重大工程等项目，重点支持发展高分辨率 TFT-LCD 显示、柔性 AMOLED 等新型显示器件，全息、激光、碳基、量子点等新型显示技术，LTPS、Oxide 背板、AMOLED 背板、蒸镀和封装、柔性显示相关工艺，大尺寸 AMOLED 显示及照明用高性能有机发光材料，高世代大尺寸 TFT-LCD 面板用玻璃基板、柔性玻璃基板等基础材料方面。在集成电路产业发展方面，发布了《鼓励软件产业和集成电路产业发展的若干政策》《进一步鼓励软件产业和集成电路产业发展的若干政策》，对财税政策、投融资政策、研究开发政策、进出口政策、人才政策、知识产权政策、市场政策等提出了要求。《国家集成电路产业发展推进纲要》又从组织领导、投资基金、金融支持三个方面进行了补充。在智能终端产业方面，我国从完善产业链做起，在资金、政策、人才等多方面加大对智能终端产业的支持力度，培育一批有引领作用的龙头企业。通过工信部《信息通信行业发展规划（2016—2020年）》《国务院关于加快促进信息消费扩大内需的若干意见》，提出了促进信息消费的主要任务：一是加快信息基础设施演进升级，二是增强信息产品供给能力，三是培育信息消费需求，四是提升公共服务信息化水平，五是加强信息消费环境建设等，有效地促进了智能终端产业的健康发展。

3.6.3 中国地方电子信息产业政策小结

上海市的电子产业政策，包括国家层面的科技创新中心建设方案的指导、上海市制造业转型升级的规划，以及上海市财政政策、信息化建设实施、投资基金管理等方面政策的支持。

苏州市立足于其经济社会的长远发展和电子信息产业集群的健康成长，致力于推动电子信息产业集群化发展，从企业落户、贴息等多个角度进行了政策扶持。

成都市抓住集成电路设计业发展的关键，从加大集成电路设计领军企业的引进、支持本地集成电路设计业做大做强、加快完善集成电路设计业生态、营造集成电路设计业人才安居乐业的环境 4 个方面制定了政策。

天津市从加强财政资金扶持和引导、设立新一代人工智能科技产业基金、建设智能科技人才高地、提升研发创新能力、培育引进骨干企业、推进智能科技协同发展、加快大数据产业发展、强化知识产权保护 8 个方面加强政策引导和扶持。

郑州市通过确立明确的发展思路、发展目标，制定了培育壮大新型显示产业、拓展升级智能终端产业、辐射带动配套产业 3 个重点任务，以及引进培育龙头企业、加强产业技术合作、完善公共服务平台、加快创新能力建设、加强财税金融支持 5 个方面的政策措施。

宜宾市发布支持智能终端产业发展若干政策，并从支持范围、鼓励智能终端企业入驻、支持智能终端企业做大、提升智能终端企业创新能力、抓好智能终端产业要素保障等方面制定了 25 条详细的规定，使集群引进智能终端产业，智能终端产业全产业链的转移和发展落到实处。

鹰潭市印发了大力发展物联网及智能终端产业若干政策措施，从固定资产投入扶持政策、纳税奖励政策、生产要素补贴政策、科技创新扶持政策多方面进行了明确的规定。

综合来讲，各个地市均从投融资政策、财税政策、创新创业支持政策、人才引培激励政策等方面入手，根据当地产业基础及社会经济发展现实情况，制定了符合当地实际的产业促进政策。

3.6.4 莆田市电子信息产业政策小结

根据福建省产业升级部署及莆田市实际情况，莆田市在《莆田市"十三五"产业发展专项规划》中，将电子信息产业定位为新兴产业，重点发展集成电路、高世代面板等新一代信息技术产业：①重点推进高世代面板、半导体 8 英寸集成电路、砷化镓、欣兴电子、LED 产品生产、手机配件生产等面板、芯片全产业链项目；②建设"福建芯片产业园"，推动集成电路孵化平台、测试中心建设；③推动联通东南云数据中心、全国二手车第三方认证平台建设等发展举措。力争到 2020 年产业规模产值超 500 亿元；培育新一代电子信息产业产值超 50 亿元企业 2 家、超 100 亿元企业 1 家。

2017 年 3 月，莆田市人民政府成立了莆田市电子信息产业发展领导小组，这对促进莆田市电子信息产业发展，加快先进技术领先、带动性强的电子信息产业重大项目的引进及推进产业转型升级具有重要意义。

通过对全球电子信息优势国家、中国电子信息技术先进地市或类似地区的电子信息产业促进政策的分析归纳，可以发现，电子信息产业的促进政策可归纳为政府的战略选择及顶层设计、资金及税收支持政策、人才引进及支持政策、创新激励政策四个方面。应结合福建省电子信息产业支持情况及莆田市区位优势及对电子信息产业发展的目标定位，制定相应的产业促进政策。

第四章

新型显示技术领域专利分析

4.1 全球新型显示技术领域产业发展现状

全球平板显示产业继续保持平稳增长态势，终端产品尺寸不断增加成为产业发展新动力，AMOLED 和 LTPS 在中小尺寸中的渗透率不断增长，液晶显示在大尺寸中依然保持主流地位。受电视平均尺寸增加、大屏手机、车载显示和公共显示迅猛发展的拉动，近年来，全球新型显示产业保持了持续增长态势。

4.1.1 新型显示技术基本信息

显示技术主要是指基于光电子材料与器件产生的图像再现技术，根据视觉可识别的亮度、颜色，将信息内容以图像的形式传达给眼睛产生视觉效果。其任务是根据人的心理和生理特点，采用适当的方法改变光的强弱、光的颜色和光的其他特征，组成不同形式的视觉信息。

新型显示器件是光电子领域的龙头产业，信息产业中电子信息产品的基础支柱之一，其发展速度和技术水平直接影响着整个信息产业的发展。新型显示产业属于知识密集和劳动密集交叉型产业，是新一代信息技术产业的先导性支柱产业，需要高技术人才的支撑，具有较强的产业带动力和辐射力强，对生产环境和能源要求较高。

随着数字化时代的到来，高清晰度的显示效果已成为当前各种显示技术的一个最基本标准，新型显示技术发展迅速，已进入发展的黄金阶段。新型显示器是指相对于传统真空显示器（CRT）而言的平板固体显示器（FPT），主要包括液晶显示器（TFT-LCD）、有机电致发光显示器（OLED）、等离子显示器（PDP）、无机厚膜电致发光显示器（TDEL）、场发射显示器（FED）、发光二极管大屏幕显示器、激光显示器、投影显示器等。

4.1.2 新型显示技术分类

新型显示技术是指能够实现特定清晰标准并广泛应用的主流技术，该技术大致可分为三类，包括基于器件的新型显示技术、基于芯片的新型显示技术和其他新型显示技术。

基于器件的新型显示技术：液晶显示技术（LCD）、等离子显示技术（PDP），主要侧重于显示器件本身的开发。

基于芯片的新型显示技术：数字光学处理技术（DLP）、硅基液晶技术（LCoS），该类新型显示技术是立足于微型显示芯片的制造技术，在芯片发展中具有广阔的开发应用价值。

其他新型显示技术：有机电致发光二极管技术（OLED）、场发射显示技术（FED）、栅状光阀系统技术（GLV）、激光投影显示技术、3D 显示技术、电子纸显示技术（下一代显示技术）等。其中，有机发光显示是最具发展潜力的新型显示技术，3D 显示是最有生命力且终将成为显示技术共性平台的下一代显示技术，激光显示技术是我国最有可能领先国际水平的显示技术。[5]

4.1.3 新型显示技术产业应用和产业链

新型显示产业不仅体量大、贡献率高，而且具有承上启下的作用，可以大大拉动上游材料、电子装备、智能制造等基础产业发展。这个产业核心技术的积累，对于国家大力发展半导体和集成电路产业，拉动作用也不容小觑。新型显示产业是一个覆盖化工、材料、半导体、光电子、精密仪器设备等多个行业的复合型高科技产业，包括液晶技术、薄膜半导体技术、电子技术、材料技术、精密装备制造技术等多个领域的高新技术，包含了上百种产品，技术更新非常快。整个新型显示产业链包括上游的材料/元器件制造、装备生产，中游的面板/模组件生产，下游的整体装配和系统集成应用，产业链上中下游之间相互依存、互相增强。一般而言，越往产业链的上游，产业的附加值越高。

围绕新型显示技术发展，形成了 LCD 产业、PDP 产业、DLP 产业、LCoS 产业、激光投影显示产业五大产业方向。其中，LCD 和 PDP 是目前新型数字显示器的主流，分别占新型显示器市场份额的 70% 和 10%。新型显示产业已逐步发展成为国际上备受关注的战略性新兴产业，产业化发展优势逐步显现。

新型显示产业的产业链主要由上游材料/元器件、中游面板/模组件和下游应用产品组成。以 LCD 产业为例，产业链如图 4.1 所示。

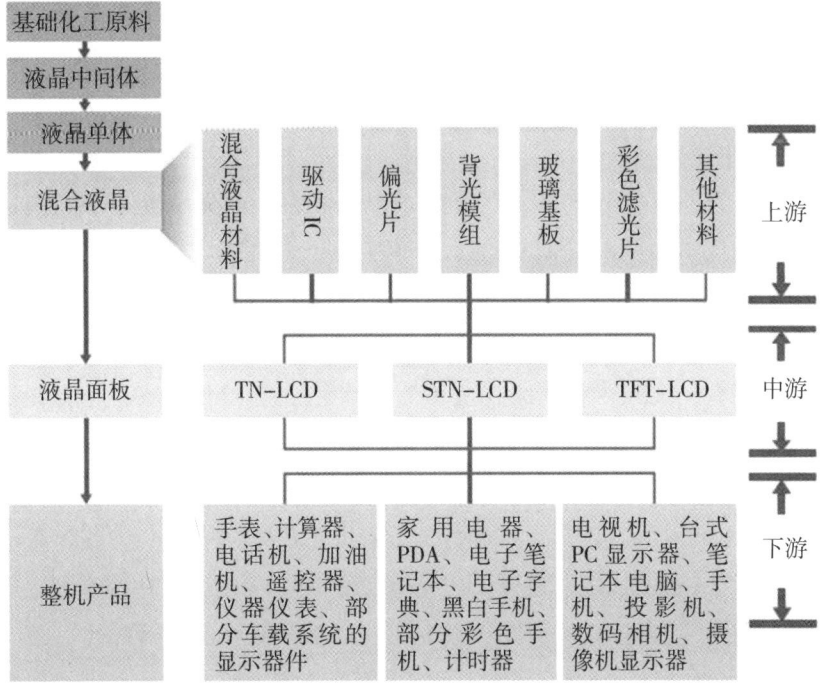

图 4.1 新型显示产业产业链

4.1.4 新型显示技术产业现状

新型显示产业跨越式发展成为供给侧改革成功案例。我国显示产业的营收规模在"十一五"及"十二五"期间分别取得 7.5 倍和 3 倍的增长。2016 年，以京东方为代表的我国新型显示产业继续保持良好发展态势，全行业销售收入超过 2000 亿元，同比增长 20%。目前，我国新型显示产业已经具备完善的技术储备与成熟的市场条件，正向技术研发和再创新稳步迈进，已经成为全球显示产业发展的重要引擎。我国在消费类电子领域具有广阔的市场，我国显示产业通过创新促进技术转型升级、增加产品附加值，推动产业发展，提升企业核心竞争力，全面体现了供给侧改革的作用和意义。

我国液晶电视面板出货量跃居全球第二。随着国际面板大厂的战略性撤退以及国内面板厂产能的提升，我国在全球液晶电视面板市场的占有率正在稳步提升。

新型显示产业上游设备及材料行业迎来发展黄金期。新型显示产业链中，上游核心材料和零组件处于毛利率和技术含量最高的位置，是整个产业发展关键中的关键。近年来，多项扶持政策出台推动核心材料、零组件和装备的国产化，同时多条高世代线投入建设为提升我国新型显示产业上游材料和零组件配套提供了难得的发展契机。液晶玻璃基板领域的龙头企业旭硝子、电气硝子、康宁等纷纷在我国布局，深度参与 10.5 代玻璃基板项目。偏光片方面，LG 化学、三星 SDI、奇美材料、三利谱等企业的偏光片项目也在江苏、安徽等地陆续开建或扩产。液晶材料方面，DIC 和默克分别在青岛和上海启用混配工厂，以就近供应我国液晶面板企业。与此同时，我国本土配套企业也在快速成长，清溢光电 8.5 代 TFT 掩膜板取得突破，中电彩虹和东旭光电积极布局 8.5 代液晶基板玻璃生产线。预计随着高世代线相继投产，基板玻璃、液晶材料、靶材、偏光片、彩色滤光片、光学薄膜等相关原材料、零组件等上游产业的本地化生产将迎来更大发展。

柔性显示成为各大企业重点发展方向。2017 年，全球显示屏技术加快往柔性方向发展。其中，日本面板厂商日本显示器（JDI）、JOLED 和夏普自 2016 年起都在努力扩大柔性 AMOLED 市场。JDI 已经从柔性白光 OLED 转向柔性 RGB OLED，谋求进军智能手机市场；被富士康收购的夏普公司在 AMOLED 方面具有较深厚的储备。韩国 AMOLED 面板厂商技术和产品在全球处于前沿位置。LG 和三星一直在积极增加柔性 AMOLED 显示器的投资。LG 显示专注于生产用于智能手表的平面或圆形柔性 AMOLED 显示器，并已成为 APPLE WATCH 的面板供应商。三星显示抓紧扩大用于智能手机的柔性 AMOLED 面板产量，同时加快透明柔性和可折叠 AMOLED 显示面板的研发，优化了柔性 AMOLED 显示面板的生产流程，将之前的四切法改变为二切法，大大提高了生产效率。我国投资从刚性 AMOLED 向柔性 AMOLED 转移。

新型终端产品快速发展促进新型显示技术不断成熟。车载显示、虚拟现实、医疗应用等新兴应用将驱动显示产业新兴技术的加速成熟。一是行车记录仪、车载导航等驾驶辅助工具的快速发展带动了车载显示面板的需求。2020 年全球车载显示面板的出货面积近 200 万平方米，预计未来五年的复合增长率达到 10%。车载显示器件的应用环境对于面板的工作温度范围、抗冲击性、亮度、显示角度和设计自由度等方面提出了更高的要求，OLED 凭借自发光的特性使其更适宜应用于车载环境，发展前景非常广阔。二是虚拟现实产业的爆发加快了 OLED 面板高清晰化发展的步伐。2016 年以来，VR 平台发展迅速，应用下载量激增，行业关注度前所未有，然而当前主流的 LCD 技术在进行 VR 体验时存在一定的技术障碍，难以获得舒适的临场感受，由于 OLED 技术可以大幅降低响应时间，减少虚拟现实使用过程中的延迟，改善眩晕效果，而被认为是目前唯一适用的屏幕。随着行业对虚拟现实产业的热度不断增长，OLED 技术也将在其推动下不断提高分辨率，以满足虚拟现实的技术要求。三是快速增长的医疗显示器市场吸引众多面板企业不断加大投入，开发满足医疗显示器要求的产品，抢占市场份额。医疗显示器主要包括普通显示器、影像诊断显示器和手术显示器等，大部分属于定制型显示器产品。其中，手术显示器使用环境最为特殊，面板一般采用 IPS-LCD 技术，要求具有 4K 以上分辨率、高亮度、低色偏、高对比度、大尺寸等特性，从而帮助医护人员获得实时、准确、生动的医疗影像。

中小尺寸影响力增强导致产业周期性变化逐渐趋缓。液晶周期是新型显示产业特有的发展规律。每当研发创新、面板主流尺寸更替时，通常会出现需求增加、供给紧俏、价格上扬的状态，市场气氛跟着乐观，导致厂商投资增加甚至过度投资；待景气出现反转下滑，产能过剩的窘境随即出现，于是产品价格下跌，厂商被迫减少或停止投资，直到景气降到谷底。接着，再经过一段时间的调整，市场需求再度复苏，直到供给无法满足需求之际，产品价格重新上扬，厂商又开始进行新世代面板产线投资，如此便完成一个液晶周期。随着智能移动终端的蓬勃发展，液晶面板产业周期变化日趋缓和，电视面板周期不再仅仅受电视供需情况的影响，移动终端、平板电脑等新兴市场也开始形成影响力，越来越多的高世代面板产线开始切割中小尺寸，因此行业 2 年一个周期的波峰波谷逐渐趋缓。

政策支持方向从面板产线建设向配套体系完善转变。新型显示产业是战略性信息产业的重要组成部分，是信息产业重要的战略性和基础性产业。加快新型显示产业发展对推进供给侧结构性改革，支撑制造强国重大国家战略实施具有重要意义。近年来，通过《2010—2012 年平板显示产业发展规划》和《2014—2016 年新型显示产业创新发展行动计划》的实施，我国显示产业实现跨越式发展，成为全球显示产业的重要力量。全球显示产业格局和竞争态势也随之发生深刻变化。一方面，面板企业加快在高世代面板产线的投资；另一方面，不断完善产业配套体系。我国政府产业政策的支持方向开始从面板产线建设向配套体系完善转变，政策的发力点主要集中在支持企业突破高世代玻璃基板、有机发光材料、高纯气体及化学品等关键材料与设备方面。

4.1.5 新型显示技术领域发展趋势

产业规模不断增长。 随着我国显示产业整体实力的不断增强，以京东方、华星光电和天马等龙头企业为代表的面板企业加紧向上游延伸，不断完善全产业链布局。京东方、TCL创投与众多国内基金公司一起参与了大尺寸喷墨设备生产企业科迪华公司的E轮投资，并在董事会中各占据一席，为柔性OLED薄膜封装制程进行相关技术储备。天马、华星光电合作成立的广东聚华印刷显示技术有限公司与美国杜邦、日本住友化学等企业签订战略合作协议，共同开展印刷OLED、QLED以及柔性显示技术和材料的研发和生产。此外，国内相关材料和零组件配套企业也不断扩大产业规模，提升核心竞争力。

液晶面板仍保持领先地位。 虽然AMOLED在智能手机上得到大面积应用，但是液晶显示继续引领平板显示产业发展。

韩国企业优势依旧明显。 面板方面，韩国和我国台湾地区凭借面板龙头企业占据领先地位，我国大陆地区和日本紧随其后。

面板尺寸不断增加成为企业发展动力。 需求方面，液晶电视面板继续向大尺寸方向发展，我国手机市场快速崛起和苹果手机热卖带动中小尺寸面板需求进一步增长。AMOLED面板在平板电脑和AMOLED电视中的渗透率逐年提升，等离子面板则逐渐退出市场。

AMOLED成为产业发展热点。 2016年，全球AMOLED手机面板出货量达到3.7亿片，相比2015年大幅增长41.2%，而我国前十大品牌的OPPO、VIVO、华为、金立、魅族、联想等贡献了26%的份额。至2020年，柔性AMOLED手机面板的年复合成长率达88.2%。

超高世代产线成为产业发展重点。 为了在愈加激烈的市场竞争中占据优势，全球各主要面板企业开始根据自身优势，抢占超大屏幕电视市场，纷纷投巨资建设超高世代产线，以期取得成本优势，在激烈的市场竞争中抢占先机。

新型显示领域创新进展。 AMOLED在高端手机市场抢占LTPS风头。由于AMOLED技术门槛高，在AMOLED面板领域积淀深厚的三星是AMOLED热潮的最大受惠者，其优势地位难以撼动。三星自身手机品牌的AMOLED面板采用率逐年攀升。韩国厂商中除三星外，LGD也加紧脚步扩大产能。

中日韩三国将主导柔性显示产业。 全球小尺寸显示屏技术加快往柔性方向发展，面板技术领先的韩国和日本在技术路线上出现了分歧。韩国目标明确，以OLED技术实现柔性面板，逐渐退出 LCD 生产，并投入巨资进行柔性 OLED 产线建设。其中，三星已经明确以小尺寸 AMOLED 作为主要技术方向，LG 则主攻大尺寸柔性 AMOLED 屏。日本希望从擅长的液晶 LCD 技术上作深度延伸，实现柔性 LCD 和 OLED 双重布局。我国则看好柔性 OLED 市场，紧跟韩企潮流投入巨资。未来，中韩将成为全球柔性 OLED 的两大生产基地。

从技术角度来看，与柔性 OLED 相比，LCD 实现柔性所面临的困难更多，量产难度更大。虽然从原理上来看，通过使用新材料和新技术，诸如透明聚酰亚胺薄膜基板、低温金属氧化 TFT 技术以及曲面 LCD 成盒工艺等，LCD 可以实现曲面效果，但是与 OLED 本身所具有的自发光特性相比，LCD 的柔性结构更为复杂，量产难度更高，显示效果也存在差距。因此，柔性 LCD 仍处于研发初期，距量产仍有较大差距。另一方面，具有一定弯曲弧度的曲屏 AMOLED 屏幕已经量产，并且在智能终端上得到大规模应用，得到了消费者的认可。因此，在柔性显示方面，OLED 技术具有更广阔的前景。

从产业布局来看，韩国企业在 OLED 领域遥遥领先，三星占有全球柔性 OLED 市场 99% 以上的份额，LG 则垄断了 OLED 电视的市场。由于电视面板尺寸大、曲率半径大，柔性面板与刚性面板差距不大。当前柔性 OLED 在小尺寸领域的应用远超过大尺寸领域，因此，三星公司在柔性 OLED 领域的盈利情况远优于 LGD。日本方面，日本企业在产线方面进展较慢，但是在 OLED 上游部分关键材料和设备方面具有技术和规模优势，许多公司如出光兴产、住友化学、东丽先进薄膜公司、大日本印刷、爱发科以及东京电子等企业在增强 AMOLED 材料的寿命和特性方面发挥了关键作用。

量子点电视阵营逐渐崛起。量子点是溶液纳米晶，尺寸在纳米级，具有独特的光电特性，可以通过改变尺寸实现可控发光。量子点电视是将量子点光致发光特性应用于背光源的电视，仍然是液晶电视的一种。显示效果方面，量子点具有寿命长、色域广、亮度高、色彩纯正等优点，在电视产品峰值、亮度、动态对比度和色域等方面表现优秀，具有很好的发展前途。因此，未来量子点电视将是电视产品发展的热点。

全球各大电视机企业已经认识到量子点技术对于提升液晶电视显示效果，突破色域天花板的积极意义，纷纷加强在量子点电视的技术布局。2017 年，国际消费类电子产品展览会（CES）上，三星公司推出 75 英寸的量子点电视，通过添加量子点，改善了三星电视的发光效率稳定性，拓宽了显示色域。目前，三星、TCL、海信等企业均发布了各自的量子点电视产品，受到广泛关注。其中，TCL 在 2014 年就发布了第一台量子点电视。2016 年，联合默克、杜邦等国际企业成立的广东聚华的研发重点就是量子点印刷显示技术。目前，TCL 已经在量子点材料合成、器件制备、工艺研发等方面拥有了一定的技术储备，具有国际领先水平。

从技术角度来看，目前，市面上的量子点电视大都采用的是将光致发光量子点技术应用于背光源，在亮度和色域方面取得了很好的效果。未来，随着电致发光量子点技术的成熟，量子点技术将有望给显示器件带来新一轮的革命，甚至将对电视机显示技术发展路线图带来挑战。

Micro-LED量产化进程稳步推进。Micro-LED显示技术是通过驱动电路控制高度集成的LED阵列，阵列尺寸从传统的毫米级降低到微米级。该技术具有功耗低、亮度高、分辨率好、色彩饱和度优异、寿命长等优点，与OLED和量子点技术一样，属于自发光显示技术。目前，Micro-LED显示技术分为两大应用方向：一是以苹果公司为代表的可穿戴中小屏市场，苹果为此收购了一家Micro-LED公司LuxVue。二是索尼公司推出的Micro-LED电视市场。在小尺寸市场，Micro-LED要进入需要有更高的PPI或者柔性，技术难度较大，与LCD和OLED相比没有竞争优势；大尺寸方面，Micro-LED成本优势并不明显。

由于成本过高，Micro-LED实现大规模的市场化应用尚需时日。索尼于2012年推出"Crystal LED Display"，最早将Micro-LED技术应用在消费类电子领域。然而由于效率和良率太低，直到2016年6月索尼才推出Crystal系列新作CLEDIS（Crystal LED Integrated Structure），其单片LED数量大幅降低。

国内LED厂商已经开始研发Micro-LED技术，但与苹果和索尼从芯片角度切入不同，国内Micro-LED多从显示屏的角度出发，未从应用层延伸到上游产业链和芯片层，缺乏垂直整合全产业链企业。例如，利亚德公司推出的LED小间距电视产品，最小超微间距为0.7毫米，目前已经通过工程样机阶段，具备了批量生产能力，该产品目前主要应用于室内监控，并未在民用电视市场开展推广和应用。

激光电视成显示技术竞争新高地。激光电视是利用半导体泵浦固体激光工作物质，产生红、绿、蓝三种波长的连续激光作为彩色激光电视的光源，通过电视信号控制三基色激光扫描图像。其色域覆盖率理论上可以高达人眼色域范围的90%以上，远远超过目前LED电视最高的62%色域覆盖率。色域覆盖率的提高，不仅可以使整个电视画面看起来更加真实、有层次感、更加通透，同时画面的清晰度也会随着色彩饱和度的提高有较大幅度的提升。由于采用激光作为电视的背光源，激光电视可以做得更薄，适合家庭使用。从近几年的销售数据来看，大屏化已经成为电视行业趋势之一，而大屏化恰恰是激光显示的优势，激光电视的屏幕可以是幕布，也可以是一面墙，能够克服大屏幕电视的搬运难题。另一方面，与OLED、量子点等显示技术相比，激光显示呈现的是反射光，更加柔和，克服了长时间观看荧光粉产生的荧光色所造成的不适感，更有利于人眼健康。

新型显示领域应用推进情况。电视和监视器面板出货面积增长。随着液晶面板普及率提升，生产成本下降，面板产品平均尺寸不断增加对增量市场的贡献越来越大。

电视机用面板出货面积不断增长对整体市场贡献最大,虽然全球液晶电视面板出货量呈下降趋势,但出货面积却保持上升,而监视器产品出货数量近年来呈下降趋势。

中小尺寸产品市场呈现旺盛需求态势。智能手机、可穿戴设备、VR/AR 等智能移动终端产品的快速发展提升了中小尺寸显示面板的市场需求,产业规模稳步增长。

除了智能移动终端产品外,车载显示也成为中小尺寸的又一重点应用,成为继手机、平板之后全球面板企业激烈争夺的细分市场。随着智能汽车、自动驾驶汽车以及新能源汽车等新兴汽车形态的出现,车内显示产品的需求将进一步增长,主要产品以汽车中控台部分的中央信息显示器、驾驶仪表盘以及驾驶员前方视野的抬头显示器等为主。7 英寸在车载显示中占据主流地位,市场份额超过 40%。未来车内显示屏市场将向着多数量、大尺寸、触控化、多功能、定制化方向发展。[6]

4.2 全球新型显示技术领域专利分析

4.2.1 专利申请趋势分析

在 incoPat 专利检索分析平台中对全球范围内新型显示领域相关专利技术进行检索,共检索到 369961 项专利申请。

图 4.2 和图 4.3 所示为新型显示领域的全球发明专利申请趋势和不同区域的申请变化趋势。总体来看,新型显示领域的相关专利申请量呈上升趋势,随着时间的推移,相关专利申请量不断增加,并从 2001 年开始,专利申请热度步入高潮。

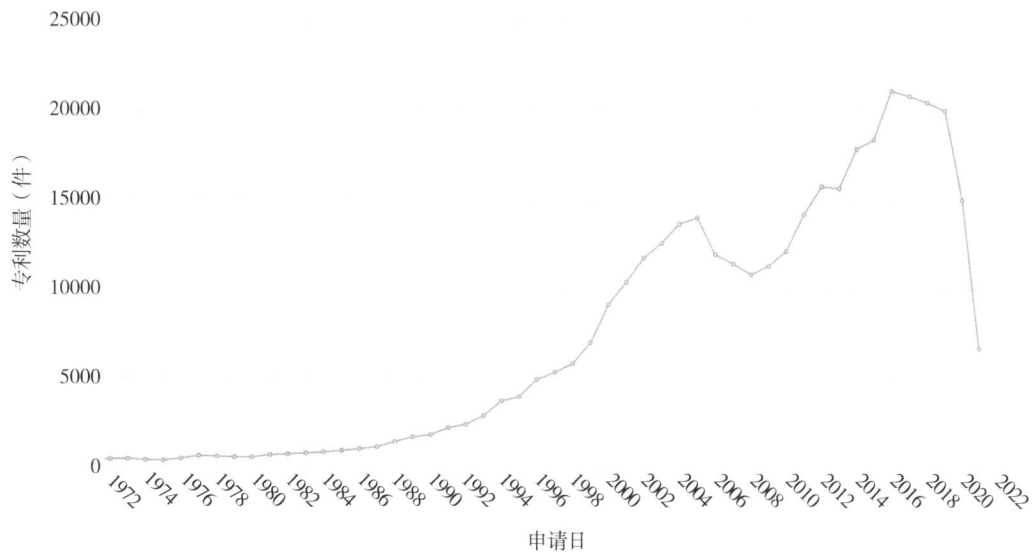

图 4.2 新型显示领域全球发明专利申请趋势变化图

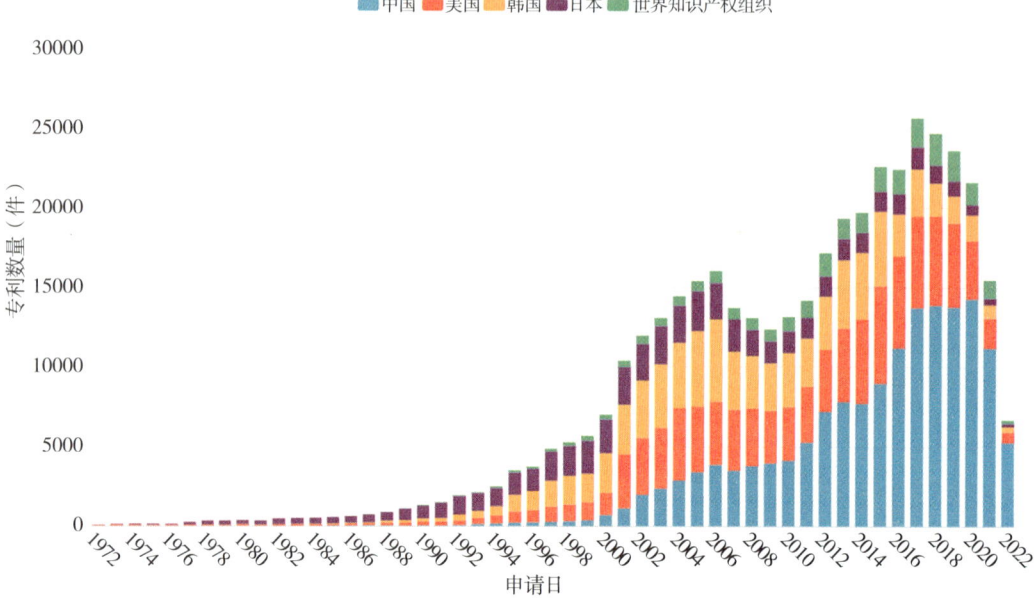

图 4.3　新型显示领域不同区域发明专利申请变化趋势

注：由于审查制度的原因，发明专利存在 18 个月的公开滞后期，实用新型专利在授权后才能获得公布，因此 2021 年或 2022 年的数据不够完整，不能完全代表真正的申请趋势，特此说明。

从技术发展的角度看，新型显示技术的发展与专利布局的关联度较高。图 4.2 中显示，新型显示技术领域最早的相关专利申请出现于 20 世纪 70 年代，80 年代中期出现了一次申请高峰。进入 21 世纪后，相关专利申请出现爆发式增长，申请量剧增。1969 年，James Fergason 发明了扭转数组的原理，LCD 显示器即是根据这种偏光平面的扭转原理制成的；1972 年，乔治·克劳福德（M. George Craford）发明了第一颗橙黄光 LED；20 世纪 80 年代中期，砷化镓和磷化铝的使用使得第一代高亮度红、黄、绿色光 LED 诞生，发光效率已达到 10 流明/瓦；20 世纪末，在显示技术转型的激烈竞争中，LCD（液晶显示器）克服重重困难，由弱到强，战胜了 PDP、FED、TDEL，在众多的新型显示器中脱颖而出，成为新世纪的主流显示器；21 世纪后，液晶显示器（TFT-LCD）、有机电致发光显示器（OLED）、等离子显示器（PDP）、无机厚膜电致发光显示器（TDEL）、场发射显示器（FED）、发光二极管大屏幕显示器、激光显示器、投影显示器等各类新型显示器技术发展迅速，新技术日新月异，新型显示技术的发展出现百家争鸣的态势，竞争异常激烈。

从图 4.3 中不同区域的相关专利申请趋势看：日本在新型显示领域的研究起步较早，2002 年之前，日本的相关专利申请量均处于领先地位，2006 年之后，相关专利的申请量呈下降趋势；美国、中国和韩国的相关专利申请自 20 世纪 90 年代开始出现，进入 2000 年之后，增幅明显，其中，美国和中国的相关专利申请量在 2010 年开始迅速增多，逐渐取得领先的位置。

从产业转移的角度看，全球新型显示技术的发展史概况为：美国企业首先发明了液晶显示的基本技术，但后来却是引进了这些技术的日本企业最先在产业化上获得成功。创造了这个产业的日本并没能在该领域占据持续的主导地位，很快就被韩国企业后来居上，产生了三星和 LG 两大巨头。20 世纪末期，随着亚洲金融危机爆发，中国台湾地区以新进入者的姿态在新型显示领域快速成长，三菱、东芝、IBM 日本、夏普和松下等日本企业，开始在台湾地区进行生产，转移技术给台湾地区合作伙伴。2005年开始，中国开始改写行业格局，随着大量研究所和企业的成立，中国在新型显示领域的资金和技术投入不断增大，技术实力也不断增强，市场占有率不断扩大，中国面板企业的总出货量已跃居世界前列。与中国、韩国的蓬勃发展不同，日本的众多企业逐渐退出了液晶显示的竞争行列：2012 年，精工爱普生结束液晶面板制造设备相关事业；2012 年 4 月，东芝、索尼、日立将旗下液晶面板制造设备相关事业整合成立日本显示公司（JDI），东芝退出液晶面板业务；2014 年，三菱电机退出液晶显示屏业务；2016 年，日立结束液晶面板制造相关事业。[7]

总体来讲，结合图 4.3 中所示的不同国家新型显示领域相关专利的申请趋势看，除美国外，日本、韩国和中国的专利布局趋势与全球空间上的转移趋势是相一致的。

4.2.2 专利地域分布

专利技术来源国（Location），是指专利申请人的所属国或地区，而专利技术应用国（Source Jurisdiction），即专利申请的国家或地区。

世界范围内，新型显示领域的主要专利技术来源于中国、日本、韩国和美国。中国以 125792 件相关专利申请排名第一，日本以 82528 件相关专利申请排名第二，韩国以 81163 件相关专利申请位居第三，美国以 36748 件相关专利位居第四。

技术应用国方面，中国以 121799 件相关专利申请位居第一，美国、韩国和日本分列第二到第四位，这代表了新型显示领域的相关技术竞争主要集中在以上四个国家。结合本章第一部分的技术现状分析中相关内容，美国、日本和韩国是新型显示技术和市场规模较领先的国家，中国作为新兴国家，在新型显示技术领域的相关专利技术申请已经跃居全球第一。

结合技术来源国和技术应用国的分析，可以看出，新型显示技术领域内，专利技术的产出和布局地域与技术市场竞争格局相关联，专利的布局数量能够有效地反映出技术竞争和市场格局。

此外，中国作为技术应用国的专利件数与作为技术来源国的专利件数基本相当，表明中国的市场规模已经逐渐和技术实力匹配。日本和韩国作为技术应用国的专利件数小于作为技术来源国的专利件数，表明日本和韩国在新型显示技术领域属于技术输出国，其通过相关专利的布局，在其海外市场占据了竞争高地。

4.2.3　专利申请人分析

新型显示领域主要专利申请人如图4.4所示，韩国三星和LG在新型显示领域的相关专利申请量遥遥领先于其他申请人，其中三星有30733件相关专利申请，LG有23497件相关专利申请。中国的京东方以16665件相关专利申请位列第三。排名前十五的主要申请人中，日本的企业占据了6席，分别为夏普、松下、精工、索尼、日立和半导体能源，韩国拥有2家申请量最多的企业，中国有4家企业上榜，分别为京东方、友达、中航工业和华星光电。本章第一部分新型显示领域的市场竞争分析中已指出，韩国企业在新型显示领域的优势十分明显，结合图4.4，可以看出，韩国企业在新型显示领域的专利布局也具有十分明显的优势，表明韩国的产业地位与专利实力相匹配。

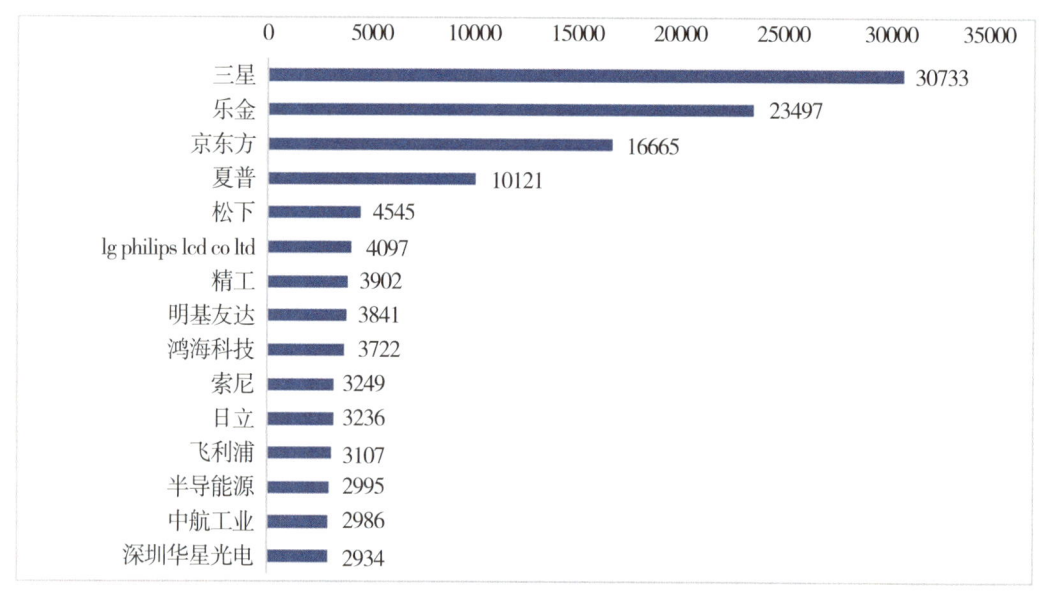

图4.4　新型显示领域主要专利申请人排名

图4.5为新型显示领域竞争者实力气泡图。竞争者气泡图的横坐标表示企业的技术竞争力，纵坐标表示企业的经济实力（市场地位）。气泡图可以分为A、B、C、D（分别对应一、二、三、四）四个象限。A象限的专利权人机构相对而言拥有强大的综合实力和深厚的专利技术；B象限则表示拥有相对强大的综合实力但专利技术相对较弱；C象限则与B象限刚好相反，处于该象限就表示综合实力相对较弱但专利技术相对较强；D象限的专利权人机构在两方面都处于相对的劣势。可以说气泡越接近图的右

上角，相对竞争力就越强。图4.5显示，韩国的三星位于A象限，是新型显示领域中的领先者。相对来讲，LG、苹果和半导体能源处于D象限，具有较强的技术实力。而其余专利申请量靠前的公司均处于C象限，是新型显示领域的技术追随者。

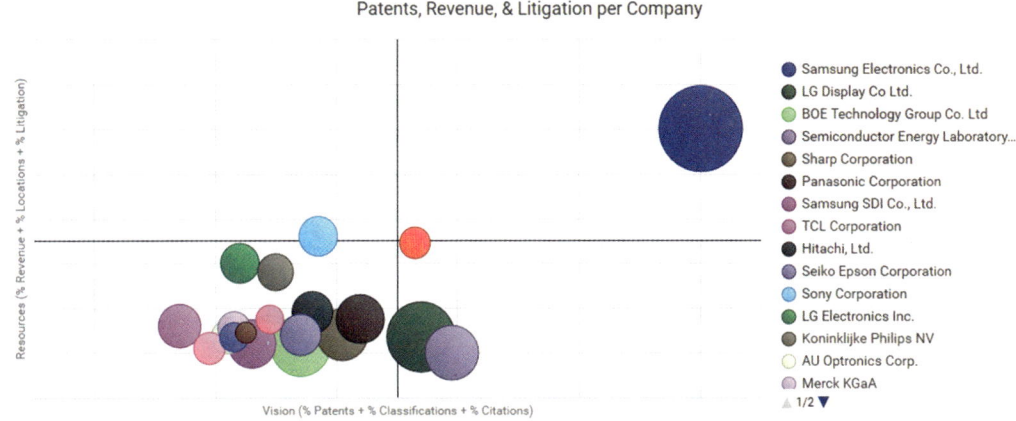

图4.5　新型显示领域专利申请人竞争者实力气泡图

4.2.4 专利发明人分析

新型显示领域相关专利的主要发明人排名如图4.6所示。世界发明大王山崎舜平是半导体能源实验室公司的董事长，在新型显示领域，其以3259件相关专利申请排名第一。半导体能源实验室公司的小山润和木村肇，分别以1491件和681件的新型显示领域相关专利申请排名第二和第四。京东方公司的董学、杨盛际、王海生、陈小川和刘英明也出现在榜单中，其中董学曾任北京京东方光电科技有限公司（认购人之子公司）应用产品开发部部长助理、部长，光电科技开发本部副总监，现任认购人副总裁、显示器件事业群首席技术官。杨盛际等是京东方新型显示技术领域的重要研发团队成员。其次，榜单中还有伊斯曼柯达公司的R.S.科克、三星的金东奎。在新型显示领域，上述几家技术实力领先的公司拥有一批稳定的技术研发团队，为企业在行业内的领先地位奠定了坚实的基础。

4.2.5 专利技术生命周期分析

全球范围内新型显示领域的技术生命周期如图4.7所示。从图4.7中可以看出，至今，新型显示技术共经历了以下四个阶段。

萌芽期（1973—1996年）：研究和开发主要集中在固定的一些公司，专利申请量和专利申请人数量相对不多，技术集中度高。这一时期，新型显示产品刚刚出现并进入公众视野。20世纪70年代，LCD和LED显示屏出现，开始进入多种应用领域，

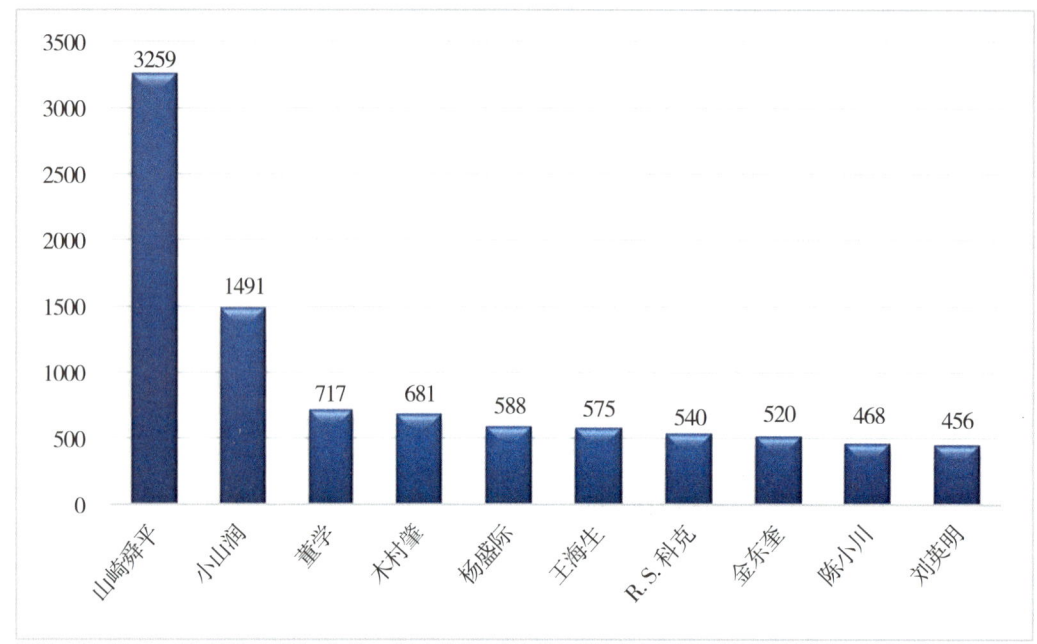

图 4.6　新型显示领域相关专利的主要发明人排名

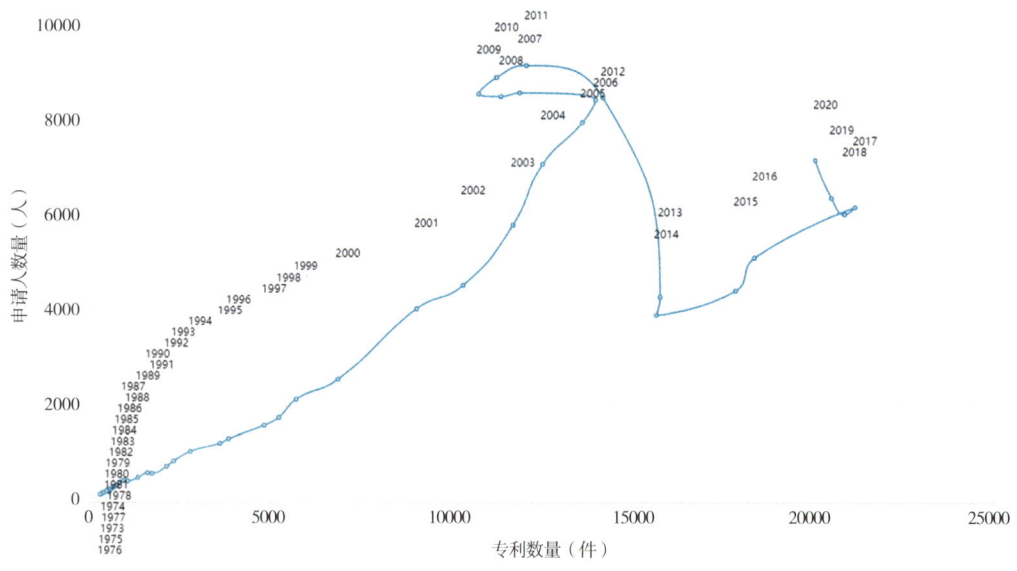

图 4.7　全球范围内新型显示领域技术生命周期

包括宇航、飞机、汽车、工业应用、通信、消费类产品等，遍及国民经济各部门和千家万户。1996 年，LED 在全世界的销售额已达到几十亿美元，此时，中国以原电子部七七四厂（即京东方的前身）、七七〇厂、上海电子管厂为代表的作坊式 TN-LCD 实验线也开始建立。

发展期（1996—2005 年）：技术有了突破性的进展，市场扩大，接入的企业增多，专利申请量和专利申请人数量急剧上升。相应地，这一时期产品更新换代迅速。例如，20 世纪 80 年代末 90 年代初，日本掌握了 STN-LCD 生产技术，LCD 产业开始高速发展。1991 年，日本东芝公司和美国 HP 公司研制成 InGaA1P 620 纳米橙色超高亮度 LED，1992 年，InGaA1P 590 纳米黄色超高亮度 LED 实用化。同年，东芝公司研制成 InGaA1P 573 纳米黄绿色超高亮度 LED，法向光强达 2cd。1994 年，日本日亚公司研制成 InGaN 450 纳米蓝（绿）色超高亮度 LED。此外，韩国企业在 20 世纪 90 年代中期和中国台湾企业在 20 世纪 90 年代末期也开始进入新型显示领域，大批量生产液晶面板的 TFT-LCD 工业演变成为一个东亚工业。

成熟期（2005—2009 年）：专利申请数量基本保持不变，但专利申请人继续增加。从产品技术发展史看，进入到 21 世纪后，新型显示技术逐渐走向成熟，但是受成本的影响，LCD 和 LED 等新型显示器的市场占有率难以突破，技术的突破也受到了一定的限制。但 2005 年后，显示器的上游元器件成本大幅下降，使得 LCD 和 LED 等新型显示器的成本也随之下降，其售价也大幅降低，凭借其性能的优势，开始迅速占领市场。

复苏期（2009 至今）：实现了技术突破，专利申请量和专利权人数量再次快速增长。与专利技术生命周期相对应，2009 年后，新型显示技术的新进入者主要来源于中国。中国开始加大新型显示领域资金和技术投入。2009 年，还在亏损中的京东方，出人意料地开始大举扩张，连续上马了合肥 6 代线和北京亦庄 8.5 代线，掀起了一场"液晶风暴"。国外主要 TFT 企业（三星、LG、夏普等）一夜之间全部改变了对中国技术封锁的态度，纷纷启动在华建设高世代线的项目。之后，京东方又在鄂尔多斯、重庆、合肥上马高世代线，奠定了其在面板行业的地位。2009 年，华星光电成立，TCL 在 2007 年与韩国三星签署技术合作协议，在三星的技术支持下，建设一个液晶模组厂（4 条生产线），2009 年投产当年即实现赢利。TCL 通过这个项目建立了自己的研发团队，获得了自主建设液晶模组生产线的能力。

4.2.6 失效和到期专利分析

全球新型显示领域过去 20 年已经失效和专利即将到期情况统计分别如图 4.8、图 4.9 所示。专利到期时间即达到了专利的最长保护期，专利即将消失。专利失效后，其所记载的技术信息即变为可为公众所无偿使用的公共技术。提前关注即将到期专利，有利于企业或区域产业提前对该项到期专利进行部署，在专利失效后第一时间运用该项技术或产出产品，利用成本优势或产品优势快速抢占市场。

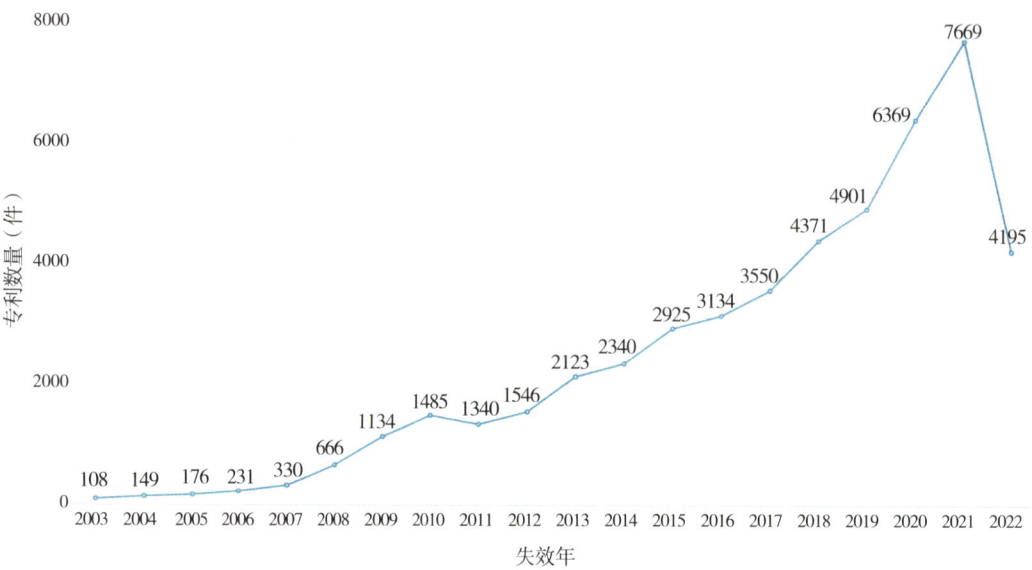

图 4.8　全球新型显示领域过去 20 年失效专利情况

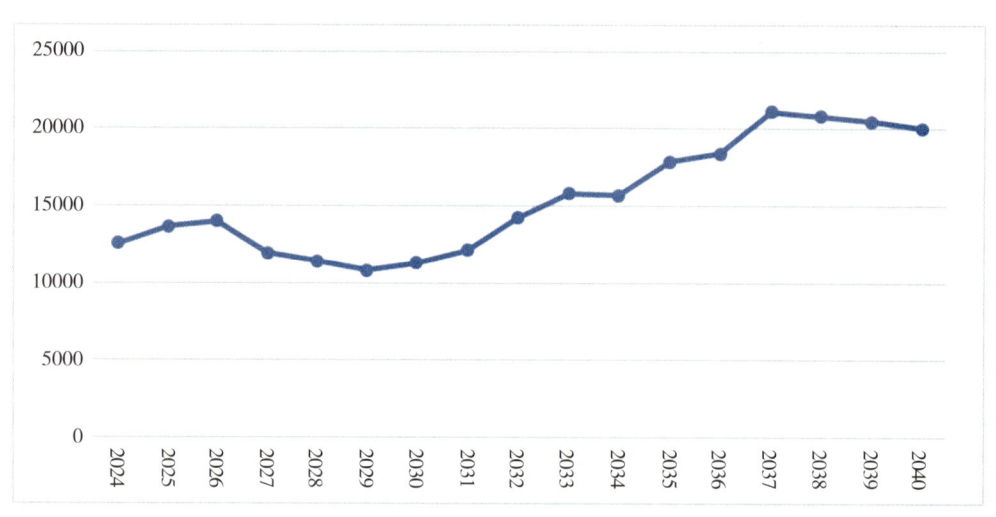

图 4.9　全球新型显示领域专利即将到期情况统计

从图 4.8 可以看出，新型显示技术领域专利过去 20 年失效专利逐年增多，同时，从图 4.9 也可以看出，在接下来的一段时间内，新型显示领域的相关专利到期数量从 2027 年开始逐年增多，并于 2037 年达到顶峰。

4.2.7　技术发展路线分析

技术路线图是表示技术、产品等随时间发展变化的分析方式。本章中新型显示领域的技术发展路线图根据新型显示的几种主要显示器的类型进行绘制，将技术更新的关键专利经 INNOGRAPHY 的专利强度配合人工阅读筛选出重要基础专利，并按照时间轴绘制新型显示领域中 LCD 和 LED 显示技术的专利技术发展路线图，如图 4.10 所示。

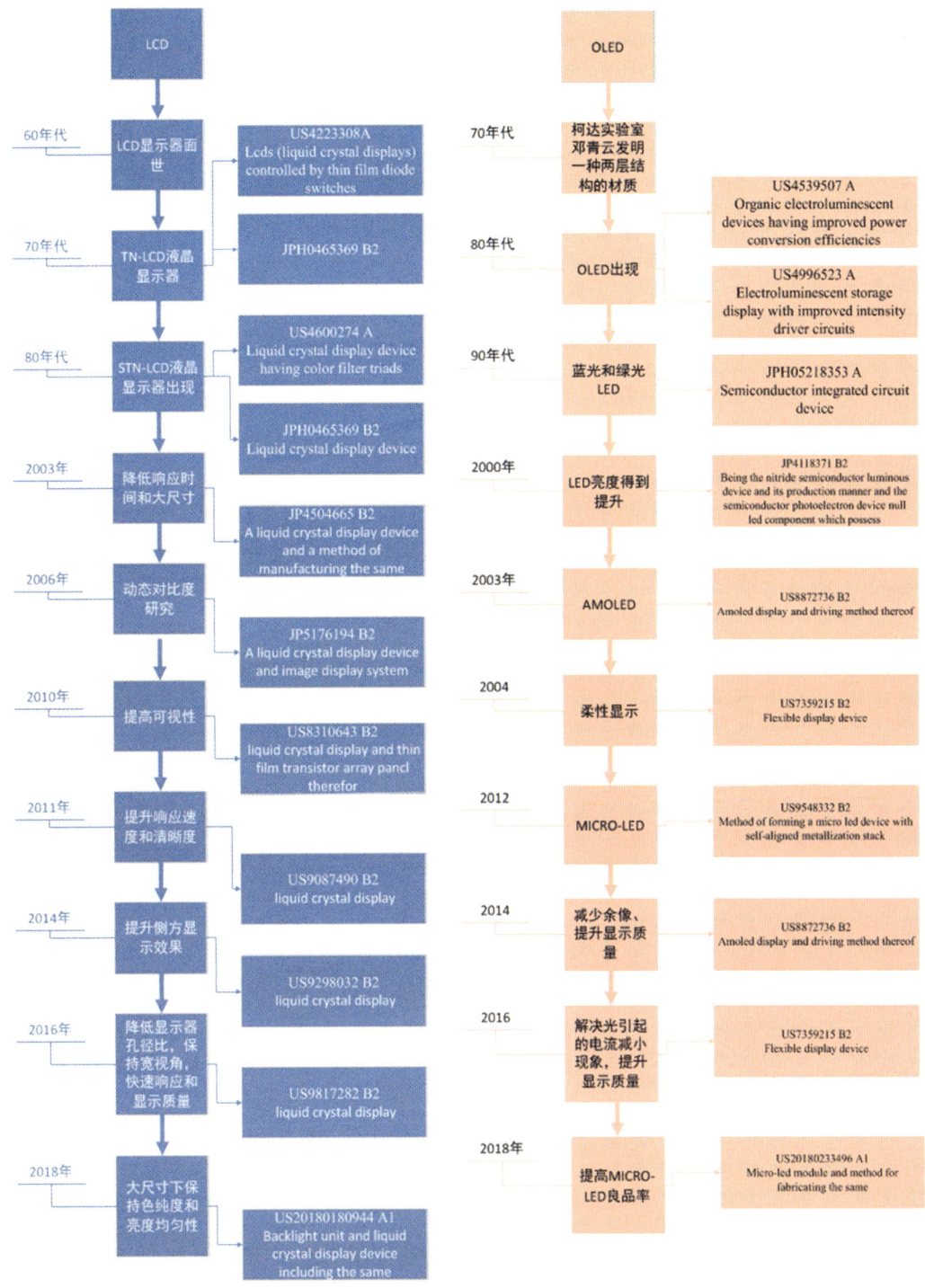

图 4.10 LCD 和 LED 显示技术发展路线

技术的更新变革伴随着专利的大量布局，图 4.10 中展示了部分关键技术更新节点的基础专利。1968 年，美国 RCA 公司 R.Williams 发现向列相液晶在电场作用下形成条纹畴，并有光散射现象。G.H.Heilmeir 随即将其发展成动态散射显示模式，并制成世界上第一个液晶显示器。1971 年，M.F.Schiekel 提出电控双折射（ECB）模式。T.L.Fergason 等提出扭曲向列相（Twisted Nematic，TN）模式。1980 年，N.Clark 等提出铁电液晶模式（FLC）。1983—1985 年，T.Scheffer 等人先后提出超扭曲向列相（Super Twisted Nematic，STN）模式。此时，STN-LCD（超扭曲向列相）液晶显示器出现，同时 TFT-LCD（薄膜晶体管）液晶显示器技术被研发出来，但液晶技术仍未成熟，难以普及。1996 年以后，又提出采用单个偏光片的反射式 TN（RTN）及反射式 STN（RSTN）模式。2001 年以后，液晶显示器技术开始走上成熟发展之路。2010 年后，LCD 和 LED 显示技术的发展主要往大尺寸显示、提升显示质量等方向发展。

4.3　全球新型显示领域龙头企业分析

4.3.1　三星集团

韩国三星集团作为新型显示领域相关专利申请量最多的申请人，其技术发展趋势能够反映出新型显示产业的技术变革趋势，对指出新型显示产业发展的方向具有参考意义。

（1）公司概况

三星集团是韩国最大的跨国企业集团，同时也是上市企业全球 500 强。三星集团包括众多的国际下属企业，旗下子公司有三星电子、三星物产、三星航空、三星人寿保险等，业务涉及电子、金融、机械、化学等众多领域。其中，三星电子的主营业务收入包括三星电子：主要业务为生产消费类电子、DRAM 与 NAND Flash，9 年营业额约为 99.7 兆亿韩元。三星 SDI：主要业务为生产太阳能电池、燃料电池、能源储存等，2008 年营业额约为 5.3028 兆亿韩元。三星 SDS：主要业务为生产 IT 相璃基板、等离子过滤器、显像管和玻璃。三星半导体：主要业务为生产 SD 卡，是世界最大的存储芯片制造商。

三星电子作为三星集团旗下最大的子公司，业务覆盖全面，消费类电子、存储器、面板、晶圆代工等业务均有涉及。三星电子旗下显示业务 SDC 部门 2022 年营业利润创下了历史新高，累计实现营业收入 34.38 万亿韩元（约合人民币 1884.66 亿元），较去年同比上升 8.4%；实现营业利润 5.95 万亿韩元（约合人民币 326.15 亿元），较去年同比上升 33.4%。

20世纪90年代，三星利用逆向投资挤下日本，成为LCD龙头企业。三星面板业务营业收入基本保持在1500亿元以上，净利润基本保持在100亿元以上，远高于LG、JDI、群创、京东方等其他面板企业。随着面板资源的重新分配，面板行业格局从2017年由群雄逐鹿的时代演变为以三星为首的"三国四地五虎将"的格局。未来面板行业将继续保持强者恒强的局面，将形成三星和京东方寡头垄断的局面。

此外，由于OLED较LCD具有自发光、广视角、功耗低等优势，叠加手机用OLED带动中小尺寸OLED需求爆发，OLED将成为未来显示行业的制高点。目前，三星牢牢占据中小型柔性OLED市场，市场占有率高达98%。从2016年开始，三星OLED营收首次超过LCD，OLED将成为三星显示业务的核心竞争力。三星目前已实现量产的产能约350千片/月。为进一步扩充OLED产能和增加OLED营收，三星已经逐渐缩减LCD投入，原L7液晶生产线将计划改建为OLED生产线。同时，新建的A4、A5第6代柔性OLED生产线也在2019—2020年开始量产。

（2）新型显示技术发展历程

1984年，三星电子的子公司三星显示设备公司（SDD），设立了TFT-LCD研究小组，随后从美国OIS公司获得了技术许可。

1991年，三星电子在其半导体事业部内设立了一个特殊事业部，专攻TFT液晶技术。同年，三星建成了一条300毫米×300毫米的试生产线，第二年又研发了在300毫米×400毫米玻璃基板上，一次生产2片10.4英寸液晶显示器的技术。

1995年，建成第一条2代线。

1996年，建成第一条3代线。

1998年，建成第一条3.5代线，而当时日本还只有3代线。

2001年，三星建成了2条5代线。

2005年、2006年，连续建成2条7代线，均为当时的世界第一。

2010年，与三星数码影像合并。

2016年，推出量子点电视产品线。

2017年，推出影院LED显示屏。

（3）申请趋势

对三星集团在新型显示领域的相关专利申请进行简单同族扩展后进行专利信息分析，共命中31846件相关专利申请。

三星在新型显示产业的专利申请趋势如图4.11所示。

可以看出，三星在20世纪80年代末开始在新型显示领域进行相关专利布局，但申请量相对较小。这是由于这一时期，三星新型显示领域的相关技术均来自日本和美国,以技术引进、二次创新为主,处于吸收技术的阶段,自主研发较少,相应的专利申请量也较小。随着三星新型显示产业市场占有率的不断提高,在市场资源的支撑下,不断增加研发投入,新型显示领域的技术实力也获得了快速发展。进入21世纪后,三星在新型显示技术领域的专利申请量快速增长。2014年,三星在新型显示领域的相关专利申请突破了3000件。

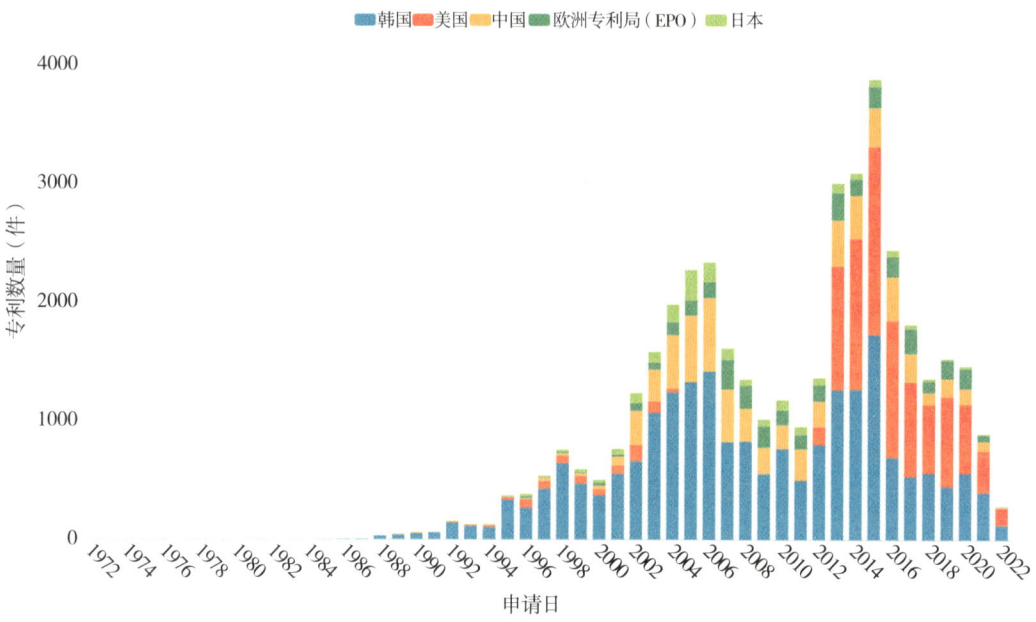

图4.11 三星在新型显示产业的专利申请趋势

(4) 专利布局地域

三星集团在新型显示领域的专利布局国家中,韩国本土的布局量最多,达到了16002件。其次是美国,达到5716件,中国和日本位列三星集团在新型显示领域布局专利量第三、第四,分别为3931件和1410件。因此,三星不仅注重在韩国国内的相关专利布局,同时还在美国、中国、欧洲和日本等海外地区进行相关专利布局。结合新型显示技术的发展历程看,韩国的新型显示技术来源于对日本技术的引进和二次创新,而日本的相关技术起源于对美国相关技术的引进。美国作为新型显示技术最早的发明者和研究者,其技术水平一直处于领先地位,只是日本实现了新型显示技术的产业化,而韩国实现了在产业方面对日本的超越。中国作为21世纪后全球瞩目的市场,世界各国均十分注重在中国市场的专利布局和市场竞争。因此,韩国在本国进行相关专利部署的同时,在美国、日本和中国布局了大量专利。鉴于新型显示产业全球化程度高的特点,注重海外专利布局,对于技术保护和保持企业市场竞争力是非常有必要的和值得借鉴的。

（5）文本聚类和核心专利分析（按技术演进路线）

三星在新型显示领域的文本聚类分析如图 4.12 所示。

从图 4.12 的聚类分析中可以看出，三星公司的主要技术集中在柔性显示、绝缘层、有机发光元器件（OLED）、显示面板、数据传输等领域中。

三星新型显示技术文本聚类 2010 年前后对比如图 4.13 所示。

从图 4.13 中可以看出，三星 2010 年前后在新型显示技术领域的专利布局侧重点发生了改变。这也反映出，三星公司在技术研发方向上有所改变。在 2010 年之后，三星逐渐增加了在薄膜晶体管、柔性显示和 OLED 的专利布局比重。

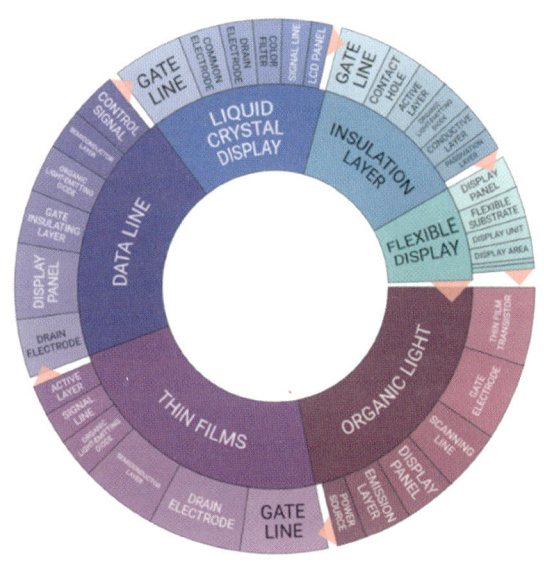

图 4.12　三星在新型显示领域的文本聚类图

图 4.13　三星新型显示技术文本聚类 2010 年前后对比

三星在新型显示领域的专利布局路线如图 4.14 所示。

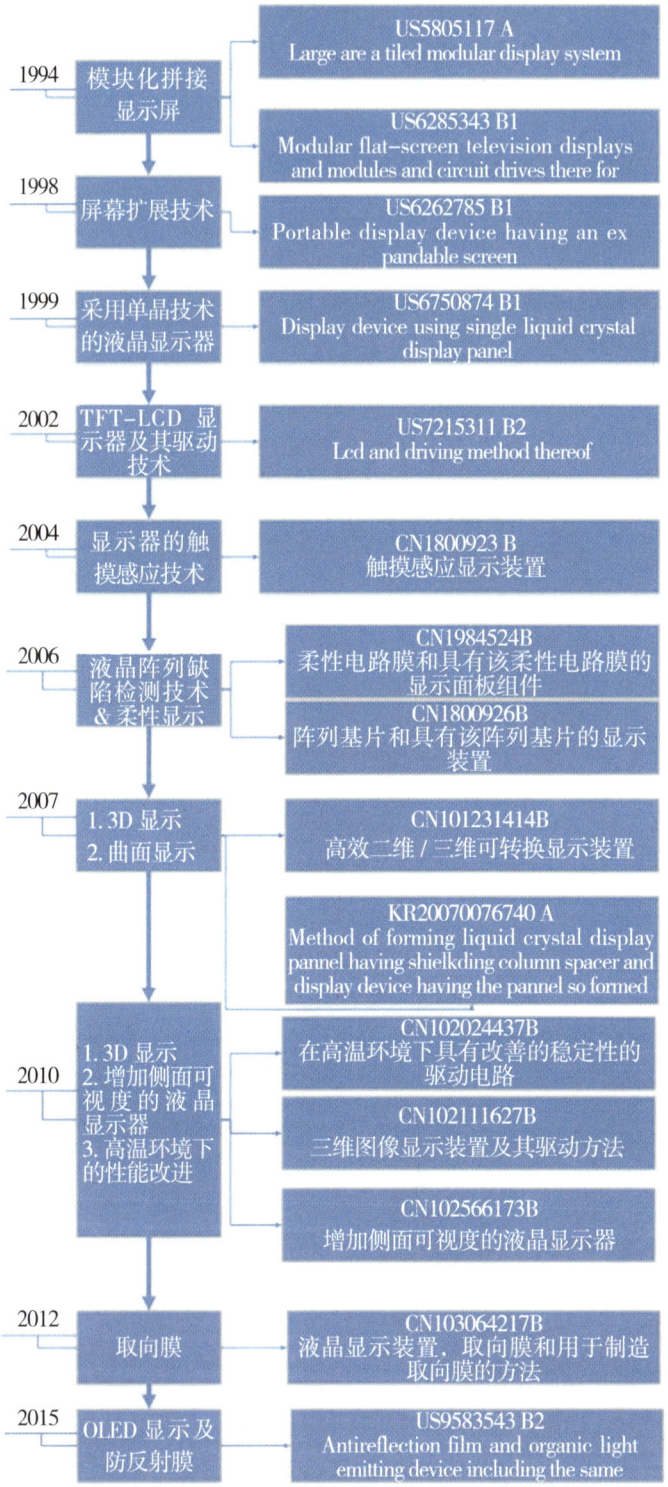

图 4.14　三星在新型显示技术领域的专利布局路线

从图 4.14 中可以看到，三星在新型显示技术领域的核心专利技术出现在 20 世纪 90 年代。1995 年，三星主要申请的相关专利技术为将显示器拼接为大尺寸的屏幕。可见在 90 年代的时候，市场对大尺寸屏幕即产生了相当的需求，但是由于技术水平的限制，大尺寸显示器主要的实现手段是将小尺寸的屏幕拼接。2002 年，三星核心技术中出现了 TFT-LCD 相关技术专利。2005 年之后，三星先后在柔性显示、3D 显示、OLED 显示等技术出现了相关专利。结合图 4.14 和图 4.13 所示的 2010 年前后文本聚类对比分析结果，可以看出，以上技术也是三星的重点研发方向，在一定程度上，也能够预示出，3D 显示、柔性显示和 OLED 显示等技术将成为下一代新型显示产品的热点竞争领域。

4.3.2　LG 集团

（1）新型显示技术发展历程

LG 电子成立于 1947 年，主要产品集中于消费类电子、移动通信和家用电器领域。

LG 从 1987 年开始了对液晶显示器的研发，到 1989 年才公开展示了成果。1990 年，LG 电子成立了专门的研发中心，有大约 250 名员工在试生产线上工作，每年生产 12000 片 10.4 英寸和 12 英寸 SVGA 液晶面板。

目前，LG 的生产基地主要在韩国庆尚北道龟尾市和京畿道坡州市，其中龟尾市集中了 LG 的 2 代线至 6 代线。1995 年，建成 P1 工厂（2 代）；1997 年，建成 P2 工厂（世界第一条 3.5 代）；2000 年，建成 P3 工厂（4 代）；2002 年，建成 P4 工厂（世界第一条 5 代）；2003 年，建成 P5 工厂（5 代）；2004 年，建成 P6 工厂（6 代）；2006 年，LG 建成世界第一条 7.5 代线（P7 工厂）；2009 年，建成 P8 工厂（8.5 代）。2014 年，LG 在中国广州的 8.5 代 LCD 面板工厂竣工，成功开发全球首款 18 英寸柔性 OLED 及透明 OLED。2017 年，LG 在越南海防（Hai Phong）的模组工厂量产，研发出全球首款 77 英寸透明柔性显示。2018 年，成功研发 88 英寸 8K OLED 电视用面板以及 65 英寸 UHD 可卷曲电视用面板。

（2）申请趋势

对 LG 公司在新型显示领域内的相关专利进行简单同族扩展，共命中 16157 件相关专利申请，以期分析其专利布局特点和专利布局态势。

LG 在新型显示领域的专利申请趋势如图 4.15 所示。从图 4.15 可以看出，LG 在 1990 年研发中心成立后不久，即开始在新型显示领域中布局相关专利，其相关专利最早出现在 1991 年，起初申请量并不高，但呈现逐年上升的趋势。与三星类似，LG 最初在新型显示领域的技术主要引进于日本，走的是先产业、后技术的路线。2000 年后，随着 LG 的产能扩大、产品的市场占有率提升，其研发的投入也不断增加，在经过一段时间的技术引进、消化吸收、二次创新的基础上，LG 的技术研发能力大大增强，这一点，可以从 2000 年后 LG 的相关专利申请量增幅中得到体现。

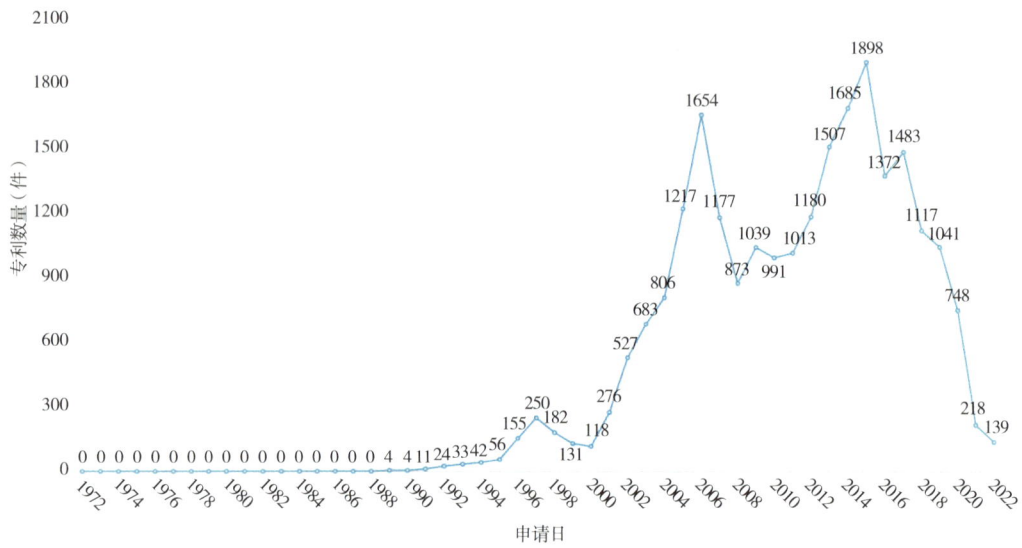

图 4.15　LG 在新型显示领域的专利申请趋势

（3）专利布局地域

LG 在新型显示领域的相关专利主要在韩国、美国、中国、日本和欧洲进行布局。在专利布局地域方面，LG 采取了同三星相同的布局策略，在韩国国内布局了大量专利。其次，LG 也非常重视在美国、中国和日本等国家的专利布局。作为新型显示领域的垄断巨头，三星和 LG 的布局策略值得莆田市新型显示领域相关企业借鉴。

（4）文本聚类

LG 在新型显示领域的相关专利文本聚类如图 4.16 所示。其中，LG 在新型显示领域主要的专利布局领域为 TFT-LCD、数据传输、OLED、大尺寸显示板、滤光技术和柔性技术。可以看出，LG 和三星均在 TFT-LC 数据传输、OLED、柔性显示布局了较多的专利，也代表两家公司均比较重视在以上领域的研究。不同之处在于，滤光技术和等离子显示技术在 LG 的聚类分析中占据了相当的比重，表明 LG 比较注重色彩和等离子技术，相应的 LG 在这两个领域的技术实力也较强。

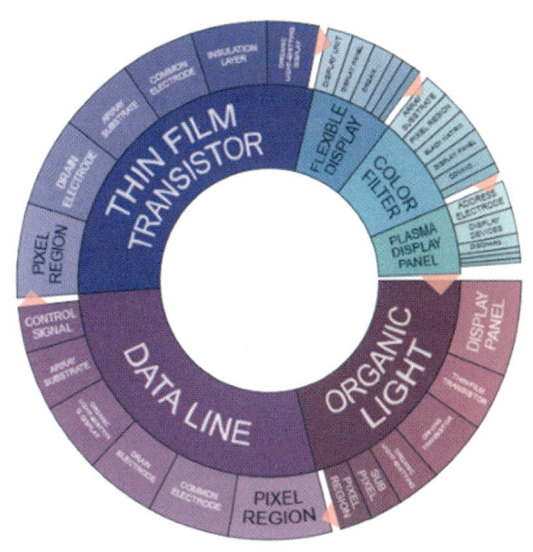

图 4.16　LG 在新型显示领域的相关专利文本聚类分析

4.3.3　京东方科技集团股份有限公司

（1）公司概况

京东方的前身是 1956 年成立的北京电子管厂。京东方科技集团股份有限公司（BOE）创立于 1993 年 4 月，是一家为信息交互和人类健康提供智慧端口产品和专业服务的物联网公司。核心事业包括显示和传感器件、智慧系统、健康服务。显示和传感器件产品广泛应用于手机、平板电脑、笔记本电脑、显示器、电视、车载、可穿戴设备等领域；智慧系统为新零售、车载、金融、教育、艺术等细分行业领域，提供物联网整体解决方案；健康服务事业与医学、生命科技相结合，发展移动健康、数字医院、再生医学，整合健康园区资源。

2022 年，京东方累计实现营收 1784.14 亿元，较去年同期同比下降 19.28%；实现归母净利润 75.51 亿元，较去年同期同比下降 70.91%；扣非归母净利润亏损 22.29 亿元，较去年同期同比下降 109.26%。

（2）申请趋势

京东方在新型显示领域的专利申请趋势如图 4.17 所示。

从图 4.17 中看出，京东方在新型显示领域的相关专利布局开始于 2002 年，并于 2007 年开始增加申请量，2012 年申请量增幅加大，突破 1000 件，随后申请量保持在每年 1600 件左右。

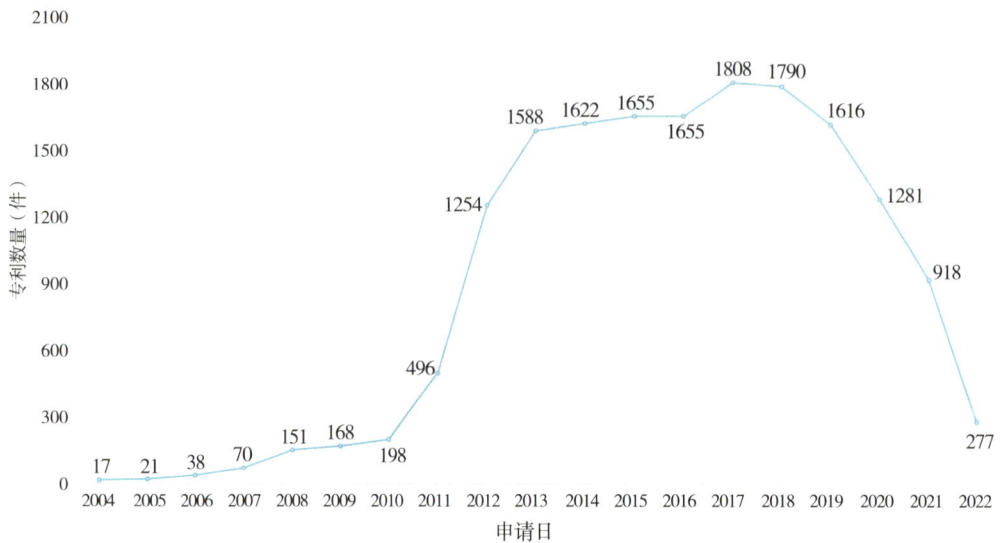

图 4.17　京东方在新型显示领域的专利申请趋势

结合产业信息看，2003 年 1 月，京东方以 3.8 亿美元的价格，收购了韩国现代电子的液晶业务（包括 2.5 代线、3 代线和 3.5 代线），当年 9 月又在北京亦庄经济技术开发区，投资 12 亿美元建设一条 5 代线，于 2005 年 5 月量产。当时京东方的主要技术均来自日本、韩国和我国台湾地区，处于技术的消化吸收阶段，专利技术产出量不高。2009 年，京东方开始大举扩张，连续上马了合肥 6 代线和北京亦庄 8.5 代线，掀起了一场"液晶风暴"。继国外企业解除对我国的技术封锁后，京东方学习先进技术，并在现有技术的基础上进行二次创新。2012 年，京东方在新型显示技术领域的专利技术开始大量产生，也直接助力了京东方在这一年专利申请量的大幅增加。

京东方的成长史表明了，在韩国、日本和我国台湾地区已经形成行业垄断态势的现状下，我国大陆的企业想要在新型显示领域中发展壮大，必须要在增强自身研发创新实力的前提下，积极引进先进技术，走技术引进、吸收、二次创新和自主创新的道路。

（3）文本聚类

京东方在新型显示领域 2014 年前后专利文本聚类对比如图 4.18 所示。从中可以看出，在 2014 年后，京东方加重了 OLED、柔性显示和 3D 显示等领域的专利布局比重，这与三星和 LG 在专利布局方向的策略相似。

4.3.4　华星光电技术有限公司

（1）公司概况

深圳市华星光电技术有限公司（以下简称华星光电）是 2009 年 11 月 16 日成立

图 4.18　京东方在新型显示领域 2014 年前后专利文本聚类对比

的一家高新科技企业,公司注册资本 183.4 亿元,投资总额达 443 亿元,是深圳市建市以来单笔投资额最大的工业项目,也是深圳市政府重点推动的项目。2012 年初,华星光电被认定为"广东省第一批战略性新兴产业基地"。公司坐落于深圳市光明新区高新技术园区,是迄今为止国内首条完全依靠自主创新、自主团队、自主建设的高世代面板线。项目于 2010 年 1 月 16 日开工建设,2011 年 8 月 8 日建成投产,2011 年 10 月 12 日开始量产,其主要产品为 28 英寸、32 英寸、48 英寸以及 55 英寸液晶面板,设计产能为月加工玻璃基板 10 万张。投产后,产能快速爬升,2012 年 9 月达到月产 10 万张基板的满载产能,以 10 个月的时间,提前 3 个月完成产能及良率的爬坡;2012 年 12 月,通过生产工艺优化,产能再创新高,达到 12 万片。

2012 年 3 月,华星光电自主研制的全球最大 110 寸 4 倍全高清 3D 液晶显示屏"中华之星",于 3 月 9 日在北京正式发布,展示了华星光电在"集成创新"的道路上所取得的创新成果,奠定了依靠自主创新的华星光电在国内平板显示行业的领先地位,并使中国继日韩后成为掌握自主研制高端显示科技的国家。

2017 年 3 月 31 日,TCL 集团发布公告,华星光电与武汉东湖新技术开发区管委会正式签署 6 代 LTPS-AMOLED 项目合作协议,计划投资建设一条月产能达到 4.5 万张的第 6 代 LTPS-AMOLED 柔性显示面板生产线,将采用面向最高端面板产品的柔性基板、柔性 LTPS 制程、高效率 OLED、柔性触控及柔性护盖等先进技术,采用有机蒸镀的生产工艺,主要产品为 3-12 英寸高分辨率的中小尺寸柔性可折叠 AMOLED 显示面板。这一项目总投资约 350 亿元,其中项目公司注册资本 210 亿元,华星光电出资 110 亿元,武汉市东湖管委会指定的投资主体出资 100 亿元,总投资与项目公司注册资本的差额将由东湖管委会协调银行等金融机构向目标公司提供贷款。

由于 AMOLED 面板具有轻薄可柔性显示、高对比度以及反应速度快等优异性能，有利于在可折叠智能手机、可穿戴电子设备、车载以及 VR/AR 等显示领域的应用。据 IHS 数据整理，LTPS-LCD 和 LTPS-AMOLED 在全球智能手机市场中渗透率持续提升，占据主要市场份额。

（2）申请趋势

华星光电在新型显示领域专利申请趋势如图 4.19 所示。公司 2009 年成立后，于 2010 年即开始在新型显示领域进行专利布局。2017 年，其专利申请量达到最高，接近 2000 件。2017 年后，专利申请量有所下降。

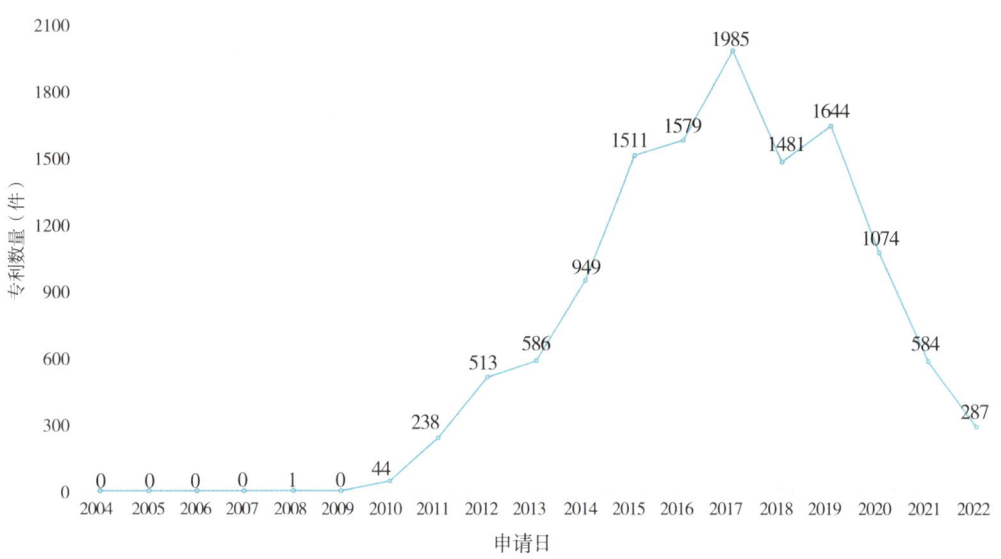

图 4.19 华星光电在新型显示领域专利申请趋势

（3）文本聚类

华星光电在新型显示领域专利文本聚类如图 4.20 所示。从中可以看到，TFT、扫描线、OLED、制造方法、驱动电路等占据了华星光电布局的专利较大的比重。

经检索，华星光电在新型显示领域的发明人共有 843 人，其中申请量靠前的发明人如图 4.21 所示。其中徐向阳以 220 件相关专利申请排名第一，研发团队人员还包括唐岳军、陈黎暄、黄泰钧、查国伟、樊勇、冯子康等。

4.4 中国新型显示领域专利分析

本节以近景模式聚焦莆田市电子信息产业在我国的基本定位。以专利信息对比分析为基础，将莆田市电子信息产业的技术、人才、企业等要素资源在全国范围内进行

图 4.20　华星光电在新型显示领域专利文本聚类图

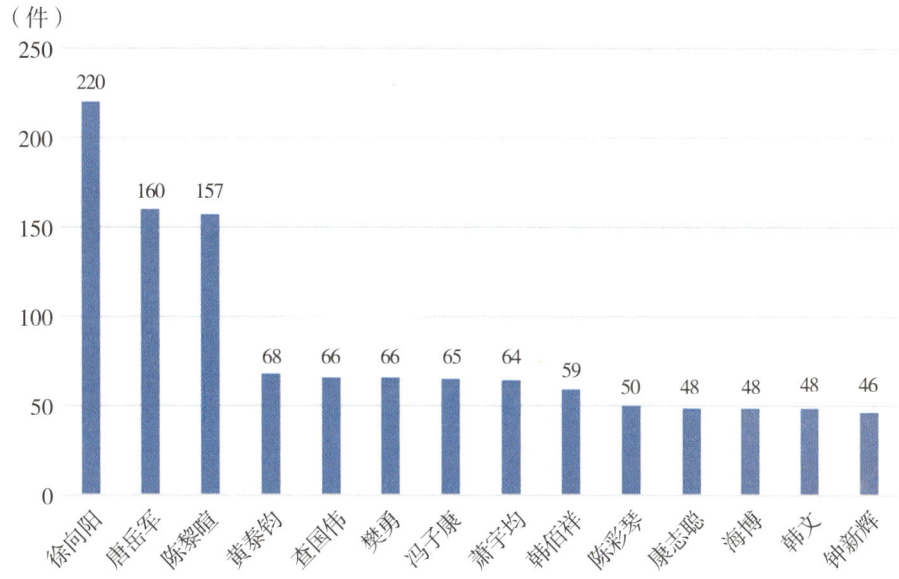

图 4.21　华星光电在新型显示领域的主要研发团队专利申请人排名

定位，明确莆田市电子信息产业发展定位，并从宏观和微观两个层面揭示区域产业发展中存在的结构布局、企业培育、技术发展、人才储备等方面的问题。

4.4.1　专利申请趋势

采用新型显示技术中文检索式在 IncoPat 中进行检索，中国范围内新型显示技术的相关专利命中专利 121799 件，其中发明专利 72868 件、发明授权 34513 件、实用新型专利 46335 件。

▎表 4.1　中国新型显示技术相关专利申请统计表　　　　　　　　　　　　单位：件

申请量	发明	实用新型	发明授权
121799	72868	46335	34513

中国新型显示技术专利申请趋势和增长态势如图 4.22 所示。

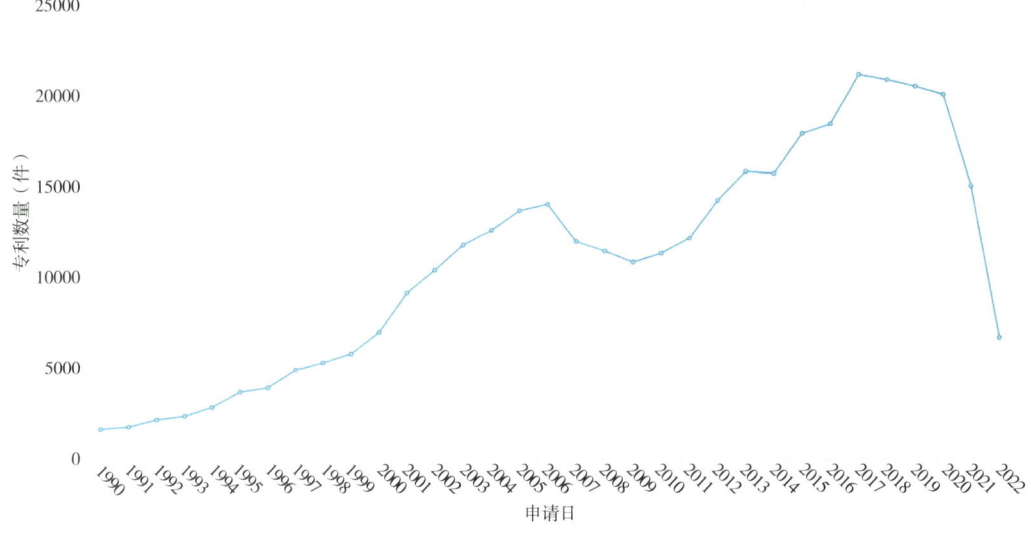

图 4.22　中国新型显示技术专利申请趋势和增长态势分析

从图 4.22 中可以看出，中国新型显示技术相关专利申请从 20 世纪 90 年代开始产生。

结合新型显示技术发展历程看：

1998—2008 年，日韩平板电视厂商"拥屏自重"，肆意侵蚀中国大陆地区彩电市场份额，并且对中国大陆地区企业进行严格的液晶技术封锁，中国电子工业只能挣扎中求生存。这一局面直至 2008 年全球金融危机，世界液晶面板价格崩盘才告一段落。为了突破产业困局，从 2009 年起，国内液晶面板企业逆势扩张，打响了产业反击战。从图 4.22 中可以看出，这一阶段中国新型显示技术领域的相关专利申请处于持续正常的阶段。

2009 年，京东方宣布投资 280.3 亿元人民币，建设我国第一条 8.5 代液晶面板生产线。此举打破了外国厂商形成的技术与利益封锁联盟。此后，日本夏普，韩国三星、LG 等厂商，纷纷宣布放弃封锁策略，要在中国大陆地区建设高世代液晶面板生产线，同时也带来了它们的技术。中国新兴显示技术的相关申请量也在此后开始迅速增长。从图 4.22 中可以看到，自 2011 年开始，中国新型显示领域的专利申请量增速提升。

4.4.2 专利布局结构

按照新型显示技术主流产品进行分类，可将新型显示技术分为三个细分领域：LCD 显示领域、LED 显示领域和其他显示领域（PDP、柔性显示、3D 显示、激光显示等）。通过检索，分别对三个细分领域的专利布局趋势进行对比统计，统计结果如图 4.23 所示。

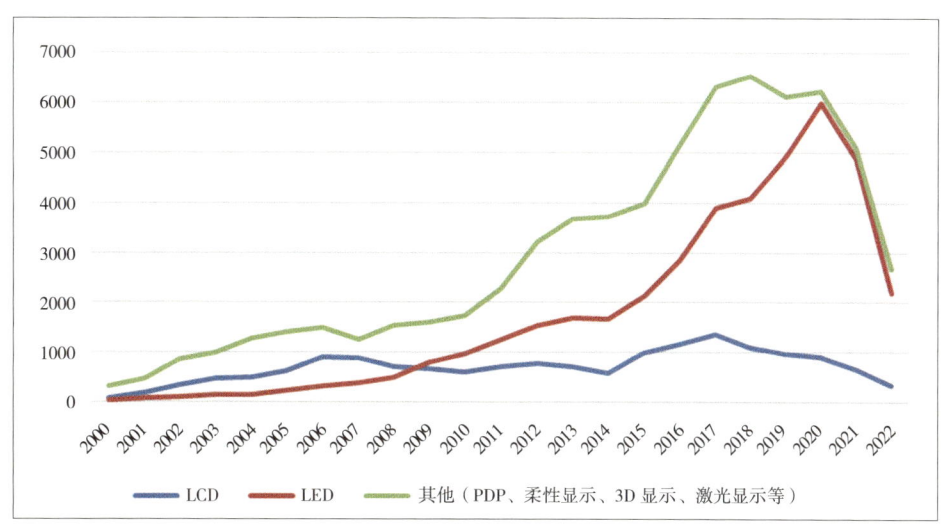

图 4.23　新型显示技术产业重点技术

总体来说，三个细分领域的专利布局量均处于上升的趋势，其中较为突出的是 LED 显示领域。2009 年后，该领域的专利申请量即超过了其他两个细分领域，并且增速明显提升。2017 年，LED 显示领域的相关专利申请量已达到了 3899 件。结合产业现状信息看，新型显示领域专利布局结构变化趋势与 OLED 阵营不断壮大的产业发展趋势现状是吻合的。

4.4.3 专利申请人分析

中国新型显示领域主要申请人排名如图 4.24 所示。从中可以看出，中国新型显示领域的技术集中度非常高，专利申请主要集中在几家龙头企业当中，包括京东方、华星光电、三星、LG、中航工业和明基友达。其中，京东方以 10011 件专利申请排名第一，韩国的三星和 LG 分别位列第三和第四。这表明中国新型显示领域的技术竞争环境中，国外企业仍然把控着相当数量的技术。

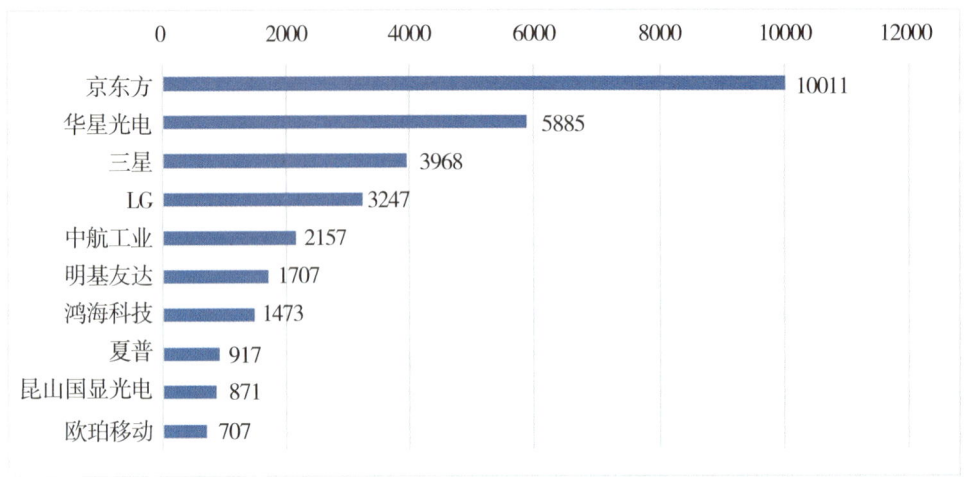

图 4.24 中国新型显示领域主要申请人排名

从产业市场环境信息看,如前文所述,韩国企业在新型显示领域的市场优势依旧明显。面板方面,韩国和我国台湾地区凭借面板龙头企业占据领先地位,我国大陆地区和日本紧随其后。因此,专利技术的分布格局与产业市场格局是相匹配的。

新型显示领域中国高校申请量排名如图 4.25 所示。

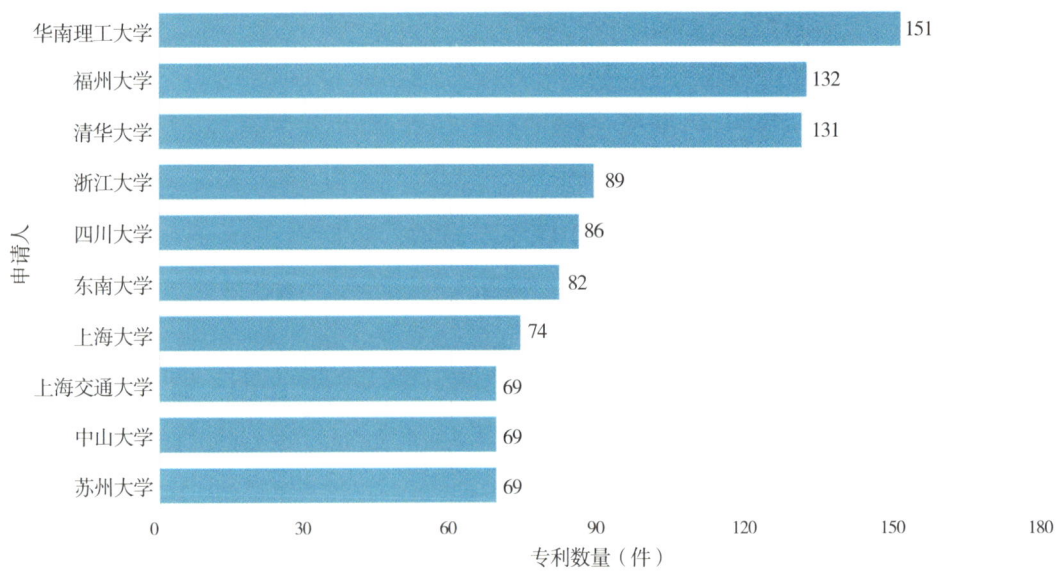

图 4.25 新型显示领域中国高校申请量排名

新型显示产业链的上游主要由玻璃基板/滤光片/偏光片/背光模组、驱动 IC(集成电路)、化学气体与材料、外框/PCB 板/各类薄膜等组成,如图 4.26 所示。现通过中国范围内各领域专利申请量排名情况,分析出各领域的创新主体,为莆田市电子信息产业招商提供情报支撑。

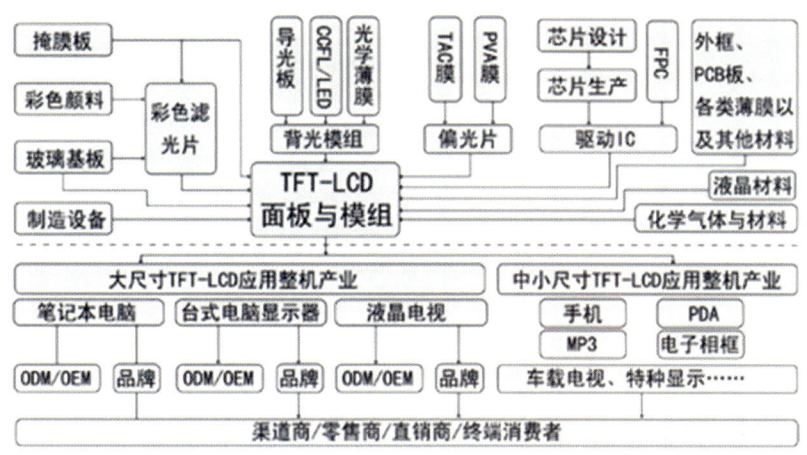

图 4.26　新型显示产业链上下游组成

如图 4.27 所示，玻璃基板 / 滤光片 / 偏光片 / 背光模组领域的主要申请人有京东方、华星光电、鸿海精密等中国国内企业，也包括了如旭硝子株式会社、日东电工、HOYA 株式会社等日本企业。

如图 4.28 所示，外框 /PCB 板 / 各类薄膜的主要专利申请人由鸿海精密、VIVO、三星电机、富葵精密等企业组成。

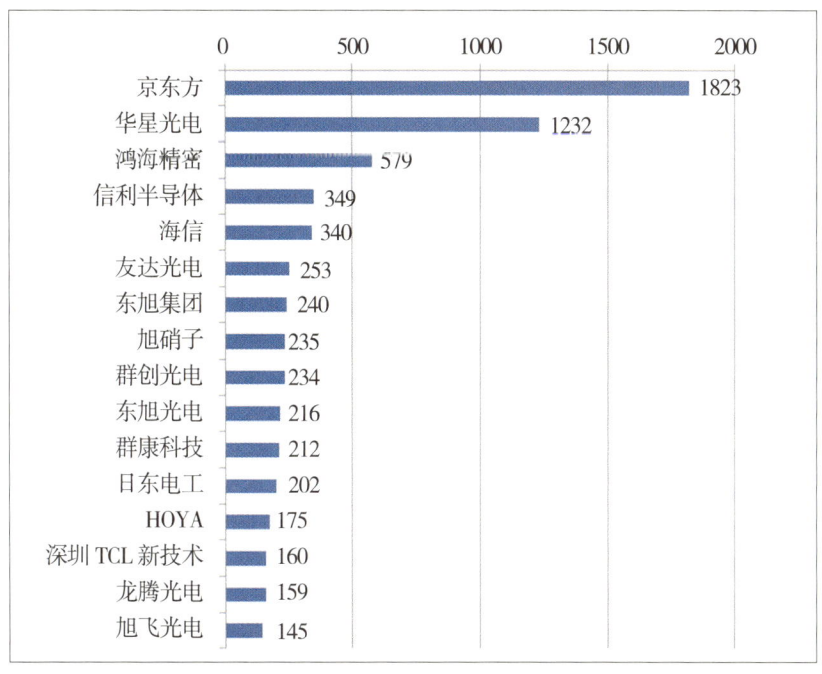

图 4.27　玻璃基板 / 滤光片 / 偏光片 / 背光模组的主要专利申请人排名

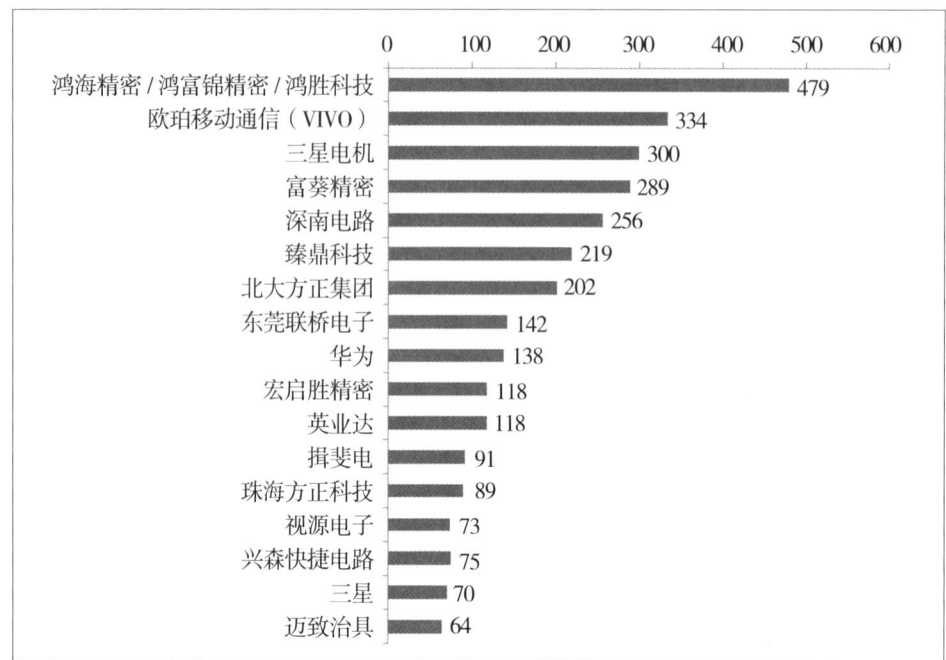

图 4.28　外框/PCB板/各类薄膜技术主要专利申请人

4.4.4　区域创新实力定位

中国新型显示领域省区市和福建省各地市排名见图 4.29 和图 4.30。

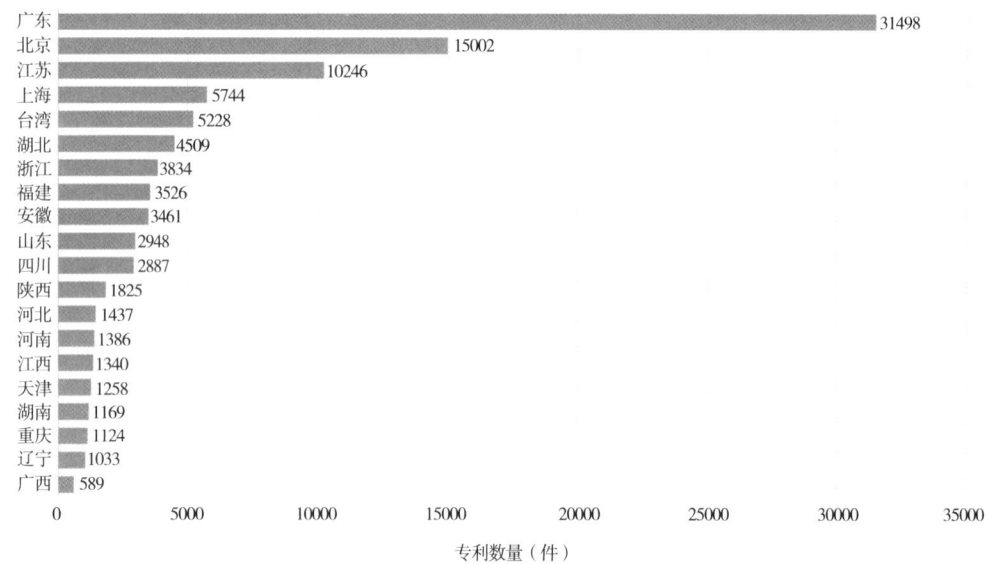

图 4.29　中国新型显示领域省区市排名

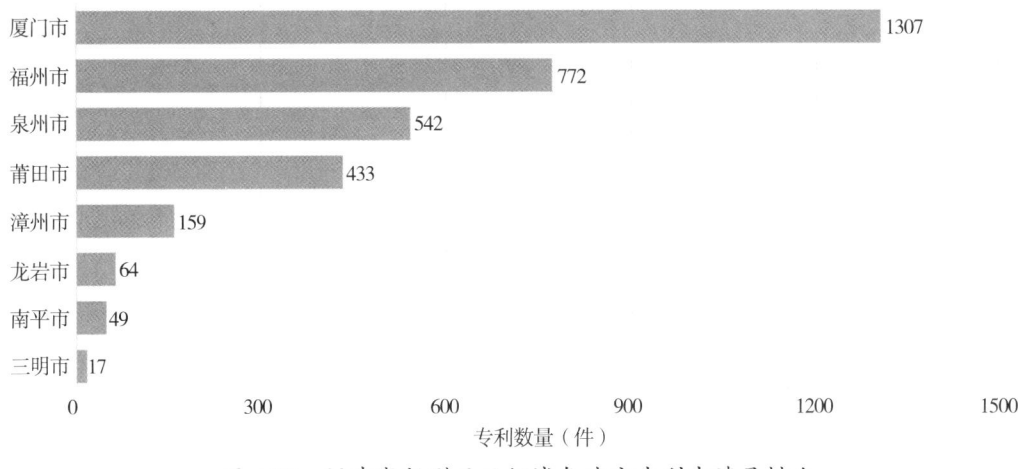

图 4.30　福建省新型显示领域各地市专利申请量排名

如图 4.29 和图 4.30 所示，中国新型显示领域中，专利申请量排名第一的是广东省，共有 31498 件相关申请。其次是北京、江苏、上海、台湾，处于第二梯队，申请量均超过了 5000 件。湖北、浙江、福建和安徽处于第三梯队，申请量均超过了 3000 件。可以看出，福建省在新型显示领域的创新实力在全国来讲处于中上游水平。福建省内，新型显示领域的相关专利申请主要集中在厦门、福州和泉州，漳州、龙岩、南平和三明的相关申请量均较少。

福建省和莆田市新型显示领域相关专利主要申请人排名如图 4.31 和图 4.32 所示。福建省内，厦门天马微电子有限公司、福建华佳彩有限公司、厦门强力巨彩光电科技有限公司和福州大学等企业、高校的相关专利申请量排名靠前。莆田市内主要的申请人包括福建华佳彩有限公司、福建飞阳光电有限公司等。

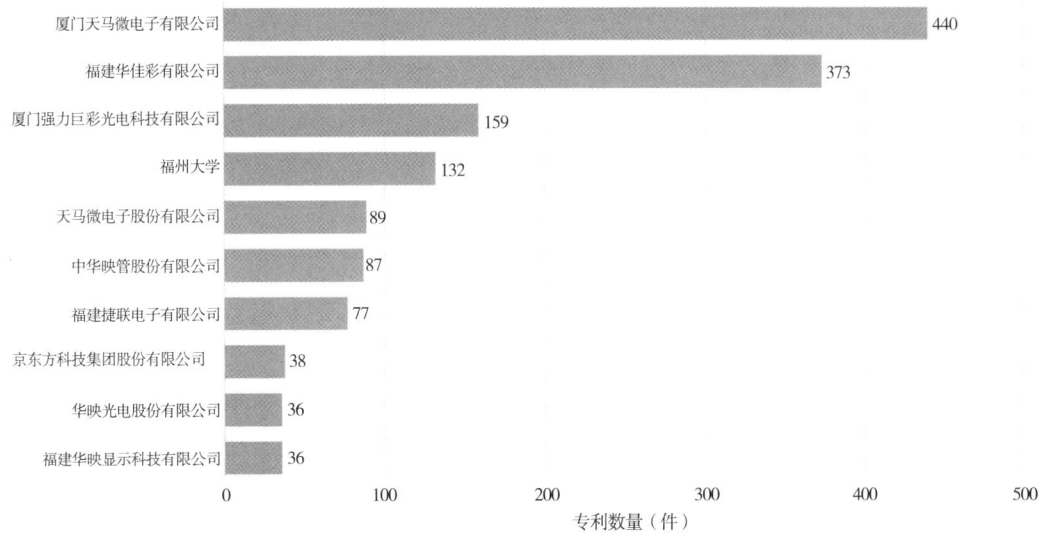

图 4.31　福建省新型显示领域相关专利主要申请人排名

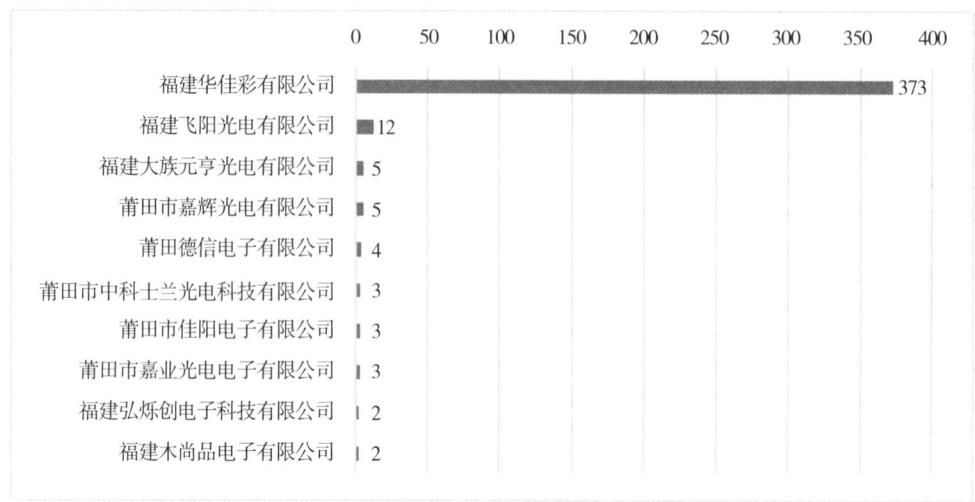

图 4.32　莆田市新型显示领域相关专利主要申请人排名

莆田市新型显示产业相关的专利申请详见表 4.2。

表 4.2　莆田市新型显示产业相关专利申请列表

公开号	专利标题	类型	申请人
CN108427069A	一种面板检测的测试电路	发明	福建华佳彩有限公司
CN108510945A	OLED 像素补偿电路	发明	福建华佳彩有限公司
CN207817669U	一种车机触摸屏面板及车机	实新	福建省飞阳光电股份有限公司
CN204203934U	一种电容式触控屏基板及电容式触控屏	实新	福建省飞阳光电有限公司
CN204374931U	触控面板及触控显示装置	实新	福建省飞阳光电有限公司
CN204374933U	触控显示装置	实新	福建省飞阳光电有限公司
CN200954682Y	液晶显示器用偏振膜的湿法拉伸生产设备	实新	福建省中科盛华光电子有限公司
CN205199828U	LCD 显示模块金属引脚点碳装置	实新	莆田市嘉辉光电有限公司
CN201984261U	一种具有背光组件的 LCD 显示屏	实新	莆田市超威电子科技有限公司
CN203117605U	一种液晶面板及玻璃基板和偏光板的连接结构	实新	莆田市嘉辉光电有限公司

续表

公开号	专利标题	类型	申请人
CN203124344U	一种液晶玻璃基板的清洗设备	实新	莆田市嘉辉光电有限公司
CN203259746U	一种黑底绿字液晶显示装置	实新	莆田市诺斯顿电子发展有限公司
CN207052229U	一种LED数字显示设备	实新	吴天文
CN108598004A	一种IGZO阵列基板的制备方法及IGZO阵列基板	发明	福建华佳彩有限公司
CN204203582U	触控显示模组及触控显示装置	实新	福建省飞阳光电有限公司
CN204203916U	保护盖板及触控面板	实新	福建省飞阳光电有限公司
CN204021577U	一种玻璃基板周转箱	实新	莆田新盈液晶科技有限公司
CN104317436A	一种触控显示模组	发明	福建省飞阳光电有限公司
CN204407333U	有机发光二极管显示面板及显示装置	实新	莆田市荔城区聚慧科技咨询有限公司
CN205210450U	LCD显示模块夹PIN装置	实新	莆田市嘉辉光电有限公司
CN202615085U	一种可控的具有背光组件的LCD显示屏	实新	莆田市超威电子科技有限公司
CN203117599U	一种LCD玻璃基板组件	实新	莆田市嘉辉光电有限公司
CN105425434A	LCD显示模块制造工艺	发明	莆田市嘉辉光电有限公司
CN104835456A	液晶显示器的LED背光扫描控制方法及装置	发明	蔡明雄
CN1804696A	液晶显示器用的偏振膜干法拉伸吸附专用溶液配方	发明	张建新
CN108269531A	OLED像素补偿电路	发明	福建华佳彩有限公司
CN207792084U	一种玻璃面板传送装置	实新	福建省港达玻璃制品有限公司
CN104096693A	液晶玻璃基板的清洗设备	发明	莆田市嘉辉光电有限公司
CN204021411U	一种玻璃基板周转箱	实新	莆田新盈液晶科技有限公司

续表

公开号	专利标题	类型	申请人
CN204087751U	一种液晶显示屏电检测装置	实新	莆田新盈液晶科技有限公司
CN104375723A	一种电容式触摸屏基板的着色方法	发明	福建省飞阳光电有限公司
CN204203915U	一种触控显示模组	实新	福建省飞阳光电有限公司
CN204097340U	一种玻璃基板压合夹具	实新	莆田新盈液晶科技有限公司
CN104317087A	触控显示模组及触控显示装置	发明	福建省飞阳光电有限公司
CN204374562U	触控显示装置	实新	福建省飞阳光电有限公司
CN204374932U	触控面板及触控显示装置	实新	福建省飞阳光电有限公司
CN205240318U	一种显示器包装结构	实新	祥恒（莆田）包装有限公司
CN205202410U	LCD显示模块反光片贴片机	实新	莆田市嘉辉光电有限公司
CN205670222U	一种TFT液晶面板	实新	莆田市佳宜电子有限公司
CN104570438A	一种内嵌式触控显示装置	发明	福建省飞阳光电有限公司
CN108493216A	一种TFT阵列基板、显示装置及TFT阵列基板的制备方法	发明	福建华佳彩有限公司
CN208156380U	一种像素排列结构、阵列基板、内嵌式触摸屏及显示装置	实新	福建华佳彩有限公司

4.4.5 产业结构定位

根据莆田市电子信息产业分析结果，在莆田市电子信息产业中，传统显示产业占据了很大的比重，新型显示产业基础相对薄弱。传统显示产业的主要企业类型和企业有计算器/电子表，新威电子、德信电子；黑白屏，嘉辉光电、新盈液晶、新威电子、德信电子；TN/STN偏光板，三利谱光电等。以上企业均有产业升级转型的迫切需求。

近年来，莆田市出台产业促进政策，加快招商引资的步伐，成功引入了华佳彩高新技术面板、砷化镓等具有国内先进水平的龙头项目建设，有望进一步带动新型显示产业发展。目前，莆田市新型显示产业链尚待进一步完善，现有企业均处于产业链中游的位置，产业链上游的玻璃基板、彩色滤光片等元器件暂时缺失。

在现阶段莆田市新型显示技术的专利技术统计中，相关专利主要集中在触控显示和 LCD 显示领域。基于本章对全球新型显示领域的技术路线、重要申请人的分析和中国新型显示技术专利布局结构可知，OLED 和柔性显示技术将成为下一步新型显示领域的热点发展方向。目前，莆田市在这些领域尚未布局相关专利。但依据莆田市新兴产业发展规划，莆田市将主要依托华佳彩的金属氧化物面板（IGZO）和 AMOLED 技术来进行新型显示产业的布局。因此，莆田市新型显示产业有望从传统显示产业中直接跨入新型显示前沿技术带动产业发展的模式中。

4.5 福建省重点企业分析

4.5.1 福建华佳彩有限公司

（1）企业发展现状

福建华佳彩有限公司是中国台湾华映科技的全资子公司，总投资 240 亿元，占地 2000 亩，分两期建设两条触控面板生产线，主要生产应用于高阶智能手机显示屏、平板显示屏、车载显示屏的薄膜晶体管、薄膜晶体管液晶显示器件、彩色滤光片玻璃基板、有机发光二极管（OLED），是莆田市目前投资额最大的高新技术产业项目。该项目于 2015 年动工建设，已建成全国第一条 6 代中小尺寸金属氧气物面板生产线。

目前产品主要有 5.5 英寸手机显示屏、5.7 英寸手机显示屏、平板显示屏。上游配套厂商有佳能、日产等设备、材料供应商；下游应用厂商有中兴、华为、VIVO 等手机、平板厂商。

产品主要竞争对手是夏普，生产核心技术拥有者为日本 JST、SEL、夏普。夏普和中电熊猫已经实现相关产品的量产。

莆田市"十三五"规划将重点支持华佳彩开发新世代技术，成为国内中小尺寸面板重要企业。将以华佳彩 IGZO 新世代面板项目为基础，推动其进行投产并达满产规划。进一步落实二期规划及建设，支持华佳彩发展 AMOLED 技术及投产，以抢占市场商机。进一步引进气体等配套厂商，并争取发展 AMOLED 设备（蒸镀设备、PI Curing、柔性屏封装设备）及有机材料。

企业创新能力。目前拥有研发人员 185 人，年研发费用 7300 万元；企业重点关注的技术方向为 IGZO、AMOLED 及柔性面板技术。2017 年 7 月 1 日，福建华佳彩有限公司举行新产品发布会，由华佳彩自主研发的金属氧化物 TFT＋内嵌式触控＋0.3t 玻璃直投的新产品成功量产，实现了面板行业金属氧化物自制技术世界第一、金属氧化物+FHD高阶产品世界第一、0.3t玻璃直投量产世界第一。

产业定位。显示屏良好的显示效果不仅与OLED器件的制作工艺有关，也依赖于合理的像素驱动电路设计。有源驱动有利于实现高分辨率、高信息容量显示。因此，许多像素电路均采取有源驱动方式。

薄膜晶体管（Thin Film Transistor，TFT）是有源驱动电路的重要组成元件，其电学特点对驱动电路至关重要。铟镓锌氧化物薄膜晶体管（IGZO-TFT）具有制作过程简单、开关电流比高、迁移率较大、大面积均匀性好等优点，符合高质量显示屏对于TFT的要求，是一种特性较好的新型薄膜晶体管，适合应用于多种驱动电路。

韩国三星电子在2008年成功研发出非晶氧化物TFT显示屏，采用InGaZnO TFT制备了12.1英寸的OLED显示屏，该显示屏使用玻璃作为衬底。2010年，三星又宣布了改进后的InGaZnO TFT的最新进展。同期，日本东芝也宣布成功开发了以非晶InGaZnO为沟道层材料的TFT，其可靠性为全球最高水平。

企业定位。在TFT显示领域中，华佳彩属于新进入型企业，目前沿处于起步阶段，但其投资规模大，依托华映的技术基础，佳彩的研发和生产能力都值得期待。

产品定位。目前产品主要有5.5英寸手机显示屏、5.7英寸手机显示屏、平板显示屏；自主研发的金属氧化物TFT+内嵌式触控+0.3t玻璃直投的新产品已量产，实现了面板行业金属氧化物自制技术世界第一、金属氧化物+FHD高阶产品世界第一、0.3t玻璃直投量产世界第一。

技术主题。通过到企业调研，最终确定企业专利导航的技术方向为IGZO TFT-OLED像素驱动电路（GOA）和补偿电路，导航目的为查找可能侵权的专利，为企业规避专利侵权风险提出预警。

（2）检索策略

针对华佳彩公司的主要技术，确定了以下检索策略。

关键词1：薄膜晶体管、TFT、铟镓锌氧化物、IGZO、像素电路、画素电路、画素补偿电路、驱动电路。

关键词2：thin film transistor、InGaZn oxide、pixel circuit、drive circuit、GOA、Gate driver on Array、GIP、Gate driver in Pannel。

IPC分类号：G09G3。

检索式1：TIABC=（（薄膜晶体管 or tft or（thin film transistor））and（（InGaZn oxide）or 铟镓锌氧化物 or IGZO））and IPC=（G09G3）。

检索式2：TIABC=（（薄膜晶体管 or tft or（thin film transistor））and（（InGaZn oxide）or 铟镓锌氧化物 or IGZO））and TIABC=（像素电路 or 画素电路 or 画素补偿电路 or 驱动电路 or（pixel circuit）or（drive circuit）or GOA or（Gate driver on Array） or GIP or （Gate driver in Pannel））。

检索式 3：TIABC=（（薄膜晶体管 or tft or（thin film transistor））and （（InGaZn oxide）or 铟镓锌氧化物 or IGZO））and TIABC=（像素电路 or 画素电路 or 画素补偿电路 or 驱动电路 or（pixel circuit）or（drive circuit）or GOA or（Gate driver on Array）or GIP or（Gate driver in Pannel））and IPC=（G09G3）。

检索结果：根据上述检索策略，并对检索结果进行筛选后，共检索到全球相关专利申请 154 件。其中，中国 82 件、美国 42 件、日本 13 件、韩国 8 件、世界知识产权组织 5 件。

查全率验证：根据上述检索策略共检出与 IGZO 薄膜晶体管像素驱动电路技术相关专利申请 244 件。其中，以夏普和 SHARP 作为申请人进行二次检索，得到申请专利 94 件。经过人工阅读、清理检索主题密切相关的专利申请 57 件。

同样，以夏普和 SHARP 为申请人入口，限定 IGZO 薄膜晶体管像素驱动电路领域，在 incoPat 中直接检索，获得专利 110 件。通过人工阅读、清理，得到与新型显示检索主题相关的专利申请 67 件。

故，查全率 =（57/67）× 100%=85.07%。

查准率验证：根据上述检索策略共检出与 IGZO 薄膜晶体管像素驱动电路技术相关专利申请 244 件。将申请时间限定为 2014 年，得到主题相关的专利申请 44 件，占全部专利申请总量的 18.03%。通过人工阅读、清理，得到与 IGZO 薄膜晶体管像素驱动电路技术检索主题相关的专利申请 31 件。

故，查准率 =（31/44）× 100%=70.45%。

（3）专利技术态势分析

①专利申请趋势

全球 IGZO-TFT 像素驱动电路技术共申请专利 154 件。其中，中国专利 82 件、美国 42 件、日本 13 件、韩国 8 件、世界知识产权组织 5 件。

从全球专利申请年度趋势来看，IGZO-TFT 像素驱动电路技术的专利申请于 2006 年首次出现，从 2006 年到 2009 年申请量较少，2010 年有小幅增长，2012 年开始进入快速增长，且申请量在随后几年里一直保持稳定。2011 年 11 月，夏普给铟镓锌氧化物半导体材料注册了"IGZO"商标，并与半导体能源研究所合作开发出 IGZO 液晶显示器，同时在 2012—2014 年提出大量专利申请；中国的华星光电于 2013 年开始提出 IGZO-TFT 像素驱动电路的专利申请，2014 年、2015 年申请量均近 20 件；友达光电于 2012 年有相关专利申请；京东方和昆山工研院新型平板显示技术中心有限公司均于 2015 年提出相关专利的申请（图 4.33、图 4.34）。

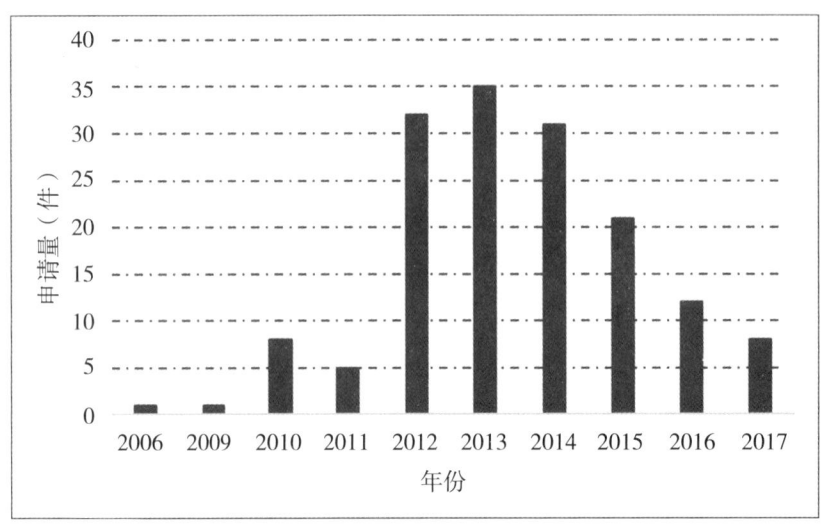

图 4.33 IGZO-TFT 像素驱动电路技术专利申请年度趋势

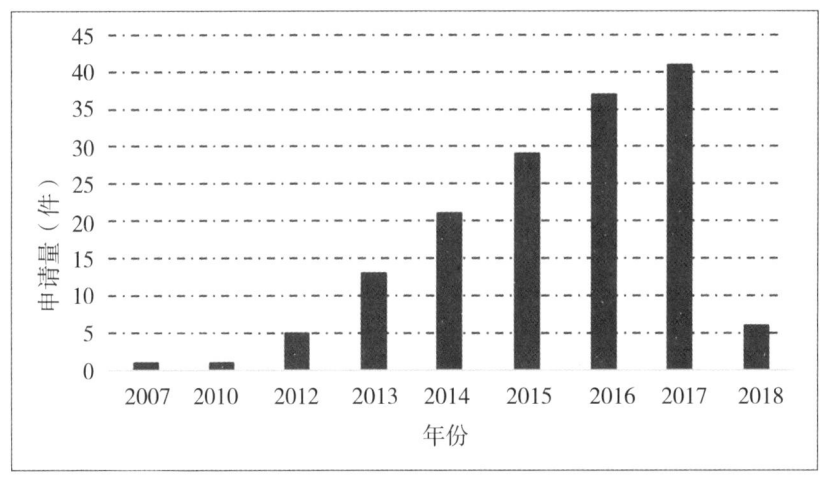

图 4.34 IGZO-TFT 像素驱动电路技术专利公开年度趋势

②专利类型构成分析

从表 4.3 及图 4.35 可见,IGZO-TFT 像素驱动电路技术以发明专利为主,实用新型仅有 1 条专利,因为该技术为电路设计,其技术范畴决定其专利类型归属。

表 4.3 IGZO-TFT 像素驱动电路技术专利公开类型

专利公开类型	专利数量(件)
发明申请	93
发明授权	60
实用新型	1

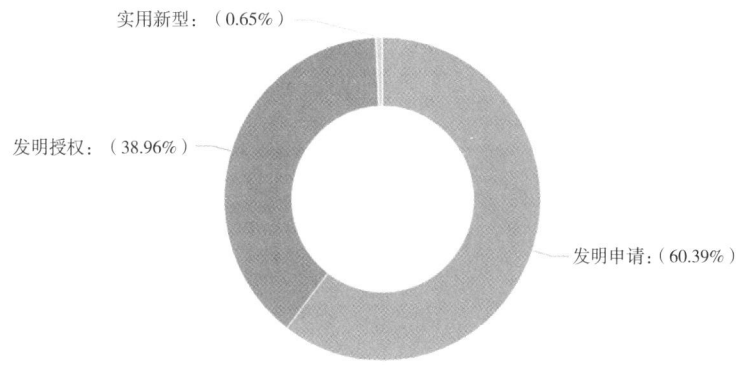

图 4.35　IGZO-TFT 像素驱动电路技术专利公开类型占比分析

③法律状态与有效性分析

中国专利的法律状态与有效性分析结果，权利终止的专利为广东中显科技有限公司申请的一项实用新型，因未缴交年费而终止失效。撤回失效的 6 件专利分别为富士胶片、广东中显、三星、夏普各 1 件，友达光电 2 件（表 4.4、图 4.36）。可见，IGZO-TFT 像素驱动电路技术专利的保持度非常高，说明专利持有人对该技术前景看好。

表 4.4　IGZO-TFT 像素驱动电路技术专利法律状态和有效性

当前法律状态	专利数量（件）	专利有效性	专利数量（件）
授权	62	有效	62
实质审查	13	审中	13
撤回	6	失效	7
权利终止	1	—	—

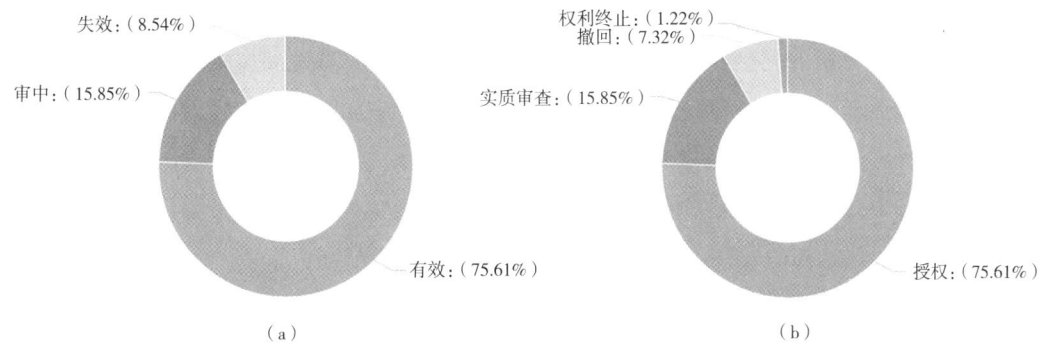

（a）有效性；（b）占比分析

图 4.36　IGZO-TFT 像素驱动电路技术专利法律状态

④全球分布

从专利全球地域分布来看，IGZO-TFT 像素驱动电路技术领域专利布局主要集中在中国、美国和日本，韩国以 8 件专利位居第四（图 4.37）。以 PCT 申请的专利有 5 件，分别为华星光电 4 件、INTEL 公司 1 件，可见华星光电为因应该技术的全球市场需求，相当注重其国际（或区域）布局。

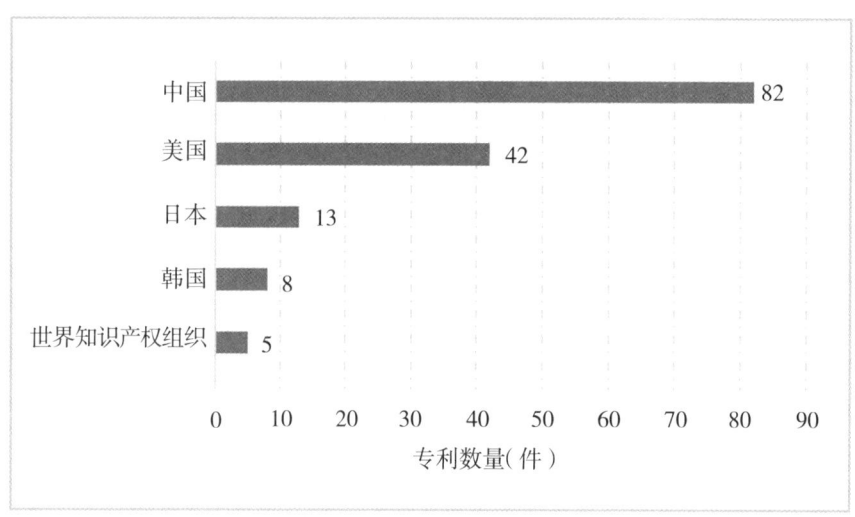

图 4.37 IGZO-TFT 像素驱动电路技术专利全球各地域申请量

⑤国内省市分布

从全国专利申请人的地域来看，IGZO-TFT 像素驱动电路技术领域专利申请人以广东为主，其次为台湾、江苏、北京，这四地的专利申请总量占比超过全国专利申请总量的 67%。全部 82 件国内申请的专利中，有 33 件为国外来华企业申请，其中夏普以 29 件独占鳌头；国内企业申请 49 件专利，华星光电拥有 26 件，占据第一位（图 4.38）。以上分析表明夏普和华星光电这两家公司对该技术的中国市场相当重视。

⑥竞争对手分析

竞争对手分析的目的是为了判断竞争对手的战略定位和发展方向，并在此基础上预测竞争对手未来的战略，估计竞争对手在实现可持续竞争优势方面的能力。通过竞争对手分析可以了解竞争对手的专利申请趋势、布局、技术分布、研发团队等情况。主要竞争对手分析是在分析样本数据库中按专利申请人或权利人的申请量和授权量进行统计和排序，进而研究相关技术领域中活跃的企事业单位和个人。

本章主要竞争对手的识别与确定主要通过两个途径：一是通过市场和专利数据分析得到的主要竞争者，比如该领域专利申请量排名靠前的企业，或者专利申请量较多，且与华佳彩有限公司在产品开发上具有直接竞争关系的企业；另外一个是企业根据自身研发方向，认定与自身技术重合度高的竞争对手。

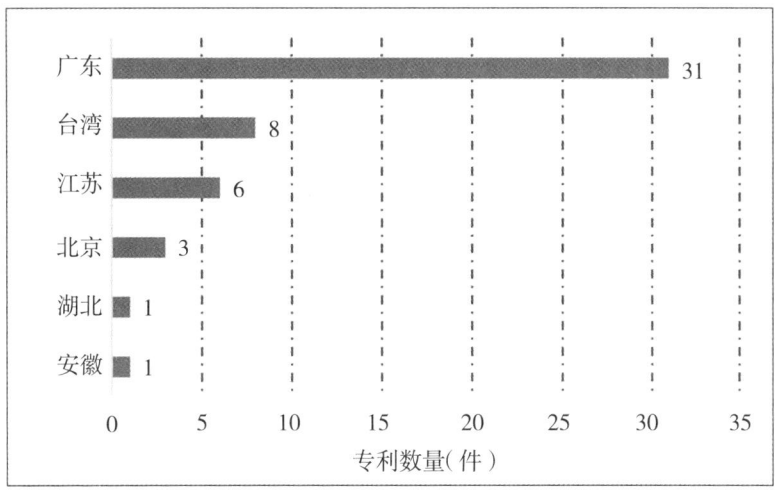

图 4.38　IGZO-TFT 像素驱动电路技术专利申请量国内省市排名

通过对 IGZO-TFT 像素驱动电路技术领域主要专利申请人的分析，结合企业认定的主要竞争对手，拟选取夏普股份有限公司、华星光电技术有限公司、友达光电股份有限公司、京东方科技集团有限公司四家企业作为主要竞争对手分析对象，昆山工研院新型平板显示技术中心有限公司作为企业认定的与其技术重合度高的竞争对手，将对其发展概况和相关技术专利布局现状进行分析。

文中要对一些申请人的表述进行约定（合并），一是为了方便申请人的统计，将一些公司不同的表达方式统一，不同子公司的专利申请进行合并，保证统计结果的客观性；二是为了在作图和制表时避免专利申请人的名称过长，需要对一些专利申请人的名称进行简化。表 4.5 是出现频率较多的部分专利申请人的名称合并。

表 4.5　IGZO-TFT 像素驱动电路技术专利申请人合并处理

合并后申请人名称	合并申请人	合并后申请人名称	合并申请人
夏普	夏普株式会社	华星光电	深圳市华星光电半导体显示技术有限公司
	夏普股份有限公司		深圳市华星光电技术有限公司
	Sharp Kabushiki Kai sha		Shenzhen China Star Optoelectronics Technology Co., Ltd.
	SHARP CORP		
	SHARP KK		
	Sharp5049		SHENZHEN CHINA STAR OPTOELECT
	シャープ株式会社		

续表

合并后申请人名称	合并申请人	合并后申请人名称	合并申请人
三星	三星 SDI 株式会社	京东方	合肥京东方光电科技有限公司
	Samsung Display Co., Ltd.		京东方科技集团股份有限公司

所有申请人的专利申请量统计数据表明：夏普和华星光电分别以67件和49件远远超越其他申请人，傲居第一、二位；友达光电和京东方分别以6件和4件专利居第三、四位；其他申请人的专利申请量均等于或少于3件（表4.6、图4.39）。这说明IGZO-TFT像素驱动电路技术集中度非常高。

表4.6 IGZO-TFT像素驱动电路技术专利申请人分析

申请人	国别	申请量（件）	申请人	国别	申请量（件）
夏普	日本	67	群康科技（深圳）有限公司；奇美电子股份有限公司	中国	2
华星光电	中国	49	Intel Corporation	美国	2
友达光电	中国	6	北京大学深圳研究生院	中国	2
京东方	中国	4	南京中电熊猫	中国	1
昆山工研院新型平板显示技术中心有限公司；昆山国显光电有限公司	中国	3	富士胶片株式会社	日本	1
HITACHI MAXELL	日本	3	娜我比可隆株式会社	韩国	1
三星	韩国	3	BOSCH GMBH ROBERT	日本	1
昆山龙腾光电有限公司 北京大学深圳研究生院	中国	2	HannStar Display (Nanjing) Corporation; HannStar Display Corporation	中国	1

续表

申请人	国别	申请量（件）	申请人	国别	申请量（件）
广东中显科技有限公司	中国	2	TAKAHASHI YOSHIHISA; IWASE YASUAKI	日本	1
宏达国际电子股份有限公司	中国	2	INNOLUX CORPORATION	中国	1

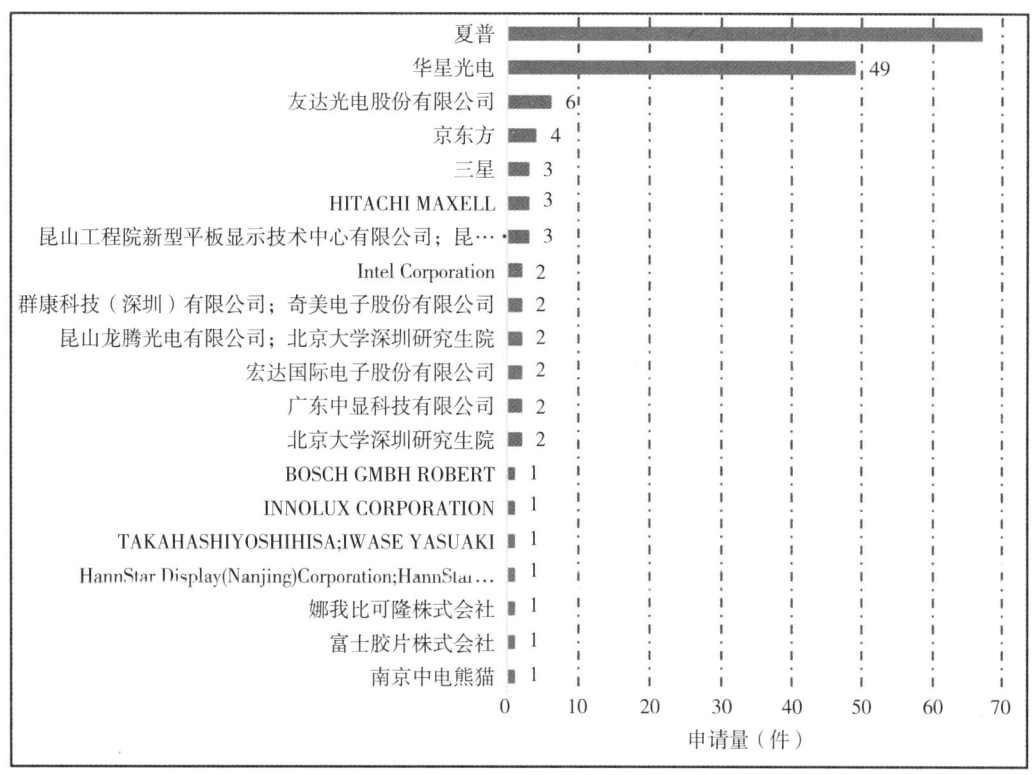

图 4.39　IGZO-TFT 像素驱动电路技术专利申请人分析

根据上述分析结果，将专利申请量大于 3 件的申请人认定为主要竞争对手。

夏普 2010 年首次提出 IGZO-TFT 像素驱动电路技术的专利申请，2012—2014 年每年专利申请量都在 15 件以上，总申请量为 67 件，其中只有 1 件专利因撤回而失效，其余专利均有效；夏普申请的专利中，中国专利 29 件、美国专利 26 项，韩国、日本专利各 4 件，说明夏普相当重视 IGZO-TFT 像素驱动电路技术在中国和美国的市场。

华星光电 2013 年首次提出 IGZO-TFT 像素驱动电路技术的专利申请，2014 年申请专利20件，2015年15件、2016年6件、2017年6件，其中中国专利26件、美国专利10件、日本专利5件、韩国专利4件、世界知识产权组织专利5件。

友达光电2012年进入该领域，提出4项专利申请；京东方和昆山工研院均是2015年进入该领域，随后每年均有专利申请，但仅京东方已获得1项授权，其他申请仍处于实质审查状态；日立（HITACHI）于2012—2013年在日本共提出3项专利申请，其中1项获得授权；三星早在2006年在中国提出过1项申请，但以撤回失效告终，2014在美国提出2项专利申请，但只有1项获得授权。

从以上基础数据分析可知，夏普和华星光电均对IGZO-TFT像素驱动电路技术进行了持续有成效的研发，且对该技术进行了合理的专利布局；京东方和昆山工研院是新进入该技术领域。

a. 夏普

夏普公司是一家日本电器及电子公司，于1912年由创始人早川德次创立，总公司设于日本大阪。夏普公司自创立以来，开展的业务从收音机、太阳能电池，再到液晶显示器，相继推出了多个"日本首次""世界首次"的产品。目前，夏普已在世界26个国家、64个地区开展业务，是一个大型的综合性电子信息公司。夏普在中国已有1家地区总部、6家生产基地、5家销售公司、2家研发中心，包括出口在内中国总事业规模达到近千亿元，正式员工逾万人。

夏普自1999年在TFT技术领域共申请专利6451件，自2009年在IGZO-TFT技术领域共申请专利391件，申请趋势详见图4.40。

IGZO-TFT技术的中国专利100件、美国专利185件、韩国专利51件、日本专利12件、世界知识产权组织专利7件。其技术细分领域专利申请量分析见图4.41，可以看出夏普公司的研发技术领域很广，重心在控光器件或装置（G02F）、静态显示控制装置或电路（G09G）、半导体器件（H01L）。

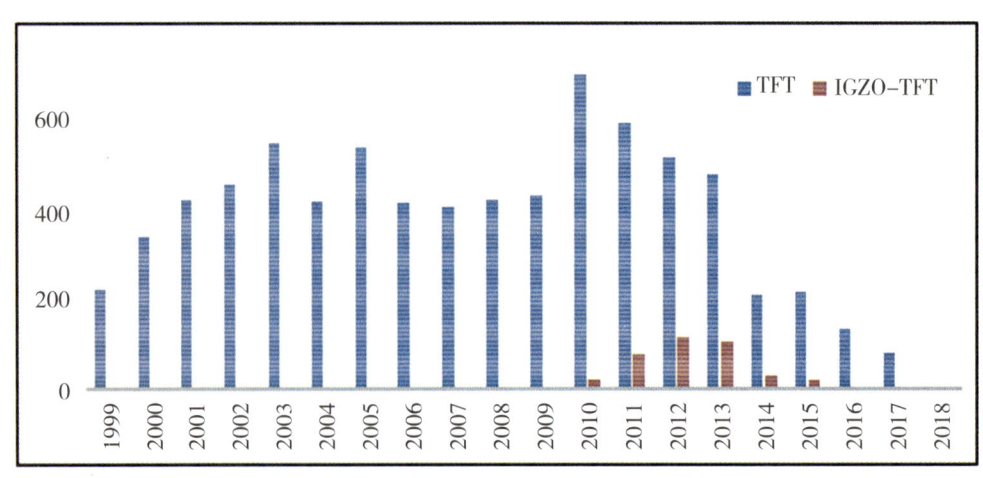

图4.40　夏普公司TFT、IGZO-TFT技术领域专利年度申请量

技术领域	专利申请量	技术细分领域	专利量
IGZO-TFT	391	G02F(控光器件或装置)	207
		G09G(静态显示控制装置或电路)	189
		H01L(半导体器件)	180
		G06F(电数字数据处理)	42
		G09F(显示/广告/标记/标签或铭牌/印鉴)	26
		G11C(静态存储器)	19
		H05B(电热/其他类目不包含的电照明)	8
		C23C(金属材料镀覆/表面处理)	6
		H03K(脉冲技术)	6
		H04N(图像通信)	5
		G02B(光学元件/系统/仪器)	2

图 4.41 夏普公司 IGZO-TFT 技术及其细分领域专利申请量

b. 昆山工研院

昆山工研院新型平板显示技术中心有限公司于 2009 年 9 月 28 日成立，注册资金 30000 万元，经营范围包括新型平板显示技术的研发、科技成果的转化和销售等。

公司自 2010 年在 TFT 技术领域共申请专利 256 件（其中中国专利 230 件、世界知识产权组织专利 12 件）；自 2012 年在 IGZO-TFT 技术领域共申请中国专利 21 件，年度申请趋势见图 4.42。可见，该公司在 TFT 技术领域属于新入型小公司。从专利技术细分领域分布可知，该公司目前仅关注半导体器件（H01L）和静态显示控制装置或电路（G09G），见图 4.43。

图 4.42 昆山工研院 TFT、IGZO-TFT 技术领域专利年度申请量

技术领域	专利申请量	细分技术领域	专利数量
IGZO-TFT	21	H01L(半导体器件)	18
		G09G(静态显示控制装置或电路)	5

图 4.43　昆山工研院 IGZO-TFT 技术及其细分领域专利申请量

4.5.2　福建省飞阳光电有限公司

(1) 企业发展概况

福建省飞阳光电有限公司位于莆田市江口镇飞天实业工业园，成立于 2012 年 8 月，注册资金人民币 1000 万元，总投资超过 8000 万元，厂房面积 6000 多平方米，并拥有净化厂房 4000 多平方米，现有员工 100 余人，其中大专以上文化程度的专业技术人员 30 余人。

①产品结构

飞阳光电主要生产电容式触摸屏和触摸屏 Sensor［包括 DITO（Double ITO）和 SITO（单层氧化铟锡，Single ITO）及单面 ITO-Sensor］，每月生产能力达 100 万片。产品主要应用在车载电子、平板、手机、医疗电子、智能家居等领域（表 4.7）。得益于电容式触摸屏在消费类电子领域的广泛应用，飞阳光电正处于快速发展期。同时，飞阳光电还突破原有的市场定位，不断加大对车载、金融、医疗、家电、PC 端等应用新领域和新客户的开发力度，将供销链由过去的中低端小厂商向高端客户群延伸，已成功与奔驰、通用、美的等多家企业巨头配套厂商建立了合作关系。

表 4.7　企业产品线及相应技术工艺

主要产品分类	产品主要型号	涉及工艺	涉及技术
汽车电子产品	9 寸、10.1 寸、11.6 寸电容屏	Sensor 工艺、镀膜工艺、丝印工艺、胶贴工艺、黄光工艺、激光工艺、双面 ITO 等制造工艺	电子纸显示技术、OGS、内嵌式触控显示技术
工业触控电脑	9 寸、10.4 寸、15 寸、17 寸、21.5 寸电容屏		
金融产品	银行 15.6 寸电容屏、POS 机 8 寸电容屏		
手机、显示产品	学习机、平板、手机		
智能家居	—		

②企业创新能力

飞阳光电拥有专职研发人员 10 人，年研发费用约 150 万元。2013 年，飞阳光电淘汰传统的银浆工艺技术，开发出全新的镍金工艺，并于2013年8月设立了国内第一条镍金工艺自动化生产线，成为国内首家将镍金工艺运用于触摸屏领域的企业，填补了该领域空白。2015年2月，飞阳光电通过了ISO认证，并进军车载高端产品市场，成功转型；2015年3月，公司镍金工艺实现重大改良，成为全球第一家实现镍金工艺量产的企业，生产的触控产品运用到车载、金融等高端领域，并获得了国家高新技术企业证书。

③专利布局能力

在镍金工艺改良期间，飞阳光电自主研发出一种快速检测触摸屏接口的测试台和触摸屏切割平台，并围绕该平台申请专利20多件，体现了良好的专利布局意识（表4.8）。但在调研中也发现，飞阳光电共有8件专利权利终止，2件专利驳回，失效专利10件，占比30.7%。其中有4件专利于2014年从沈阳创达技术交易市场有限公司、成都世旗电子科技有限公司受让，但均因知识产权管理人员变动，没有及时续费的原因导致专利权终止失效；2件专利是因为发明专利申请公布后的视为撤回（申请人进入实审程序，但申请人从申请日起满三年还未提出实审请求申请被驳回）（CN104570438A、CN201410477427.0），说明其专利管理能力有待进一步提升，整体上企业的专利保护现状欠佳。

表4.8 飞阳公司专利情况

专利名称	申请日	当前法律状态	专利类型	是否转让	转让人
一种在ITO表面进行化学镀铜镍合金的方法	2017/10/9	实质审查	发明申请	否	—
一种内嵌式触控显示装置	2014/9/8	撤回	发明申请	否	—
一种在电容式触摸屏表面进行化学镀镍的方法	2014/9/9	授权	发明授权	否	—
一种电容式触摸屏基板的着色方法	2014/9/17	授权	发明授权	否	—
触控显示模组及触控显示装置	2014/9/18	撤回	发明申请	否	—
一种触控显示模组	2014/9/17	授权	发明授权	否	—
保护盖板及触控面板	2014/9/18	实质审查	发明申请	否	—

续表

专利名称	申请日	当前法律状态	专利类型	是否转让	转让人
用于切割触摸屏保护膜的刀具组件	2013/10/30	授权	发明授权	否	—
一种液晶玻璃涂膜装置	2017/8/31	授权	实用新型	否	—
一种车用显示屏	2014/12/28	授权	实用新型	否	—
触控显示装置	2015/1/7	授权	实用新型	否	—
一种车用墨水屏	2014/12/29	授权	实用新型	否	—
触控显示装置	2015/1/7	授权	实用新型	否	—
触控面板及触控显示装置	2015/1/6	授权	实用新型	否	—
触控面板及触控显示装置	2015/1/7	授权	实用新型	否	—
触控显示装置	2015/4/1	授权	实用新型	否	—
一种触控显示模组	2014/9/17	权利终止	实用新型	否	—
保护盖板及触控面板	2014/9/18	权利终止	实用新型	否	—
一种电容式触控屏基板及电容式触控屏	2014/9/17	权利终止	实用新型	否	—
触控显示模组及触控显示装置	2014/9/18	权利终止	实用新型	否	—
触摸屏切割平台	2013/10/30	授权	实用新型	否	—
一种快速检测触摸屏接口的测试台	2013/9/18	授权	实用新型	否	—

续表

专利名称	申请日	当前法律状态	专利类型	是否转让	转让人
触摸式声音报警器电路	2013/3/22	权利终止	实用新型	是	成都世旗电子科技有限公司
一种触摸屏触点反馈装置	2012/11/29	权利终止	实用新型	是	沈阳信达信息科技有限公司
一种 LCD 显示输出电路	2012/11/8	权利终止	实用新型	是	沈阳创达技术交易市场有限公司
一种抗干扰液晶显示器	2012/10/30	权利终止	实用新型	是	沈阳创达技术交易市场有限公司

④产业定位

2007 年以前，触摸屏市场主要以电阻屏为主。2007 年，随着苹果公司推出搭载电容屏的第一款 iPhone，正式拉开了智能手机电容屏时代的序幕。相比于电阻屏，电容屏支持多点触控的操作方式，在灵敏度、透光率等方面也更具优势，目前在 3C 领域电容屏已经基本取代电阻屏，成为智能手机、平板电脑等 3C 产品的标准配置，而电阻屏的市场目前主要集中在工控面板、车载触摸屏等领域。

目前，电容式触摸屏的感应器技术架构主要分为外挂式（Out-cell）、内嵌式（In-cell）、表嵌式（On-cell）三种类型。其中，Out-cell 通过贴合与显示屏成为一体，主要有 G+G、G+F 和 OGS 三种技术，主要差别在于 ITO（氧化铟锡）镀层载体和层数的不同以及触控感应器所在位置的不同。该方案主要由触控厂商主导，根据基板材料的不同又可分为薄膜外挂式和玻璃外挂式。而 In-cell 和 On-cell 则是分别制作于显示屏的内部和表面，此两种方案主要由面板厂商生产。苹果自 iPhone 5S 起采用 In-cell 触控。2015 年，苹果在 iPhone 6S 导入压力触控，采用 Out-cell 触控。

近两年，In-cell、On-cell 技术日益成熟，市场渗透率逐渐攀升。2017 年，在 TDDI（触控和显示驱动器整合，Touch with Display Driver Integration）芯片产品到位、面板厂加速导入的带动下，In-cell 触控面板占整体智能手机市场的比重攀升至 29.6%，是当前最重要的触控面板技术之一。

⑤企业定位

在触摸屏领域，飞阳光电以电容式触摸屏和触摸屏 Sensor 的生产制造为主，规模较小，属于跟随型企业，目前正处于快速发展期。

⑥产品定位

飞阳光电主要关注技术为 In-cell 触控技术，重点关注其中的镀膜工艺和电路蚀刻工艺，希望通过专利导航为企业专利布局或专利运营工作提供建议。In-cell 触控技术是当前触控领域的主流产品之一，技术趋于成熟。

In-cell 触控系统的组成结构如图 4.44 所示。

图 4.44　In-cell 触控技术结构示意图

(2) 检索策略

针对所分析的技术领域，确定了以下检索策略。

关键词 1：In cell、In-cell、Incell、触摸、触控。

关键词 2：Touch、Display、Screen、Panel、Device。

IPC 分类号：G06F3/044、G06F3/047、G06F3/046、G06F3/045、G06F3/043、G06F3/042、G06F3/041、G06F3/03、G06F3/01、G06F3/033、G06F3/0354、G06F3/048、G06F3/0487、G06F3/0488、G02F1/1333、G06F1/16。

检索式 1：TIAB=（（"In cell" OR "In-cell" OR Incell）AND（触摸 OR 触控））。

检索式 2：（TIAB=（（触摸 OR 触控）AND（内嵌式 OR 嵌入式）））AND（IPC=（G06F3/044 OR G06F3/047 OR G06F3/046 OR G06F3/045 OR G06F3/043 OR G06F3/042 OR G06F3/041 OR G06F3/03 OR G06F3/01 OR G06F3/033 OR G06F3/0354 OR G06F3/048 OR G06F3/0487 OR G06F3/0488 OR G02F1/1333 OR G06F1/16））。

检索式 3：TIAB=（（"In cell" OR "In-cell" OR Incell）AND（Touch AND（Display OR Screen OR Panel OR Device）））。

查全率验证：根据上述检索策略共检出与 In-cell 触控技术相关专利申请 1929 件。其中，以 BOE TECHNOLOGY GROUP CO LTD 和京东方科技集团股份有限公司作为申请人进行二次检索，得到申请专利 514 件。经过人工阅读、清理检索主题密切相关的专利申请 505 件。

同样，以 BOE TECHNOLOGY GROUP CO LTD 和京东方科技集团股份有限公司为申请人入口，限定触控或触摸屏领域，在 incoPat 中直接检索，获得专利 4249 件。通过人工阅读、清理，得到与新型显示检索主题相关的专利申请 567 件。

故，查全率=（505/567）×100%=89.06%。

查准率验证：根据上述检索策略共检出与 In-cell 触控技术相关专利申请 1929 件。将申请时间限定为 2016 年，得到主题相关的专利申请 312 件，占全部专利申请总量的 16.19%。通过人工阅读、清理，得到与 In-cell 触控技术检索主题相关的专利申请 293 件。

故，查准率 =（293/312）× 100%=93.91%。

（3）专利技术态势分析

①专利申请趋势

截止至检索日，全球共申请 In-cell 触控技术专利 1929 件，其中中国专利 716 件。中国发明专利 550 件，实用新型专利 166 件。

In-cell 触控技术专利申请量从 2001 年开始，到 2007 年，专利申请数量均不大，大致呈现在一定范围内小幅度波动的状态；从 2008 年到 2011 年，专利申请数量相较前一阶段有了明显提升，专利申请量呈以微小幅度增长趋势；从 2012 年开始，专利申请量开始较上一阶段以较大幅度增加，在 2014 年有微小的波动后，到 2015 年专利申请量达到最大值。2012 年，苹果公司发布了使用 In-cell 触控技术的 iPhone 5。一方面宣布了 In-cell 触控技术已解决量产问题；另一方面，iPhone 5 所提供的优越的显示性能与触控体验使得 In-cell 触控技术成为研究的热点，各大面板厂商加大投入，纷纷布局 In-cell 触控技术，力求在市场竞争中占得先机。因此，在 2012 年后，In-cell 触控技术领域的专利申请量呈井喷之势。由于 In-cell 触控技术的技术门槛很高，面板薄型化的其他技术 OGS、On-cell 得到发展，传统的触摸屏厂商因为不具备显示面板生产能力而主推 OGS 技术，而智能终端的另一巨头三星采用 On-cell 触控技术。因此，2014 年，In-cell 触控技术申请量略有波动；而配备 In-cell 屏幕的智能终端市场表现良好。2015 年，In-cell 触控技术申请量重回增长态势（图 4.45）。

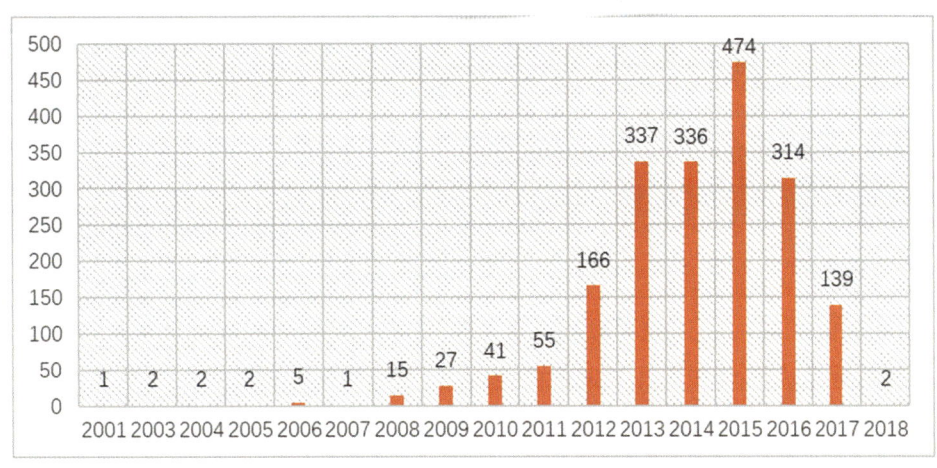

图 4.45 In-cell 专利申请年度趋势

②地域分布

从专利申请来源地来看，申请量最大的依次是中国、韩国、中国台湾、日本和美国（图4.46）。2012年后，中国大陆面板业者京东方及天马亦布局相关In-cell触控技术，专利申请量呈爆发式增长。目前，中国已成为全球最重要的In-cell触摸屏技术研发区域之一，以中国为专利申请来源地的专利有1151件，占比59.6%；日本、韩国作为全球液晶面板主要供应地具有强大的研发能力，目前In-cell触控屏的主要供应商夏普、JDI、LG、三星等均已在In-cell触控技术方面作好了专利布局并形成了产业优势；而中国台湾地区友达、鸿海科技等多家液晶面板供应商，其通过为智能终端厂商如苹果供货或代工，有了一定的技术积累，并且在In-cell触控技术方面有所布局，申请专利248件，占到全球专利申请量的19.1%。

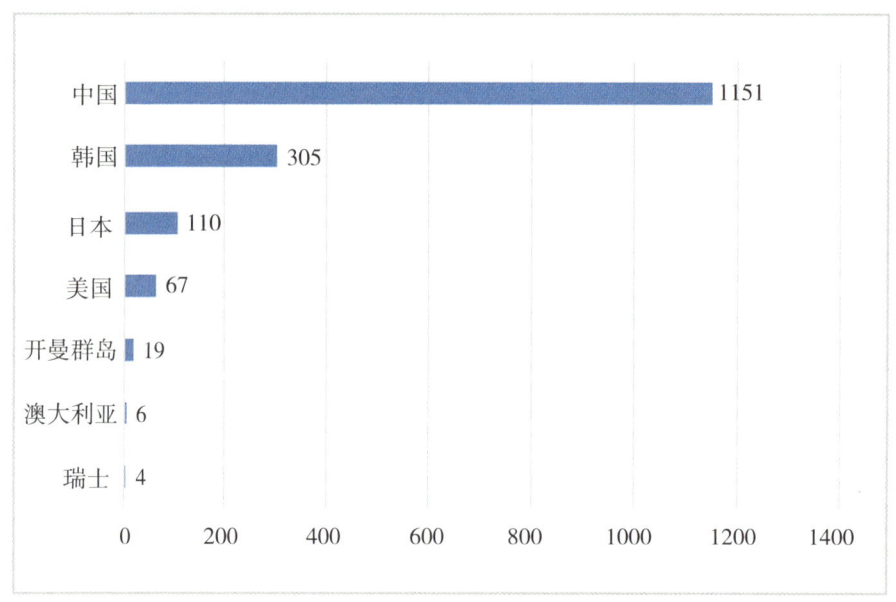

图4.46 In-cell专利申请来源地分布

从国内来看，北京地区的专利申请量领先全国，有着绝对的优势，占总量的33.3%。北京拥有国内显示技术行业的主要生产厂家，如北京京东方显示技术有限公司，京东方是中国大陆完整掌握TFT-LCD核心技术的显示领域领军企业，主要从事显示器和液晶电视用TFT-LCD显示屏、模组及相关产品的研发、设计、生产，技术力量雄厚，申请大量专利。排名2—5位的是广东、湖北、上海和江苏，专利量和北京相比，有较大差距。总体来说，国内除北京以外，其他地区专利申请量较平均。

③**专利类型及法律状态构成**

本章中，专利类型及专利法律状态仅针对中国专利。中国716件In-cell专利中，发明专利550件，其中已授权224件；实用新型专利166件。从专利的构成可以看出，有效专利362件，占50.5%；审中专利279件，占38.9%；无效专利76件，占10.6%（表4.9、图4.47）。由于国内专利该领域专利申请集中在近几年，因此处在实质审查阶段的发明专利较多，占发明专利总量的50.7%。预计在未来2—3年内，将会有一定量的发明专利被授权。

▎表4.9　国内In-cell专利法律状态分布表

专利类型/法律状态	有权（件）	审中（件）	失效（件）
发明专利	224	279	47
实用新型	138	—	28

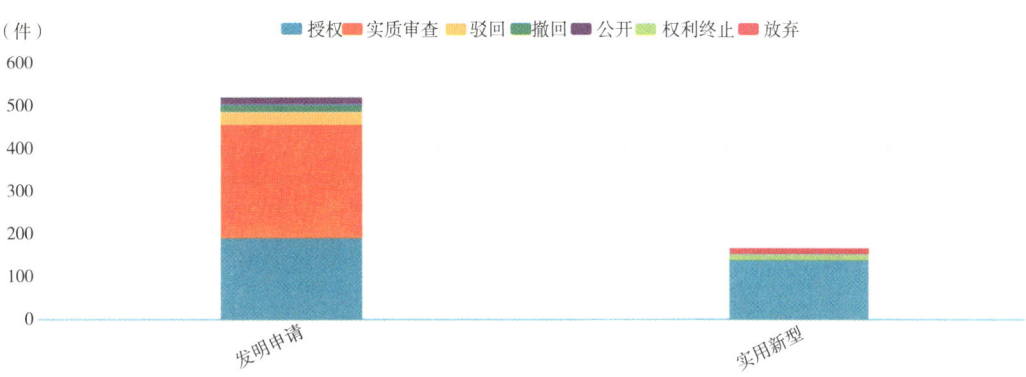

图4.47　国内In-cell专利法律状态分布图

④主要申请人排名

文中，要对一些申请人的表述进行约定（合并），一是为了方便申请人的统计，将一些公司的不同子公司的专利申请进行合并，保证统计结果的客观性；二是为了在作图和制表时避免专利申请人的名称过长，需要对一些专利申请人的名称进行简化。表4.10是出现频率较多的部分专利申请人的名称合并。

▎表4.10　申请人名称合并

合并后申请人名称	合并申请人	合并后申请人名称	合并申请人
京东方科技集团股份有限公司	BEIJING BOE OPTOELECTRONICS TECHNOLOGY Co., Ltd. BOE TECHNOLOGY GROUP Co., Ltd. Hefei BOE Optoelectronics Technology Co.,Ltd. BOE TECHNOLOGY GROUP Co.,Ltd. BEIJING BOE DISPLAY TECHNOLOGY Co.,Ltd.	三星集团	SAMSUNG DISPLAY Co.,Ltd. Samsung Mobile Display Co.,Ltd. SAMSUNG DISPLAY DEVICE Co.,Ltd. SAMSUNG ELECTRONICS Co.,Ltd.

续表

合并后申请人名称	合并申请人	合并后申请人名称	合并申请人
京东方科技集团股份有限公司	Beijing BOE Optoelectronics Technology Co.,Ltd.	LG	LG DISPLAY Co.,Ltd.
	Chengdu BOE Optoelectronics Technology Co.,Ltd.		LG 显示器股份有限公司
	北京京东方显示技术有限公司		乐金显示科技股份有限公司
	北京京东方光电科技有限公司		乐金显示有限公司
	京东方科技集团股份有限公司		韩国 LG 显示器股份有限公司
	鄂尔多斯市源盛光电有限责任公司	夏普股份有限公司	SHARP CORP
	合肥京东方光电科技有限公司		SHARP KABUSHIKI KAISHA
	合肥鑫晟光电科技有限公司		夏普株式会社
	重庆京东方光电科技有限公司		夏普股份有限公司
	成都京东方光电科技有限公司	中华映管股份有限公司	Chunghwa Picture Tubes Ltd.
天马微电子股份有限公司	上海天马微电子有限公司		福建华映显示科技有限公司
	天马微电子股份有限公司		中华映管股份有限公司
	上海中航光电子有限公司		华映光电股份有限公司
	厦门天马微电子有限公司		华映视讯（吴江）有限公司
	Shanghai Tianma Micro Electronics Co.,Ltd.	速博思股份有限公司	速博思股份有限公司
			SuperC Touch Corporation
	Tianma Micro Electronics Co.,Ltd.	敦泰电子股份有限公司	敦泰电子股份有限公司
华星光电	武汉华星光电技术有限公司		旭曜科技股份有限公司
	武汉华星光电半导体显示技术有限公司		
	深圳市华星光电技术有限公司		
鸿海科技	鸿富锦精密工业（深圳）有限公司	明基友达	瑞鼎科技股份有限公司
	鸿海精密工业股份有限公司		友达光电股份有限公司
	奇美电子股份有限公司		AU Optronics Corp

续表

合并后申请人名称	合并申请人	合并后申请人名称	合并申请人
鸿海科技	群创光电股份有限公司 CHIMEI INNOLUX CORPORATION HON HAI PRECISION INDUSTRY Co., Ltd. InnoLux Corporation	华东科技	南京华东电子信息科技股份有限公司 南京中电熊猫液晶显示科技有限公司

In-cell 触控技术专利的主要申请人集中在日本、韩国、美国、中国，申请量排名靠前的厂商有京东方、LG、华星光电、天马微电子、友达、速博思、苹果、三星等（图 4.48）。In-cell 触控技术专利申请人全部为企业，没有一家科研单位，说明 In-cell 触控技术的产业应用程度较高。

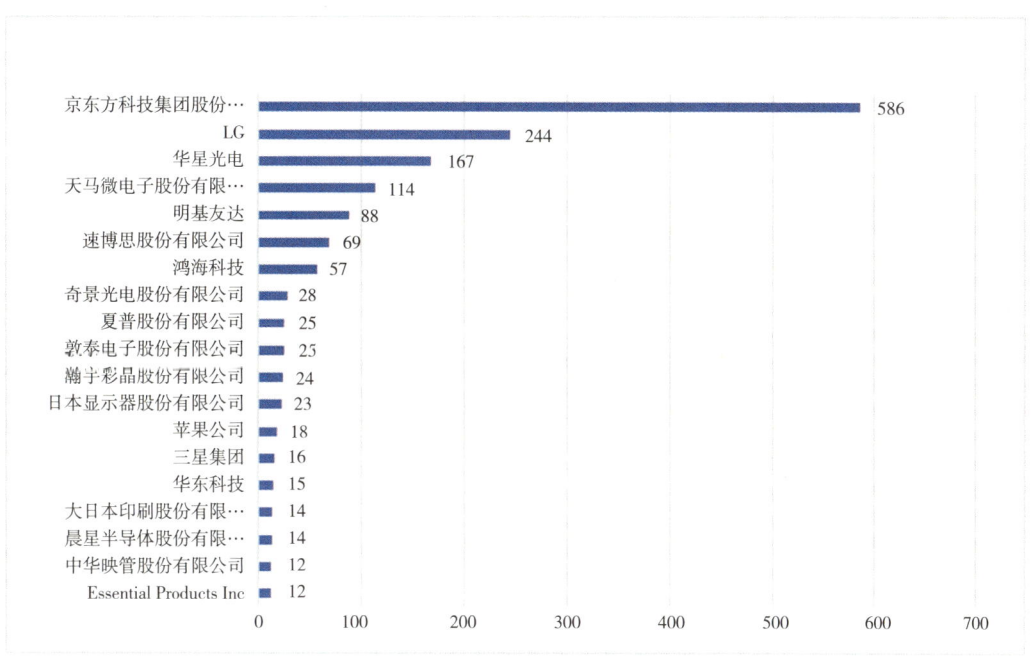

图 4.48　In-cell 专利申请人分布情况

In-cell 触控技术的早期申请，尤其是核心专利，大多数掌握在国外申请人，如夏普、LG、三星、苹果、日本显示手中，国外申请人已经在 In-cell 触控技术方面形成良好的专利布局。LG 集团，专利申请量 244 件，排名第 2。

国内申请人在 In-cell 触控技术领域的申请比较分散，并且每个公司的申请量差异较大。京东方、华星光电、天马微电子以及我国台湾地区的友达、瀚宇彩晶占据了大量的专利申请量，而其他公司的专利申请量明显较少。京东方、天马微电子等液晶显示面板供应商则在 In-cell 触控技术领域进行了较多的投入，在申请量上达到了一定的规模。京东方以申请专利 586 件占据榜首，遥遥领先其他申请人。同时，国内申请专利大都在 2012 年以后，虽然数量上形成一定的体量，但有一大部分是实用新型，且面临着国外申请人的"专利壁垒"，目前仍处于追赶态势。国内企业的专利申请量虽然很多，但在全球专利申请还较少，尤其是核心专利的数量离世界一流企业仍有很大差距，国内企业应高度重视技术研发，充分激发研究人员的创新能力，研究出高水平的触控技术，同时还要提高专利保护的意识，通过专利申请来保证和提升在 In-cell 触控技术领域的竞争力。

⑤技术生命周期分析

从图 4.49 可以看出，2007 年以前，无论是专利申请量还是申请人数量都在 10 以下；从 2012 年开始，In-cell 专利申请量和申请人数一直增加，呈现快速增长趋势。可以看出目前 In-cell 触控技术正处于成长期，触控技术市场不断扩大，介入的企业增多，专利申请量和专利申请人数量急剧上升。

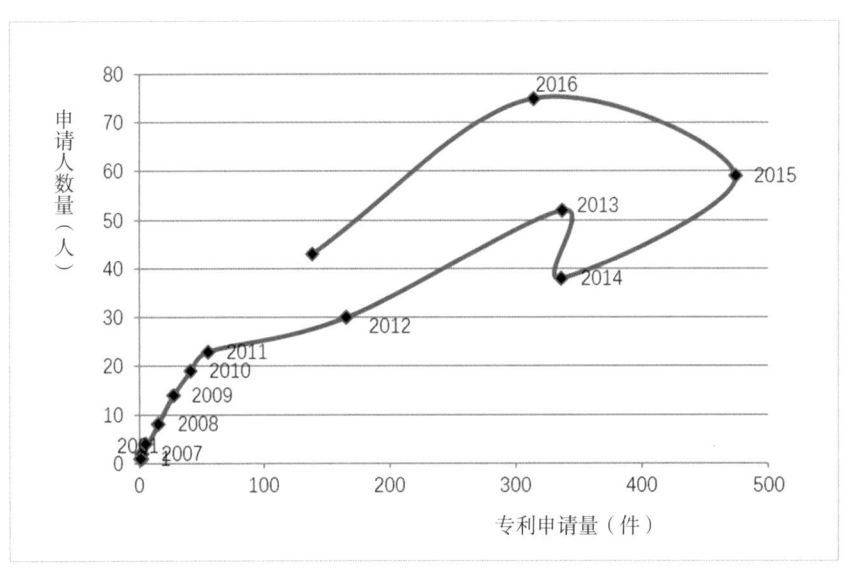

图 4.49 In-cell 专利技术生命周期图

⑥技术总体构成分析

根据相关技术背景和专利技术情况，以及 In-cell 触控技术的功能类型和工艺过程，对专利申请相对较多的主要相关技术做出如下技术分解。

In-cell 触控技术主要包括工艺、结构、驱动和测试。

为了了解 In-cell 触控技术上述各技术分支的专利技术申请现状和发展趋势，文中对上述各技术分支申请的专利进行整理分析，以期揭示在市场上各申请人对电路板制造领域内各特定技术的投入和关注程度，分析相关技术领域的领先者及竞争对手的专利研发活动和研发能力及行业技术创新热点，为企业辨识有关合作伙伴、收购方、协作方以及战略联盟等提供参考。

In-cell 触控层膜层工艺：该工艺是在彩色滤波片的背面玻璃与偏光板之间增加一层关键的触控层，在彩色滤波片（简称 CF）背面玻璃上作业。按照制程顺序会涉及镀膜制程、黄光制程（涂布光阻、图形曝光、光阻显影）、线路蚀刻、去除光阻剥离这几项主要工艺。

触控面板结构：降低屏幕厚度是 In-cell 触控厂商一直追求的目标。通过合理设置导线、电极等布线结构，减少触摸面板内金属线的宽度等，从而可以减少面板厚度，使显示面板的宽度变窄，有效减少面板内贴合次数，减薄面板的整体厚度，增加面板的弯折性，从而提升良率，简化制程，节约成本。

驱动方案：包括触控 IC 驱动、显示驱动等。In-cell 触控技术通过在显示层加入单独的触控 IC 来保证触控功能正常运作。由于 LCD 直接贴合触控模组，来自显示面板以及充电器的干扰问题越来越严重，为提升显示与触控驱动信号抗干扰能力，触控 IC 厂商不断更新触控方案。

测试：包括触控面板的压力、电压、触摸电路检测等。

从图 4.50 可以看出，In-cell 触控技术中，结构相关专利 986 件，占比 51.2%；驱动方法相关专利 756 件，占比 39.3%；测试相关专利 455 件，占比 23.6%；膜工艺的相关专利较少，仅 154 件，占比 7.9%。①

结构相关专利中，有关布线结构的专利 789 件，占比高达 80%；驱动方法中，有关触控 IC 解决方法的专利 434 件，占比 57.6%（图 4.51）。

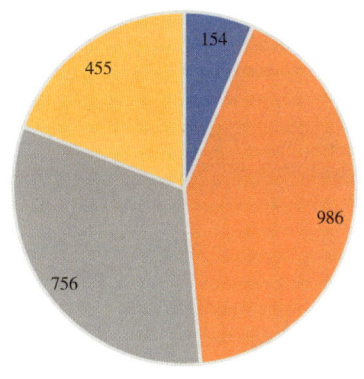

图 4.50 In-cell 专利技术分布情况

---

① 部分专利涉及 2 个或 2 个以上技术领域，因此专利数量总数大于检索到的专利数。

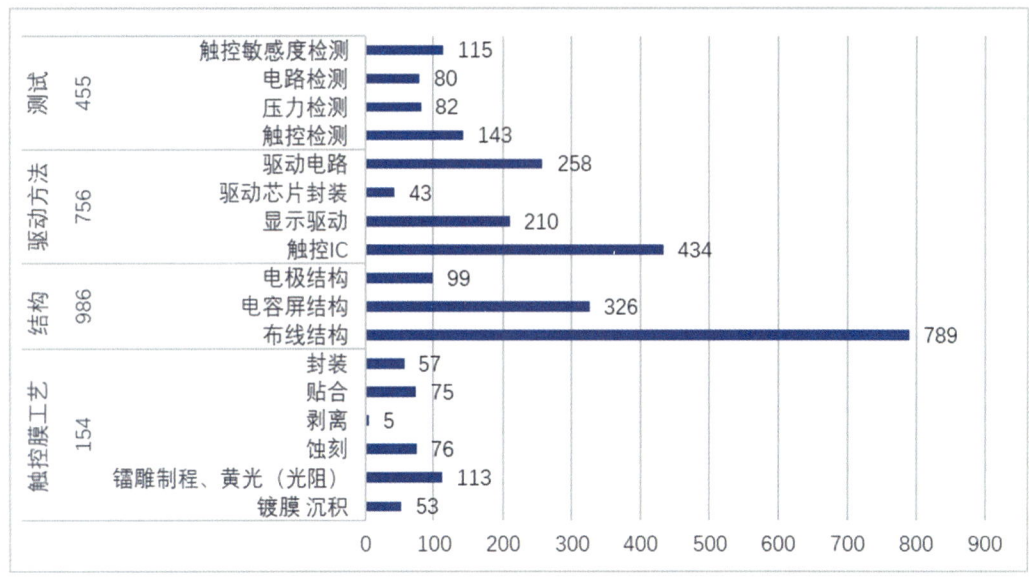

图 4.51 In-cell 专利技术构成分布

⑦各主要技术分支分析（申请趋势、主要申请人）

在分析各主要技术分支申请趋势时（近10年），为了比较各技术分支相对总体In-cell 触控技术领域专利申请的增长快慢，且为了说明各技术分支专利技术在该领域所受关注度的相对变化，引入能够反映彼此之间增长关系的参考线（以虚线表示）。该参考线为各技术分支专利申请量占当年 In-cell 触控技术专利申请总量的百分比。占比增加，则该技术分支的专利申请增长速度快于总体趋势，各技术分支专利技术在In-cell 触控技术领域的关注度相对增加，反之亦然（表 4.11）。

表 4.11 主要技术分支申请趋势

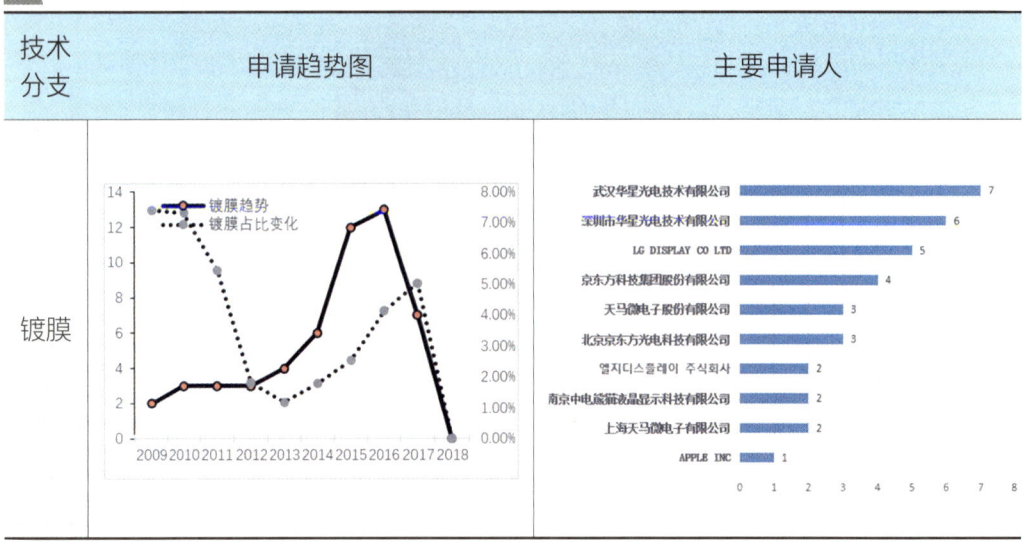

续表

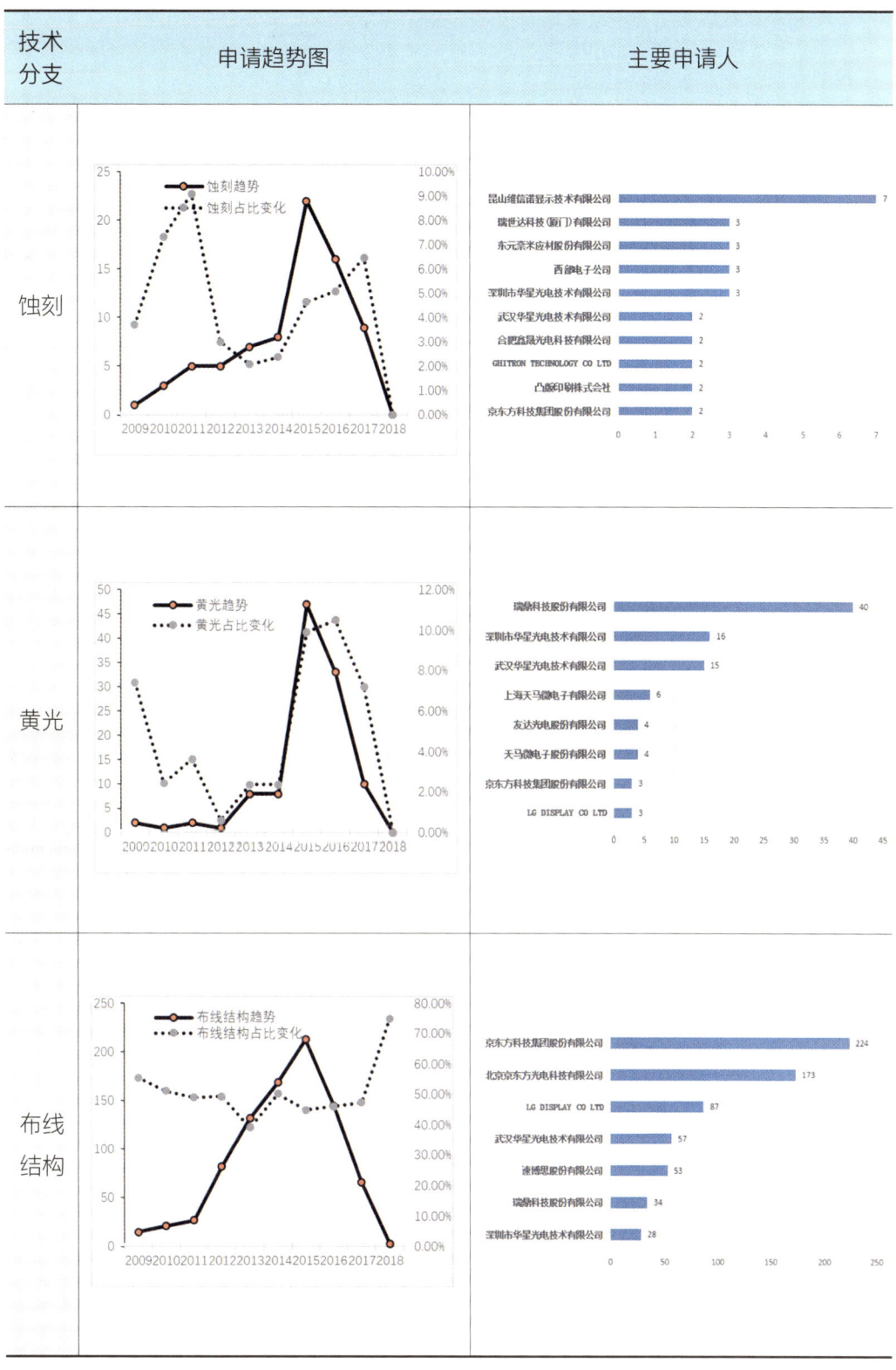

续表

技术分支	申请趋势图	主要申请人
电极结构		
触控IC		
显示驱动		

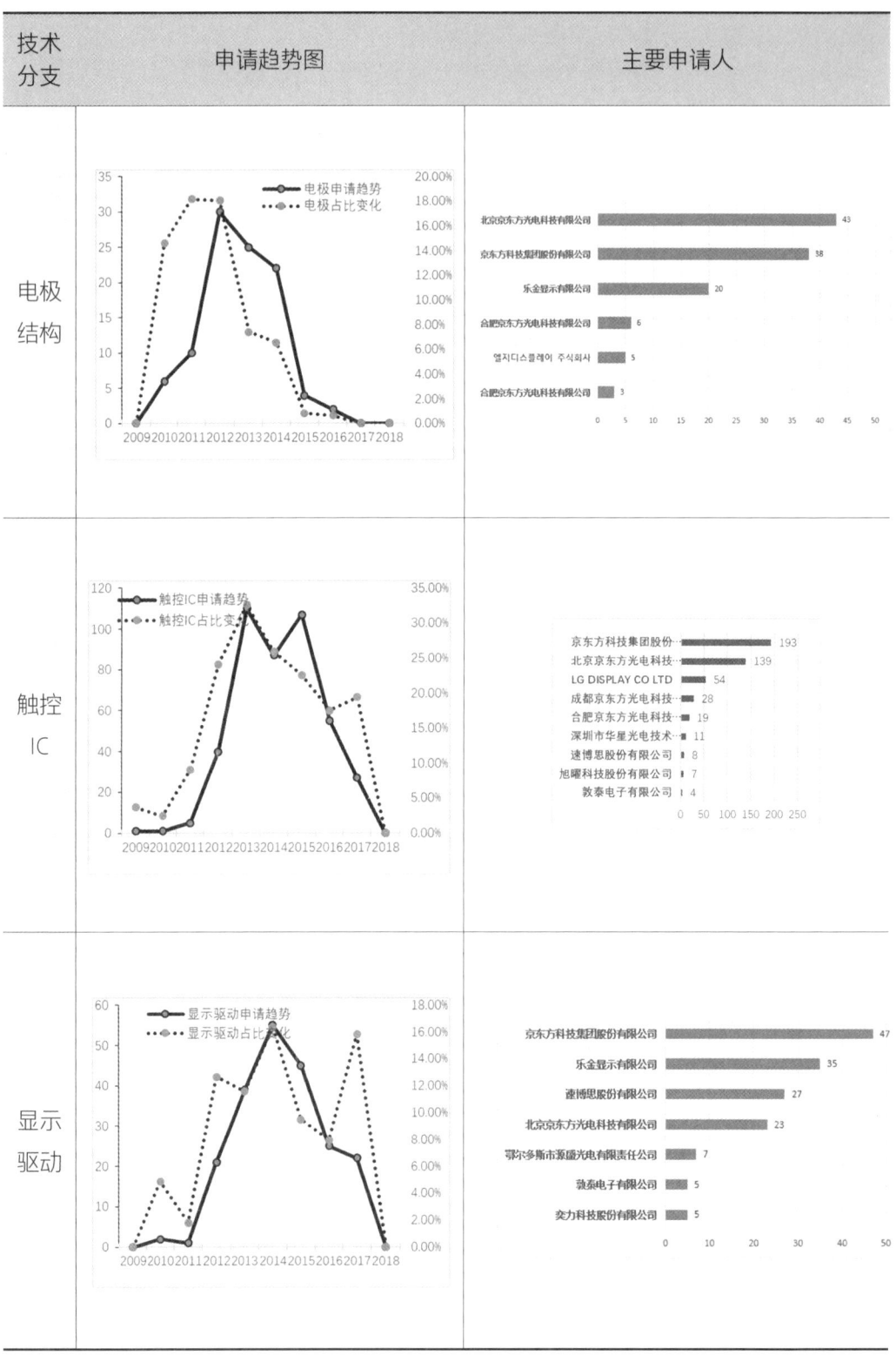

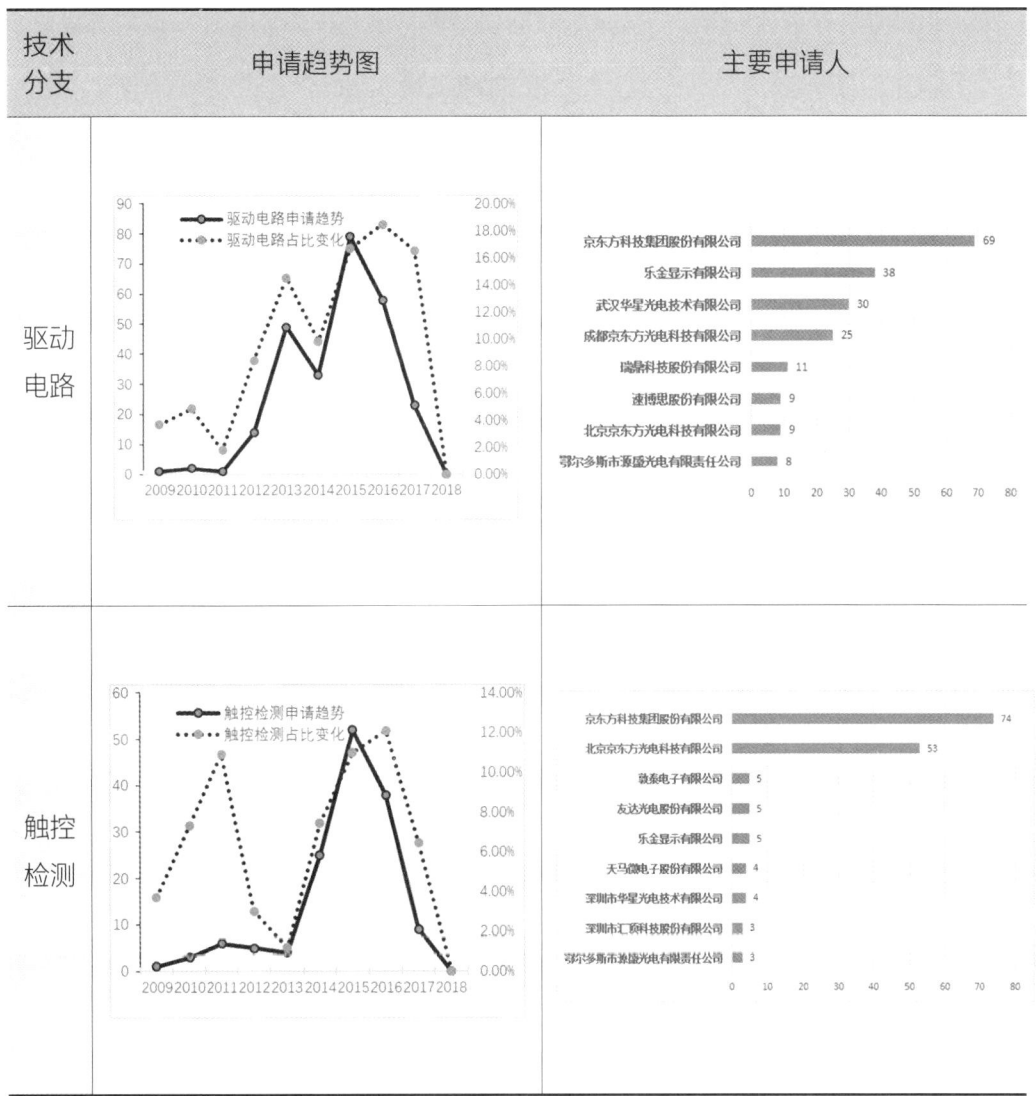

续表

⑧ In-cell 触控技术集中度分析

从表 4.12 可知，在 In-cell 触控技术领域，总体前 10 位专利申请人的专利申请为 1402 件，占总申请件数的 72.68%；前 20 位申请人的专利申请为 1555 件，占总申请数的 80.61%。其中，前 10 位申请人专利数中，电极结构相关专利占比最高，达到 84.85%；显示驱动相关专利占比最低，但也达到 59.52%。可以看出，在 In-cell 触控技术领域，技术的垄断程度较高，主要集中在前 10 位的申请人手中，应高度关注前 10 位的申请人的技术储备和技术动向。

表 4.12 In-cell 触控技术集中度分析

技术分支	申请量（件）	前10位专利申请人申请量（件）	前10位申请量占比	前20位专利申请人申请量（件）	前20位申请量占比
总体	1926	1402	72.68%	1555	80.61%
镀膜	53	32	60.38%	39	73.58%
蚀刻	76	51	67.11%	61	80.26%
黄光	113	84	74.34%	102	90.27%
布线结构	789	509	64.51%	664	84.16%
电极结构	99	84	84.85%	95	95.96%
触控IC	434	302	69.59%	355	81.80%
显示驱动	210	125	59.52%	157	74.76%
驱动电路	258	162	62.79%	202	78.29%
触控检测	143	97	67.83%	115	80.42%

⑨ In-cell 触控技术活跃度分析

从表 4.13 可知，在 In-cell 触控技术各领域，80% 以上的专利都来自 2013 年以后，说明 In-cell 触控技术处于活跃状态。尤其是关于布线结构、驱动电路等有 92% 以上的专利来自 2013 年以后，说明通过布线结构等结构改进、驱动电路方案的改良，达到轻薄化，提升抗干扰能力是近年来较为活跃的技术领域。

表 4.13 In-cell 触控技术活跃度分析

技术分支	申请量	2013年以来申请量	2013年以来申请量占比
总体	1926	1604	83.28%
镀膜	53	42	79.25%
蚀刻	76	62	81.58%
黄光	113	106	93.81%
布线结构	789	728	92.27%
电极结构	99	53	53.54%
触控IC	434	386	88.94%

续表

技术分支	申请量	2013年以来申请量	2013年以来申请量占比
显示驱动	210	186	88.57%
驱动电路	258	242	93.80%
触控检测	143	128	89.51%

⑩专利技术转让

根据数据来源，文中专利转让分析仅针对中国专利和美国专利。2012年前专利转让数量均不到10件，2012年后专利转让数量开始增加，2015年最多，达到145件（图4.52）。专利转让主要发生在京东方、LG显示、天马微电子等大企业之间，其中京东方大部分为集团各子公司之间的转让。而且，苹果、LG等公司的部分高价值专利有过专利转让（表4.14、表4.15）。

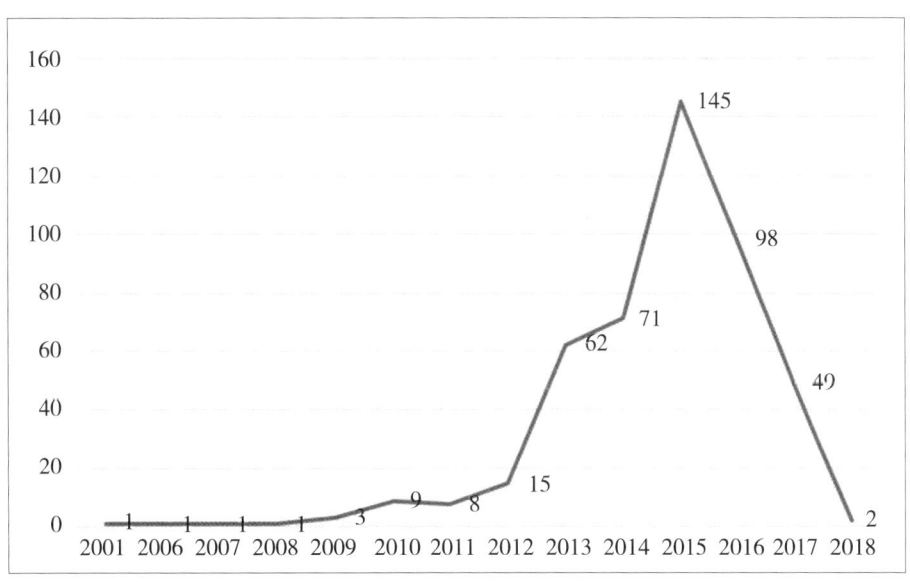

图 4.52　In-cell触控技术专利转让趋势

表 4.14　In-cell触控技术专利转让人排名

排名	转让人	转让专利数（件）
1	WANG,HAISHENG	66
2	DONG,XUE	62
3	YANG,SHENGJI	57
4	LIU,YINGMING	53

续表

排名	转让人	转让专利数（件）
5	DING,XIAOLIANG	42
6	ZHAO,WEIJIE	41
7	LIU,HONGJUAN	31
8	LEE,HSIANG-YU	22
9	XUE,HAILIN	21
10	CHEN,XIAOCHUAN	19

表 4.15　In-cell 触控技术专利受让人排名

排名	受让人	转让专利数（件）
1	京东方科技集团股份有限公司	119
2	北京京东方光电科技有限公司	85
3	LG 显示有限公司	49
4	上海天马微电子有限公司	22
5	SUPERC-TOUCH CORPORATION	22
6	深圳市华星光电技术有限公司	16
7	瑞鼎科技股份有限公司	13
8	武汉华星光电技术有限公司	12

⑪专利技术许可

根据数据来源，本部分专利许可分析仅针对中国专利（表 4.16、表 4.17）。

表 4.16　In-cell 触控技术中国专利许可人排名

排名	许可人	许可专利数（件）
1	苏伟	2
2	深圳市泽金光学电子有限公司	1
3	福州大学	1

表 4.17　In-cell 触控技术中国专利被许可人排名

排名	被许可人	被许可专利数（件）
1	深圳市志凌伟业技术股份有限公司	2
2	泽金多科技发展（深圳）有限公司	1
3	福建科创光电有限公司	1

⑫技术功效矩阵分析

为了解产业各技术未来的发展趋势及关注程度，文中通过对相关专利进行技术解读、分类标引和聚类分析，统计分析并绘制功效矩阵图（图 4.53），利用功效矩阵发现各技术的发展趋势。

技术方案主要包括 In-cell 触控面板结构改进、电极和导线共用、走线布线方案、触控 IC 方案、显示驱动方案、驱动电路优化等。

功效包括轻薄化、窄边化、降低功耗、降低成本、提高良品率、提升抗干扰能力、改善用户体验、改善画面质量、柔性面板等。

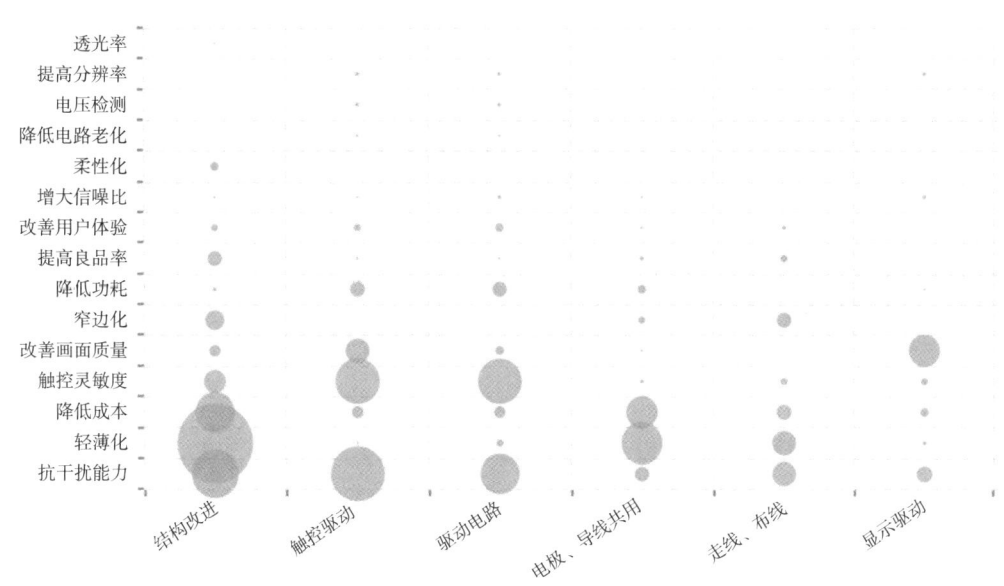

图 4.53　In-cell 触控技术功效矩阵

可以看出，当下 In-cell 触控技术的研究热点主要有以下几个。

a. 触控面板轻薄化、窄边化

In-cell 工艺通过将触摸面板功能嵌入到液晶像素中的方法，即在显示屏内部嵌入触摸传感器功能，使屏幕变得更加轻薄，在 On-cell、OGS、GF、GFF 等贴合方式中，厚度最薄。如何使触摸屏更薄，也是当下 In-cell 技术领域关注最多的方向。目前采用较多的就是通过电极和导线的共用，减少触控面板的厚度；通过面板结构、布线布局的改进，降低厚度，达到轻薄化和窄边化的效果。主要方案有电极阵列交叉排列、触控结构层及其驱动芯片布局结构的改进、电极同层设置、减少触控和显示驱动芯片的引脚数量、触摸驱动电极串线设置在阵列基板的非显示区域、显示扫描电路及该触控扫描电路整合于同一基板上、节省 ITO 膜和固态光学胶等方式，减少了触控电容屏的厚度，同时降低了工艺难度，提高了良品率等。

速博思股份有限公司提出一种窄边框高正确性内嵌显示触控结构（CN201420356643.5），通过内嵌显示触控结构，不仅大幅增加透光度，更可大幅节省材料成本及加工成本，且较现有技术更适合设计在窄边框的内嵌显示触控面板。

上海和辉光电有限公司申请的"显示面板的封装结构及封装方法"（CN201510315231.6），通过将触摸金属线设于玻璃胶层的下方，可以有效减小边框的宽度，相比于现有的 In-cell 面板结构节省了触摸金属线的线宽和该触摸金属线与玻璃胶之间间隔的宽度，使得显示面板的边框变窄，同时还保证了玻璃胶层的封装效果。

江西合力泰微电子有限公司申请的"内嵌式触控电容屏"，通过玻璃盖板下表面设有 X 电极，ITO 膜上表面设有 Y 电极，玻璃盖板下表面与 ITO 膜上表面通过固态光学胶贴合，节省了一层 ITO 膜和一层固态光学胶，有效减少了触控电容屏的厚度，同时降低了工艺难度，提高了良品率。把 X 电极内嵌在玻璃盖板上，既是电极的作用，又是电容屏操作盖板，简化了产品结构，节省材料，降低了生产成本。

b. 提升抗干扰能力，降低功耗

In-cell 触控技术是用触控 Sensor 玻璃来制作 LCD 的彩色滤光玻璃，然后贴合 LCD 的阵列矩阵玻璃，但触控 Sensor 会与 LCD 的 Vcom 形成极大的自电容效应，产生干扰，影响触控精准度以及用户体验。如何提升抗干扰能力，同时降低功耗也是当下研究的热点领域。Apple 于 2007 年提出的先进内嵌式触控技术，将 LCD 内部的共同电极图案化后作为触控的感应电极，并以分时作业来同时驱动显示和触控功能。目前，相关专利除了结构有所差异外，在图案化共同电极与分时作业方面都是基本相同的。

因此，在提升抗干扰能力方面，除了进行结构优化（如栅扫描线和数据线均采用双走线，给触控发射线及触控接收线提供独立的走线空间，进而降低面板驱动信号与触控信号之间的干扰），触控 IC 和驱动 IC 的整合、改进也是当下各厂商争相布局的领域。目前，显示和触控功能都是由两个独立 IC 控制，也就是一个芯片控制显示，另一个芯片控制触控，为了把触控芯片与显示芯片整合进单一芯片中，同时处理和控制显示和触控，各厂商争相研究不同解决方案。

Synaptics（新思科技）提出 TDDI（触控和显示驱动器集成）IC 解决方案

（US14638859，SEMICONDUCTOR DEVICE），将底层显示驱动器和触控传感器合二为一。设备的显示器可设计为在触摸屏单元的一个或多个不同层的顶部进行感应，或者在触摸屏的多个层次上进行感应，减少电路干扰和复杂堆叠，能带来更高的集成度，屏幕因此变得更薄，显示效果也更好。

敦泰电子有限公司提出一种内嵌式触控显示装置的驱动方法以及使用该方法的移动装置（CN201610149450.6），包括显示驱动与触控整合电路（Integrated Driver&Controller，IDC），用以解决切换触控与显示期间切换时的安定期间过长的问题。同时，也可以减少线缓冲器的使用，并减少集成电路的尺寸及面积。

天马微电子的 TED（Touch Embedded Display）In-cell 内嵌式单芯片触控显示解决方案全球首发量产，实现了超窄边框、超薄、高报点率和超灵敏度等触控效果。

c. OLED、AMOLED 及柔性屏领域的应用

目前 In-cell 触控技术主要用于 TFT-LCD。随着 In-cell 技术的发展，其应用逐渐在 OLED、AMOLED 领域增加。

京东方科技集团股份有限公司将 In-cell touch 技术应用于 AMOLED 显示器，从而实现了 AMOLED 显示装置的光感触控。同时该技术方案还可减少触控显示产品在生产过程中的制作工艺，节约成本，提高产品的开口率（CN201410371059.1）。

d. 利用 In-cell 偏光板解决柔性液晶的问题

随着移动智能终端产品的快速发展，显示和触控已成为技术上最成熟、使用最为便捷的人机交互端口，受益于"柔韧性"和"灵活性"的特点，柔性显示屏逐渐成为产品的研发趋势。由于 In-cell 触控技术工艺复杂，较少应用于柔性显示，同时柔性液晶显示屏主要采用塑料基板，导致显示品质差、视角特性狭窄，日本东北大学提出采用 In-cell 偏光板，解决偏光板及相位差板的厚度造成柔性差的问题。面板的制作步骤为：首先在染料类偏光板上低温生成 ITO 膜，使用 PVA 类黏合剂，与作为底板的 TAC 薄膜和偏光板接合。然后，借助离型膜（日本新田公司制造），使 TAC 薄膜与玻璃基板接合。再使用 250 纳米的紫外线，照射偏光板表面 6—12 分钟，使表面变性后，利用旋涂方式涂敷光取向膜。使用 5 微米的间隔壁，使液晶盒厚度保持固定，使用紫外线硬化树脂制作密封图案，接着再注入液晶。试制面板的电压透射特性与外置偏光板基本相等。显示屏的厚度缩小到 0.2 毫米，实现了薄型化。而且对比度达到了 260∶1。其特性与使用通常的玻璃基板的 TN 液晶显示屏相当。

武汉华星光电技术有限公司提出一种柔性内嵌式触控结构及其制作方法（CN201710151467.X）。该方法通过将触控传感器整合进柔性面板当中，能够有效减少面板内贴合次数，减薄面板的整体厚度，增加面板的弯折性，从而提升良率。相对于现有柔性 OLED 面板，只需改变阴极层及阳极层的图形设计，制作简单。

4.5.3 仙游县元生智汇科技有限公司

（1）企业发展现状

仙游县元生智汇科技有限公司成立于 2016 年 5 月 10 日，由苏州春兴精工股份有限公司（股票代码：002547）等多家上市公司进行投资。公司主要建设高端 CNC 数控研发中心、智能机器人加工中心和新一代信息技术研发中心，主要产品包括手机、平板电脑、VR 数码等智能终端先锋产品，以及电子元器件、精密结构件和 3D 玻璃盖板等高端配套产品。企业现有研发人员 40 人，其中硕博士 2 人、高工 10 人，研发费用包括研发设备等 300 万元。玻璃加工工艺是企业急需突破的技术关键。仙游县元生智汇科技有限公司共申请专利 52 件，其中实用新型 50 件、发明申请 2 件，企业总体创新能力稳步增长。

（2）技术分解

从专利技术分类的角度来看，化学减薄技术属于玻璃加工工艺的下属技术，按技术级别从大到小依次为：玻璃加工工艺技术＞玻璃表面处理技术＞蚀刻技术＞化学减薄技术。化学减薄技术具体技术分解详见前文表 2.1。

（3）专利技术态势分析

① 全球地域分布

玻璃显示屏化学减薄领域共检索出 318 件专利，其中，中国专利共 194 件，日本专利共 54 件，世界知识产权组织专利共 17 件，韩国专利共 13 件，美国专利共 6 件，德国共 1 件。通过对所检索到的专利文献产出国进行统计分析，排名前二的国家依次为中国、日本，并且排名第一的中国的申请量远远高于其他国家，显示出极高的研发活跃度。纵观显示玻璃产业链的上中下游可以知道，无论是上游的大型玻璃基板生产企业（如日本的旭硝子、电气硝子，韩国的三星康宁等），还是中游的显示面板生产企业（如日本的夏普，中国大陆地区的京东方、中国台湾地区的友达光电等），或者下游的显示装置制造企业（如韩国的三星、中国台湾地区的多家代工厂等），其大都分布在亚洲地区。专利申请目的地，是指向那个国家或地区申请专利。所以作为一个技术含金量高、生产厂商相对局限并集中的领域，化学减薄技术的专利申请集中分布在亚洲地区，瞄准的正式亚洲地区庞大的生产力，包括多家竞争企业和上中下游产品供货商。

专利的地域性特征决定了企业只有在其他国家或地区才能在该国或地区获得专利保护。企业到其他国家或地区去申请专利是实施专利技术输出战略的重要前提，也是企业开拓和占领国际市场的重要手段。

② 全球申请量整体趋势分析

如图4.54所示，显示屏玻璃化学减薄专利最早出现在1990年9月7日，是日本CASIO（卡西欧）计算机株式会社提出的名为"薄型液晶表示素子の製造方法"（一种制造轻薄的液晶显示装置的方法），专利号为JP2722798B2。专利中提及把液晶显示玻璃基板浸泡在以氢氟酸为主的液体里均匀地减薄基板。这件专利是全球首次把化学蚀刻减薄技术应用在了液晶玻璃基板上，此技术虽然只在日本申请，但在全球范围内被引证次数达到了24次，是此领域里的基础专利。此专利公开了使用0.3—1.1毫米厚度的玻璃基板来制造液晶面板后，浸入到以氢氟酸为主的蚀刻液中进行蚀刻减薄处理，处理后的玻璃面板得到了均一的减薄厚度，两片玻璃基板的厚度可以达到0.2—0.1毫米，而且比起传统的机械减薄法提升了效率。

图4.54　专利申请量全球专利申请趋势图

从2005年开始，专利申请量出现持续快速增长，其原因是显示面板行业渐渐向中国转移，全球减薄厂商开始在中国进行专利布局。化学减薄行业引起中国厂商极大的兴趣，它们也将研发精力纷纷投入到其中，导致从2012年起中国厂商的申请量增长。近几年，减薄市场的专利申请量的增长极为迅速，并有望持续增长。

③ 全球专利申请主要申请人

对全球申请人进行统计分析发现，如图4.55所示，申请人前九名分别是NSC股份有限公司（日本）、天津美泰真空技术有限公司（芜湖长信科技股份有限公司子公司）、京东方科技集团股份有限公司、凯盛科技股份有限公司、深圳市拓捷科技发展有限公司、湖北优尼科光电技术有限公司、陈锋、西山不锈化学股份有限公司（中国台湾）

以及赣州帝晶光电科技有限公司，相关申请量分别为 23 件、16 件、10 件、10 件、8 件、8 件、8 件、6 件、6 件。在这 9 个申请人中，8 家为企业，1 个是自然人，排名前九的申请人均分布在亚洲。其中，申请专利数量排名第一的申请人 NSC 公司，共包括 16 个专利族，是日本中小型液晶玻璃化学减薄市场占有率第一的减薄企业，2001 年研发了批量式化学蚀刻的量产技术，2010 年研发了单片式化学蚀刻的量产技术，可以将液晶基板和玻璃加工至 0.1 毫米的超薄厚度，并成功实现了 1500 毫米 × 1850 毫米的大型尺寸玻璃板的薄化量产技术。NSC 在含氢氟酸的化学减薄技术与其衍生出的表面处理技术、成膜剥离加工、批量式薄化蚀刻技术等化学减薄核心技术上进行了全球布局，在中国、新加坡等地供应了独自设计的薄化生产线。

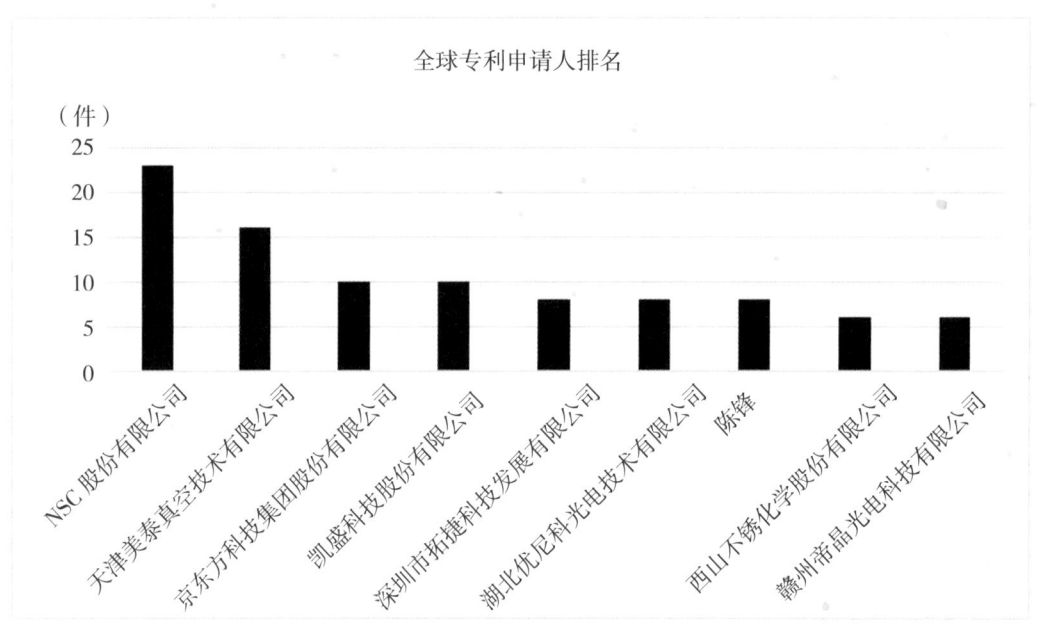

图 4.55　全球专利申请人排名图

2011 年 2 月 10 日申请的日本专利"ガラス基板の製造方法及びその装置（玻璃基板的制造方法及其装置）"，当前法律状态是有效，公开了一种能够安全地实现高品质的化学减薄处理的装置，并提出了国际专利申请，申请号为 WO2012108452，落地中国、韩国，同族专利号为 CN103459342A、KR1020140045339A，均得到了授权，至今同族在全球受引证次数为 3 次。此专利公开的化学减薄装置如图 4.56 所示，包括其沿水平方向输送玻璃基板的输送通道；减薄处理部，向输送通道移动中的玻璃基板喷射化学研磨液而对玻璃基板进行减薄；洗涤处理部，导入玻璃基板的导入部设置有旋转滚轮，从研磨处理部的外侧向旋转滚轮喷射水进行洗涤处理。

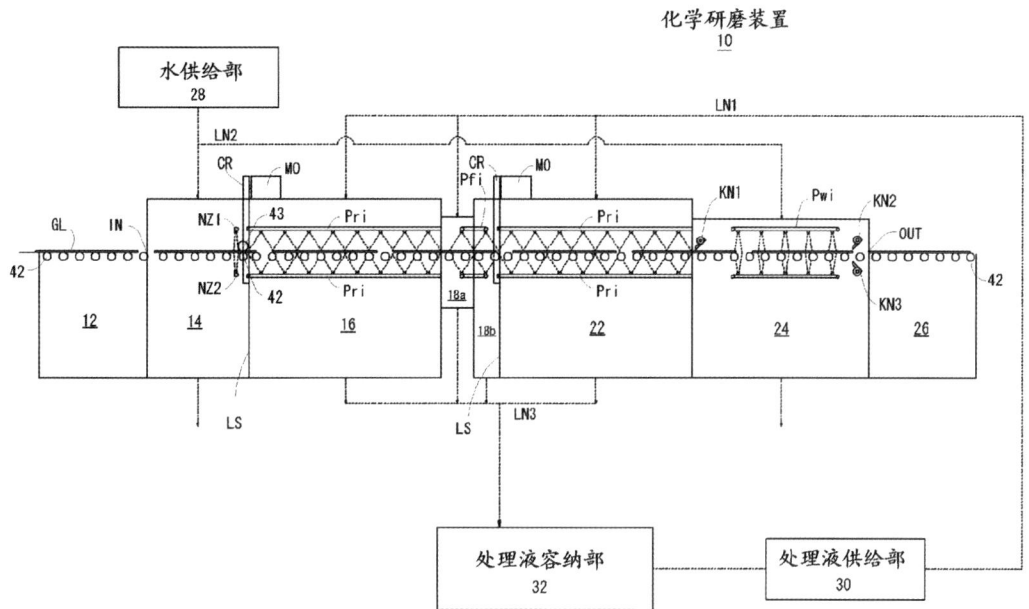

图 4.56 化学减薄处理装置专利主图

申请量排名第二与第四的企业均为我国薄化龙头企业，分别是安徽芜湖长信科技股份有限公司的子公司——美泰真空技术有限公司和凯盛科技股份有限公司。美泰真空技术有限公司 2010 年落户天津市静海区大丰堆镇，是我国北方地区唯一从事 TFT-LCD 玻璃减薄业务的企业，具有 G4.5 浸泡式减薄技术及减薄生产线。多年来，共申请专利 16 项，其中，涉及 11 项实用新型专利和 5 项发明专利，被科技部门列为科技型中小企业创新基金项目，该企业与京东方科技集团旗下的三大电子企业和各品牌平板显示器厂签订了定向供需关系。凯盛科技股份有限公司通过自主研发和依托安徽省显示玻璃薄化技术研究中心加大在大板薄化、OLED 单面薄化、超薄薄化领域的研发和专利布局，在 2017 年的企业年报中显示，薄化业务依托新技术促进利润增长，成为集团亮点。

④中国专利申请类型及法律状态分析

从图 4.57 中可以看出，中国发明专利中已授权的有 37 件，占总数的 28.03%；在公开和实质审查阶段的分别是 3 件和 64 件，占总数的 2.27% 和 48.48%；已经无效的专利共 23 件，分别是撤回 14 件、驳回 7 件、放弃 2 件。几乎一半的专利在审核中，近两年来会有大量专利得到授权。

⑤化学减薄矩阵图

通过化学减薄技术聚类，如图 4.58 所示，主要技术分支有改进减薄工艺 / 蚀刻方法；改进预处理方法 / 预处理液；改进减薄装置 / 蚀刻装置 / 蚀刻槽；改进蚀刻液 / 氢氟酸配比；蚀刻废液处理 / 蚀刻液回收。

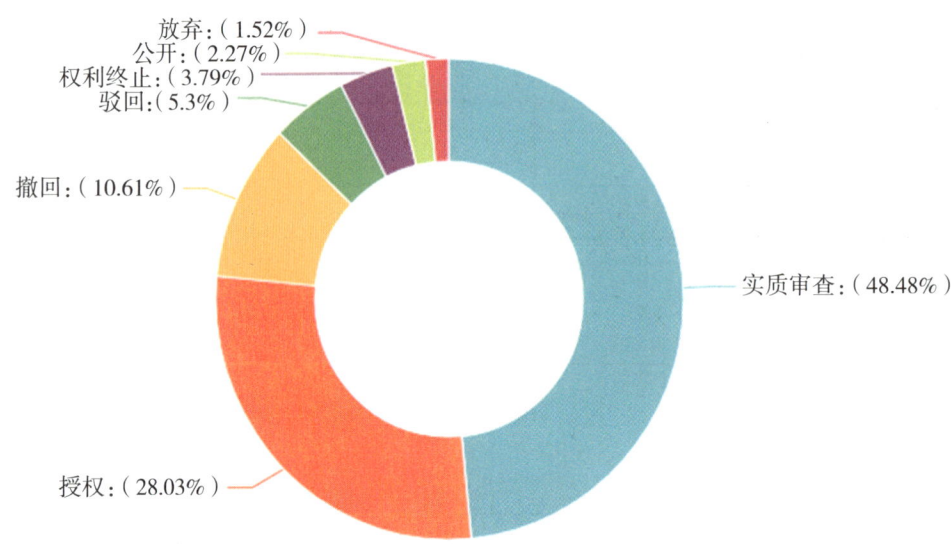

图 4.57　中国发明专利当前法律状态比例图

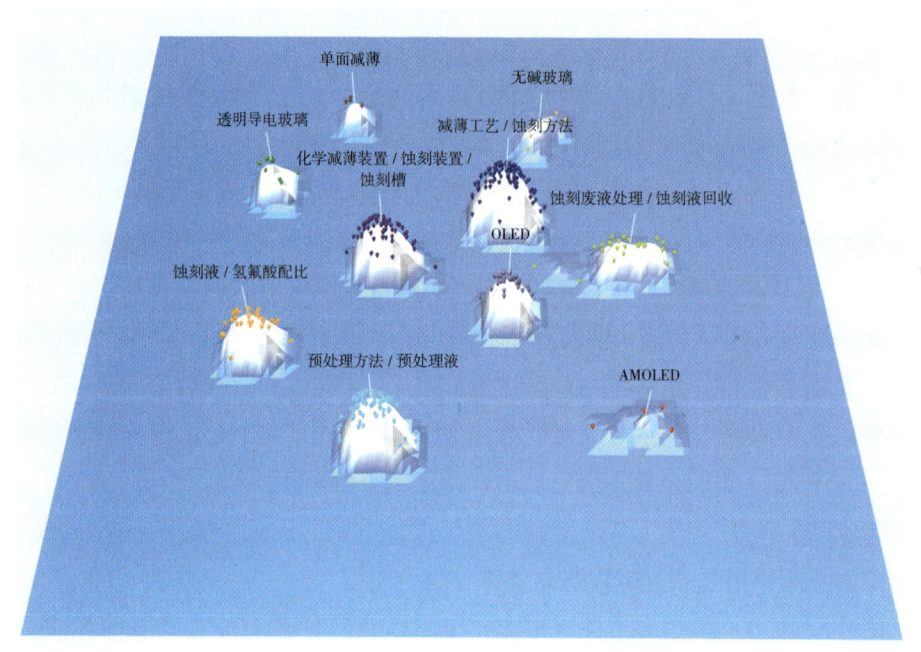

图 4.58　化学减薄技术 3D 矩阵沙盘图

通过专利技术聚类可知,玻璃显示屏化学减薄领域的研发热点主要集中在玻璃基板减薄工艺、通过加入减薄前预处理达到减少玻璃基板凹点和划伤等缺陷、蚀刻液的组分配比、蚀刻废液的处理和回收利用、减薄装置等方面,专利技术的研发热点集中在实现玻璃基板减薄的目标、提高减薄速率、保证减薄均匀性、增加玻璃基板良品率以及节能环保等角度。

4.6 莆田市产业定位分析

新型显示技术是莆田市电子产业重点支持产业。《莆田市国民经济和社会发展第十三个五年规划纲要》提出，将高世代面板、砷化镓作为计划引进落地重大产业项目，并提出要建成高世代面板生产项目，推动产业链上下游延伸配套，形成以高世代面板基础材料供应和终端产品应用为核心的较为完善的产业体系。

通过专利信息检索发现，截止到 2019 年 3 月 22 日，莆田市显示技术领域专利申请共 440 件，其中实用新型专利申请 234 件，发明专利申请 206 件，已获得发明授权专利 13 件。其中福建华佳彩有限公司专利申请逾 300 件，占莆田市专利申请量的绝大部分比重，侧面反映了莆田市在该领域技术创新能力的不均衡性。总体来看，莆田市在显示技术领域的专利技术方案创造性和创新质量在福建省处于中游水平，莆田市显示技术领域存在发展动力不足的问题。

从 2018 年 3 月起，福建华佳彩有限公司加大了对知识产权的保护力度，提交了 300 余件专利申请，多数涉及新型显示技术及其周边配套技术的创新，在莆田市新型显示技术领域中起到了引领创新的作用。

总的来说，福建省在国内新型显示技术领域处于第三梯队，莆田市又处于福建省中游水平，莆田市在新型显示技术领域的创新水平不高，创新对产业的驱动力不强。华佳彩 IGZO 新世代面板项目的引进建设，使莆田市新型显示专利申请质量及数量均有提升，显著提升了莆田市的创新水平。莆田市可以进一步做好创新生态的建设，发挥华佳彩等引进项目及技术的创新拉动作用，打造完善的创新产业链，使莆田市新型显示产业的发展获得持续的动力支持。

4.7 小结

全球新型显示领域专利申请呈现上升趋势，2001 年开始步入高潮。从不同国家申请趋势看，2002 年之前日本的相关专利申请量均处于领先地位，2006 年后逐步下降；韩国自 20 世纪 90 年代开始申请，2000 年后增幅明显；美国和中国申请量从 2010 年开始迅速增多，逐渐占据领先的位置。

新型显示领域的主要专利技术来源于日本、韩国、中国和美国。其中，美国是最大的技术应用国，中国、日本和韩国位列其后，这也是主要的技术竞争国家。中国和美国在新型显示技术领域属于技术输入国。

韩国三星和 LG 在新型显示领域遥遥领先，分别有 26587 件、16132 件专利申请，中国的京东方位列第三。全球排名前十五的申请人中，日本的企业占据了 7 席，分别为半导体能源、夏普、松下、日立、精工爱普生、索尼和日本显示公司；韩国有2家，分别为三星与LG；欧洲企业2家，分别为默克集团和飞利浦公司；美国1家，为苹果公司；中国有3家企业上榜，分别为京东方、TCL和友达光电。

全球新型显示技术经历了萌芽期、发展期、成熟期与复苏期四个阶段，目前正处于新的发展阶段。创新的驱动作用更加重要，加大创新支持力度，更利于抢占产业制高点。

三星、LG与京东方是新型显示领域的龙头企业，三者的起步均是引进技术，采用先产业、后技术的路线，通过技术引进、消化吸收、二次创新发展起来的，证明了技术引进基础上再创新的重要性，值得我国企业学习借鉴。

中国新型显示技术专利申请起步于20世纪90年代，稳定增长始于2000年，爆发于2011年，这跟国外放弃对华技术封锁、在中国建设高世代液晶面板生产线有密切关系。这说明，打破国外技术封锁、抓住国外技术转移的有利时机，对新兴技术的快速发展至关重要。

相对于LCD等其他显示领域，LED显示技术从2009年起增长更为迅速，这与OLED阵营不断壮大的产业发展趋势现状相吻合，也是新型显示技术发展的重要方向。

中国新型显示领域的技术创新主要来自京东方、三星、华星光电、LG和友达光电，国外企业仍然具有明显的技术优势。从区域分布来看，广东省处于领先位置，专利申请量上万；北京、江苏、台湾处于第二梯队；上海、浙江、安徽、山东和福建处于第三梯队，申请量超过1000件。

福建省内，新型显示技术专利申请较多的是厦门天马微电子有限公司、中华映管股份有限公司、福建捷联电子有限公司、福建强力巨彩光电股份有限公司和福州大学等。莆田市主要的申请人有福建省飞阳光电有限公司、莆田市诺斯顿电子发展有限公司等。

莆田市电子信息产业企业主要分布于计算器/电子表、黑白屏、TN/STN偏光板等传统显示产业，新型显示产业基础相对薄弱，企业产业升级转型需求迫切。目前，莆田市新型显示产业链尚待进一步完善，现有企业均处于产业链中游的位置，产业链上游中的玻璃基板、彩色滤光片等元器件暂时缺失。在引入了华佳彩高新技术面板、砷化镓等具有国内先进水平的龙头项目建设后，有望进一步完善新型显示产业链，带动产业生态链的形成。

莆田市新型显示专利主要集中在触控显示和LCD显示领域，在OLED和柔性显示技术领域尚未进行相关专利布局。通过华佳彩的金属氧化物面板（IGZO）和AMOLED技术的引进，莆田市可以加强该技术的二次创新，推动新型产业技术水平的快速提升。

莆田市新型显示技术主要有华佳彩IGZO新世代面板项目、飞阳光电的In-cell触摸屏和触摸屏Sensor、元生智汇科技的化学减薄玻璃加工工艺、科创光电有限公司的电容式触摸屏等，但这些企业在其关键技术领域都存在着创新驱动力不足、专利布局意识较弱或者关联技术的协同创新不足等问题。

  莆田市在新型显示技术领域的创新水平不高，创新对产业的驱动力不强。华佳彩新世代面板项目的引进建设对莆田市的创新水平提升作用明显，市政府可以进一步做好创新生态的建设，使莆田市新型显示产业的发展获得持续的动力支持。

第五章

集成电路产业专利分析

2015 年 7 月，福建省人民政府印发《关于进一步加快产业转型升级的若干意见》指出，福建省要紧紧抓住信息产业快速发展的契机，攻克核心关键技术，努力实现福建省电子信息产业跨越发展，打造东南沿海新的电子信息产业基地、集成电路产业基地。

其中集成电路产业要以整机需求为牵引，开发一批量大面广和特色专用的集成电路产品，以技术创新、模式创新为动力，提升集成电路设计水平，突破核心通用芯片等一批关键技术，提升芯片的应用适配能力。合理区域布局，依托福州、厦门、泉州、莆田等集成电路产业，在沿海一线形成芯片设计、制造、封装、模块、整机应用于一体的集成电路产业带，推动 12 英寸晶圆生产线等一批高端集成电路制造重点项目建设。

2016 年 5 月，莆田市发布《莆田市"十三五"产业发展专项规划》，将电子信息产业定位为新兴产业，重点发展集成电路、高世代面板等新一代信息技术产业。其中集成电路，以 8 英寸集成电路、砷化镓、欣兴电子项目为龙头，带动发展形成芯片设计、制造、封装、整机应用为一体的集成电路产业链。

5.1 集成电路领域产业发展现状

5.1.1 基本信息

集成电路（Integrated Circuit）是一种微型电子器件或部件。集成电路中所有元件在结构上已组成一个整体，使电子元件向着微小型化、低功耗、智能化和高可靠性方面迈进了一大步。它在电路中用字母"IC"表示。集成电路发明者为杰克·基尔比［基于锗（Ge）的集成电路］和罗伯特·诺伊思［基于硅（Si）的集成电路］。当今半导体工业大多数应用的是基于硅的集成电路。

集成电路是 20 世纪 50 年代后期至 60 年代发展起来的。它是经过氧化、光刻、扩散、外延、蒸铝等半导体制造工艺，把构成具有一定功能的电路所需的半导体、电阻、电容等元件及它们之间的连接导线全部集成在一小块硅片上，然后焊接封装在一个管壳内的电子器件。其封装外壳有圆壳式、扁平式或双列直插式等多种形式。集成电路技术包括芯片制造技术与设计技术，主要体现在加工设备、加工工艺、封装测试、批量生产及设计创新的能力上。

集成电路具有体积小、重量轻、引出线和焊接点少、寿命长、可靠性高、性能好等优点，同时成本低，便于大规模生产。它不仅在工、民用电子设备，如收录机、电视机、计算机等方面得到广泛的应用，同时在军事、通信、遥控等方面也得到广泛的应用。用集成电路来装配电子设备，其装配密度比晶体管可提高几十倍至几千倍，设备的稳定工作时间也可大大提高。

集成电路主要包括模拟电路、逻辑电路、微处理器、存储器等。集成电路作为现代社会信息化、智能化的基础，广泛用于计算机、手机、电视机、通信卫星、相机、汽车等，集成电路集成度的上升带动了计算机等产品设备的性能与功能更上一台阶。其中，计算机和通信领域是集成电路的主要应用行业。2016年，全球约74%的集成电路应用在计算机与通信领域。

根据芯片的产生过程，一般而言，芯片产业链包括芯片设计、芯片制造以及芯片封装和测试等产业。处在产业链最上游的是IC设计公司与硅晶圆制造公司，IC设计公司依照客户的需求设计出电路图，硅晶圆制造公司则以多晶硅为原料制造出硅晶圆。中游的IC制造公司把IC设计公司设计好的电路图移植到晶圆上。完成后的晶圆再送往下游的IC封测厂实施封装与测试。整个制造与封装过程中，需要利用许多高精设备和高纯度材料。

根据产业链划分，集成电路（芯片）从设计到出厂的核心环节主要包括以下部分（图5.1）：

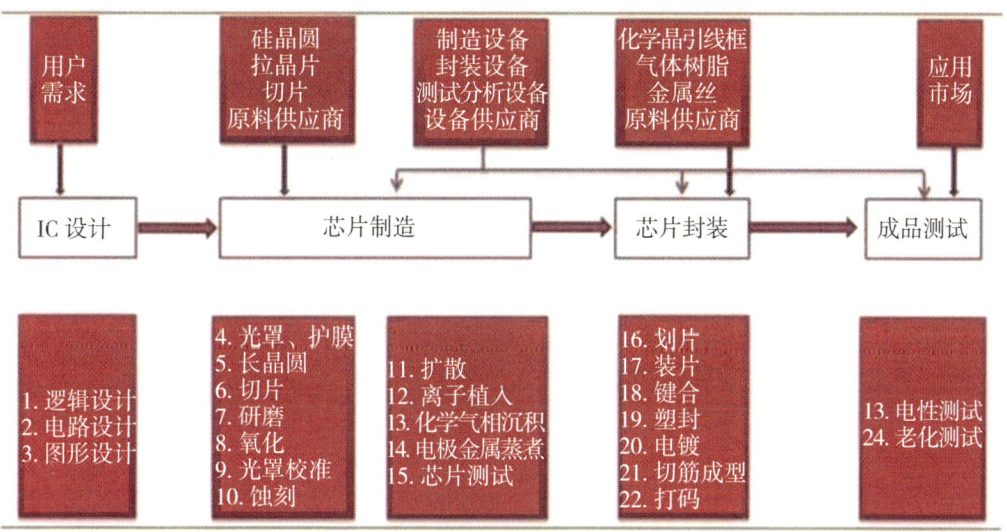

图5.1 集成电路产业链

设计软件，芯片设计软件是芯片公司设计芯片结构的关键工具，目前芯片的结构设计主要依靠EDA（电子设计自动化）软件来完成；

指令集体系，从技术来看，CPU只是高度集合了上百万个小开关，没有高效的指令集体系，芯片没法运行操作系统和软件；

芯片设计，主要连接电子产品、服务的接口；

晶圆代工，晶圆代工厂是芯片从图纸到产品的生产车间，它们决定了芯片采用的纳米工艺等性能指标；

封装测试，是芯片进入销售前的最后一个环节，主要目的是保证产品的品质，对技术需求相对较低。

总体来看，在指令集、设计等产业环节中，绝大多数技术壁垒比较高的环节，中国芯片产业地位非常薄弱，与欧美芯片产业企业存在较大差距，而在晶圆代工、封装测试等技术要求相对不高的环节，中国凭借其劳动力优势，则有望率先崛起，成为有希望赶超世界平均水平的领域。

5.1.2 产业基础数据

集成电路是信息技术产业的"粮食"，其技术水平和发展规模已成为衡量一个国家产业竞争力与综合国力的重要标志之一。国际金融危机后，发达国家加紧经济结构战略性调整，集成电路产业的战略性、基础性、先导性地位进一步凸显，美国更将其视为未来20年从根本上改造制造业的四大技术领域之首。

我国占有全球集成电路市场上的较大份额，且规模仍在持续增长，但由于产业起步晚，目前发展还较为落后，大量集成电路需要依靠国外进口。根据2023年2月工信部运行监测协调局的"2022年电子信息制造业运行情况"简报，我国2022年集成电路产量3242亿块，同比下降11.6%，出口集成电路2734亿个，同比下降12%。作为集成电路产业的龙头，中国集成电路设计业2022年会数据显示，2022年中国集成电路设计业销售为5345.7亿元，增长16.5%。

从产业链结构上看，2021年集成电路设计业的销售规模为4519亿元，同比增长19.6%，占产业链比重为43.2%；晶圆制造业的销售规模为3176.3亿元，同比增长24.1%，占产业链比重为30.4%；封装测试业的销售规模为2763亿元，同比增长10.1%，占产业链比重为26.4%。

当前，全球集成电路产业已进入深度调整变革期，既给产业发展带来挑战，也为实现赶超提供了难得的机遇。从外部挑战看，国际领先集成电路企业加快先进技术和工艺研发，推进产业链整合重组，强化核心环节控制力。不少领域已形成两到三家企业垄断局面。

从发展机遇看，市场格局加快调整，长期主导产业发展的WINTEL体系正在被打破，全球个人计算机（PC）业务日渐式微，移动智能终端爆发式增长，成为拉动集成电路产业发展的新动力；产业格局面临重塑，云计算、物联网、大数据等新业态引发的产业变革刚刚兴起，以集成电路和软件为基础的产业规则、发展路径、国际格局尚未最终形成；集成电路技术演进呈现新趋势，新结构、新材料、新器件孕育重大突破，制造工艺不断逼近物理极限，28纳米工艺将成为长生命周期的关键节点，创新步伐将明显放缓，到2025年前后将达到物理极限。

总体来看，目前我国核心集成电路自给率不足两成，仅在某些技术较为容易的低端集成电路中占有少量份额，而服务器、个人电脑、可编程逻辑设备等关键领域市场占有率几乎为零，核心技术几乎都为发达国家垄断，我国集成电路产业亟待自主发展。

5.1.3 集成电路产业特点

集成电路具有工序多、种类多、换代快、投资大的特点。

（1）工艺复杂

集成电路产业链主要为设计、制造、封测以及上游的材料和设备。核心产业链流程可以简单描述为：IC 设计公司根据下游客户（系统厂商）的需求设计芯片，然后交给晶圆代工厂进行制造，这些 IC 制造公司主要的任务就是把 IC 设计公司设计好的电路图移植到硅晶圆制造公司制造好的晶圆上（图 5.2）。完成后的晶圆再送往下游的 IC 封测厂，由封装测试厂进行封装测试，最后将性能良好的 IC 产品出售给系统厂商。具体来说，可以细分为以下环节。

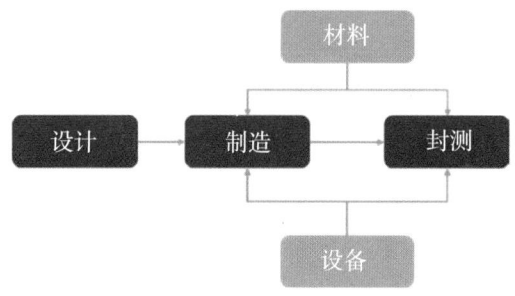

图 5.2　集成电路产业链

IC 设计：根据客户要求设计芯片。IC 设计可分成几个步骤，依序为：规格制定→逻辑设计→电路布局→布局后模拟→光罩制作。规格制定：品牌厂或白牌厂的工程师和 IC 设计工程师接触，提出要求；逻辑设计：IC 设计工程师完成逻辑设计图；电路布局：将逻辑设计图转化成电路图；布局后模拟：经由软件测试，看是否符合规格制定要求；光罩制作：将电路制作成一片片的光罩，完成后的光罩即送往 IC 制造公司。

IC 制造：将光罩上的电路图转移到晶圆上。IC 制造的流程较为复杂，过程与传统相片的制造过程有一定相似性。主要步骤包括：薄膜制备→光刻→显影→蚀刻→光阻去除。薄膜制备：在晶圆片表面上生长数层材质不同、厚度不同的薄膜；光刻：将薄膜板上的图形复制到硅片上。光刻的成本约为整个硅片制造工艺的 1/3，耗费时间占整个硅片工艺的 40%—60%。

IC 封测：封装和测试。封装的流程大致如下：切割→粘贴→切割焊接→模封。切割:将IC制造公司生产的晶圆切割成长方形的IC;粘贴:把IC粘贴到PCB上;焊接:将IC的接脚焊接到PCB上,使其与PCB相容;模封:将接脚模封起来。[8]

(2) 产品种类多

从技术复杂度和应用广度来看,集成电路主要可以分为高端通用和专用集成电路两大类。高端通用集成电路的技术复杂度高、标准统一、通用性强,具有量大面广的特征。它主要包括处理器、存储器,以及FPGA(现场可编程门阵列)、AD/DA(模数/数模转换)等。专用集成电路是针对特定系统需求设计的集成电路,通用性不强。每种专用集成电路都属于一类细分市场,例如,通信设备需要高频大容量数据交换芯片等专用芯片,汽车电子需要辅助驾驶系统芯片、视觉传感和图像处理芯片,以及未来的无人驾驶芯片等。

(3) 技术更新换代快

根据摩尔定律,当价格不变时,集成电路上可容纳的元器件数目,每隔18—24个月便会增加一倍,性能也将提升一倍,从而要求集成电路尺寸不断变小。芯片的制程就是用来表征集成电路尺寸大小的一个参数,随着摩尔定律发展,制程从0.5微米、0.35微米、0.25微米、0.18微米、0.15微米、0.13微米、90纳米、65纳米、45纳米、32纳米、28纳米、22纳米、14纳米,一直发展到现在的10纳米、7纳米、5纳米。目前,28纳米是传统制程和先进制程的分界点。

以台积电为例,晶圆制造的制程每隔几年便会更新换代一次。近几年来换代周期缩短,台积电2017年10纳米已经量产,7纳米于2028年量产(图5.3)。苹果iPhone X用的便是台积电10纳米工艺。除了晶圆制造技术更新换代外,其下游的封测技术也不断随之发展。

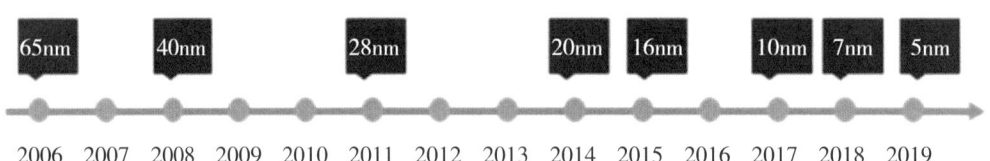

图5.3 台积电制程工艺节点

(4) 投资大风险高

根据《集成电路设计业的发展思路和政策建议》,通常情况下,一款28纳米的芯片设计的研发投入为1亿—2亿元,14纳米的芯片为2亿—3亿元,研发周期为1—2年。对比来看,集成电路设计门槛显著高于互联网产品研发门槛。互联网创业企业的 A 轮融资金额多在百万元量级，集成电路的设计成本要达到亿元量级。一条 28 纳米工艺集成电路生产线的投资额约 50 亿美元，20 纳米工艺生产线高达 100 亿美元。

集成电路设计存在技术和市场两方面的不确定性。一是流片失败的技术风险，即芯片样品无法通过测试或达不到预期性能。对于产品线尚不丰富的初创设计企业，一颗芯片流片失败就可能导致企业破产。二是市场风险，芯片虽然生产出来，但没有猜对市场需求，销量达不到盈亏平衡点。对于独立的集成电路设计企业而言，市场风险比技术风险更大。对于依托整机系统企业的集成电路设计企业而言，芯片设计的需求相对明确，市场风险相对较小。

5.1.4 面临的问题

经过我国集成电路从业人员的不断努力，我国集成电路设计、制造、封装技术不断成熟和发展，也涌现出了清华紫光展锐、华为海思等一批优质的集成电路公司，但不可否认的是我国集成电路产业相较发达国家而言仍有一定差距，具体表现在以下几个方面。

第一是设计、制造和封装产值比例不合理。随着科技的不断发展，技术的发展日新月异,芯片作为机器的"大脑"具有举足轻重的作用,而芯片设计作为实现功能的核心，在整个集成电路行业具有高附加值、技术含量高等特点，其毛利率相对于制造和封测厂商来讲较高，同时对于环境、工作场所等的影响相对较小，受到美国、日本以及欧洲等发达国家和地区的高度重视，也是发达国家实现技术垄断的主要渠道之一。在世界范围内，集成电路设计的产值占比高达 56%，而集成电路封装测试环节的份额占比只有 19%。目前，我国大陆地区集成电路产业仍然大量集中在附加值和技术含量较低的制造和封装环节，2021 年设计行业占比仅为 43.2%。我国集成电路行业整体面临转型。

第二是我国大陆地区集成电路企业结构相对分散，与发达国家相比结构不合理。目前，大陆地区集成电路产业市场集中度相对较低。以集成电路设计为例，中国前十大集成电路设计企业 2016 年的市场份额占比为 42.15%，而在全球市场，2016 年前十大集成电路设计企业市场份额高达 76.42%。从业态来看，集成电路产业具有技术密集和资本密集的属性，行业发展趋势有利于强者恒强。我国大陆地区集成电路行业市场集中度偏低的情况反映出国内集成电路企业的力量弱小，缺乏能够独立做大做强的领军企业。

第三是我国集成电路产品自给率偏低，贸易逆差持续扩大。根据海关总署的统计数据，2021 年我国集成电路产品进口数量为 6354.81 亿个，出口数量为 3107 亿个，进口金额为 4396.94 亿美元，出口金额为 1563 亿美元，存在较大的贸易逆差。根据 IC Insights 数据，2021 年国产集成电路规模占我国集成电路规模的 16.7%，总体自给率仍相对较低，国内集成电路产品的自给率偏低的情况仍然没有得到明显改观。规模庞大的国内市场为集成电路产业发展提供了广阔的空间，随着国内企业技术水平的提升，加之快速响应、本土化服务等优势，国产化将成为市场选择的大趋势。

5.2 中国集成电路领域专利概况

5.2.1 总体趋势

经检索，中国范围内集成电路领域相关专利共 75590 件，其中发明专利 32484 件、实用新型专利 16730 件、发明授权 26376 件。中国集成电路领域专利申请变化趋势如图 5.4 所示。

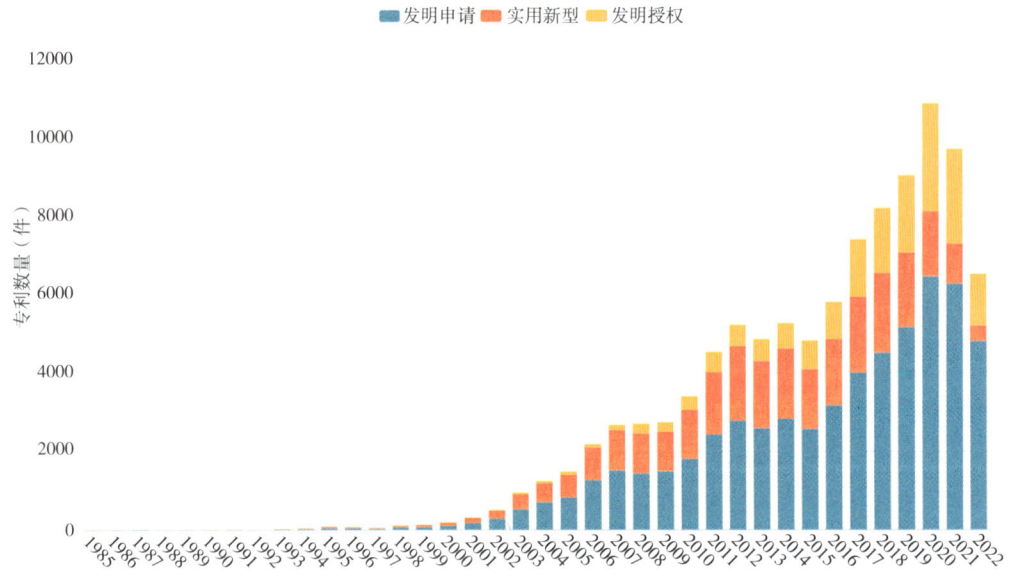

图 5.4 中国集成电路领域专利申请变化趋势

中国集成电路领域的相关专利自 1985 年前后开始出现，此时中国的专利法刚刚颁布不久，因此集成电路领域的专利在中国出现时间非常早。

结合中国集成电路发展史看，中国集成电路的发展源于 20 世纪 50 年代，当时为解决军队电子通信问题，国家成立电信工业管理局，开始集成电路技术研究。中国一度走在韩国的前头。近年来，中国集成电路在全球的市场份额越来越高。根据美国半导体协会的统计资料，从 2014 年一季度到 2017 年一季度，中国在全球半导体销售额市场占比从 26.37% 上升到 32.61%，远远高于 2017 年一季度美洲、日本、欧洲的 19.33%、9.29%、9.61%，中国已经成为全球半导体销售的第一大市场。同时，集成电路产业的发展受到我国政府的高度重视，并推出一系列鼓励措施，大大推动了产业的发展。例如，2014年国务院发布《国家集成电路产业发展推进纲要》，设立国家集成电路产业投资基金，政府从国家战略高度进行顶层设计，以更加市场化的方式运作，以前所未有的力度扶持集成电路产业发展。在市场和政策的双重推动下，集成电路技术不断突破，反映在图5.4中，则是专利申请量明显地逐年递增。

5.2.2 专利布局结构

中国集成电路领域专利布局结构变化趋势如图5.5所示，其中，H01L21/00（专门适用于制造或处理半导体或固体器件或其部件的方法或设备）、H01L23/00（半导体或其他固态器件的零部件）代表了集成电路制造领域，H01L33/00（至少有一个电位跃变势垒或表面势垒的专门适用于光发射的半导体器件），代表了集成电路封装领域，这三个领域的相关专利申请量排名靠前。这表明我国在集成电路领域，主要的技术集中在半导体制造和封装测试领域。这与我国集成电路产业市场主要集中在制造和封装测试模块是吻合的。

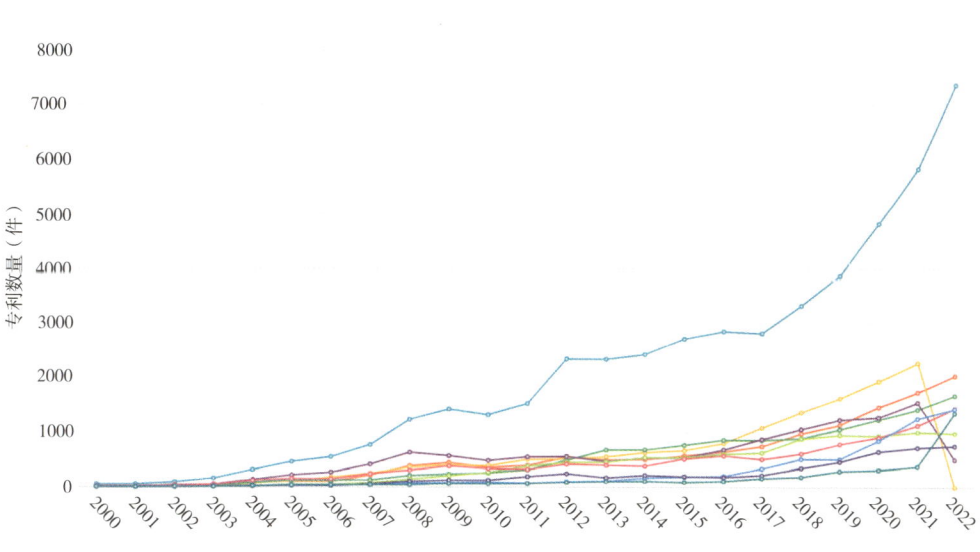

图5.5 中国集成电路领域专利布局结构变化趋势

5.2.3 创新主体统计

中国集成电路领域相关专利主要申请人排名如图5.6所示。从中可以看出，中国企业是中国集成电路领域的主要专利申请者，说明国内企业在集成电路领域已经具有很高的创新实力，同时也开始注重布局。国外专利权人主要为三星、英特尔和国际商业机器公司（IBM）等，其占有相当多的专利技术，这应当引起国内相关企业的重视。

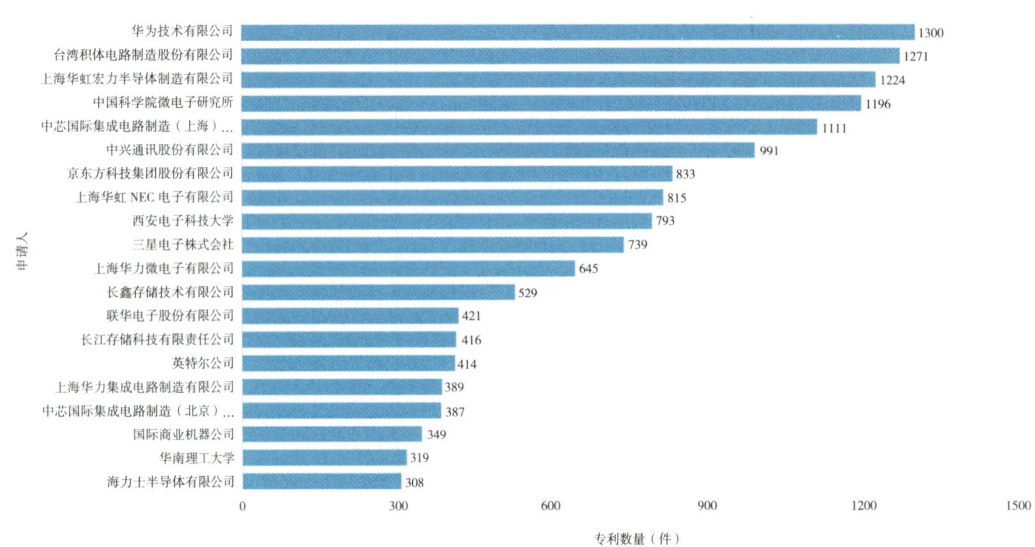

图 5.6　中国集成电路领域相关专利主要申请人排名

在图 5.6 的主要专利申请人中，来自中国台湾的企业台湾积体电路等申请了大量的专利，这些企业都是半导体制造、封装测试技术持有者，也是中国大陆地区企业集成电路技术的重要引进源头，因此在产业发展的招商引资环节中应予以考虑。

集成电路领域中国高校 / 科研单位申请量排名如图 5.7 所示。

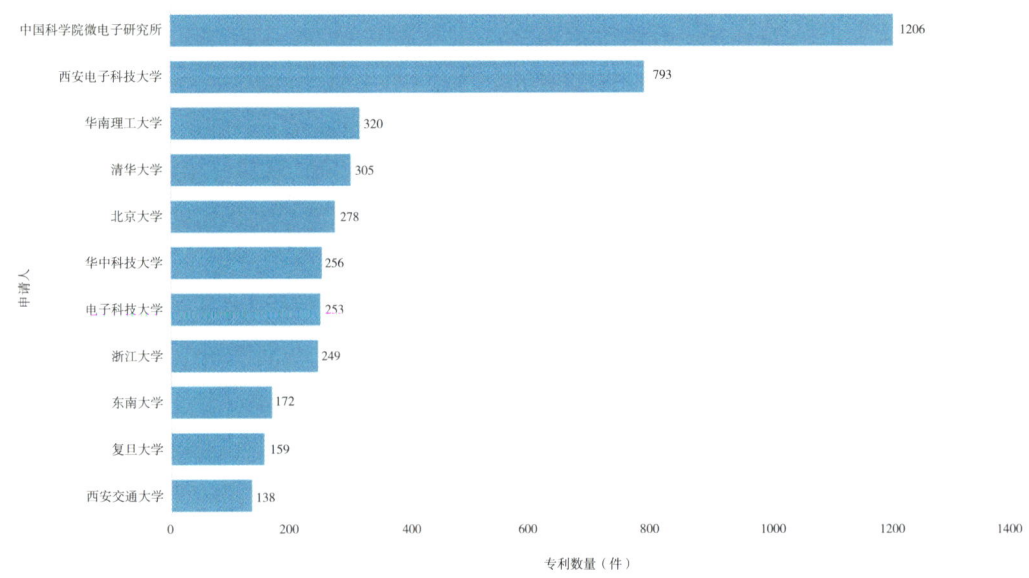

图 5.7　集成电路领域中国高校 / 科研单位申请量排名

5.3 细分领域专利分析

5.3.1 IC 设计 / 结构

如图 5.8 所示，从中国集成电路 IC 设计领域的专利增长趋势可以看出，该领域的专利申请量总体呈现上升趋势，进入 2002 年后，增幅明显增大。2008 年专利申请量突破 1000 件；2010 年后进入第二次增长阶段，2016 年专利申请量突破 2000 件。

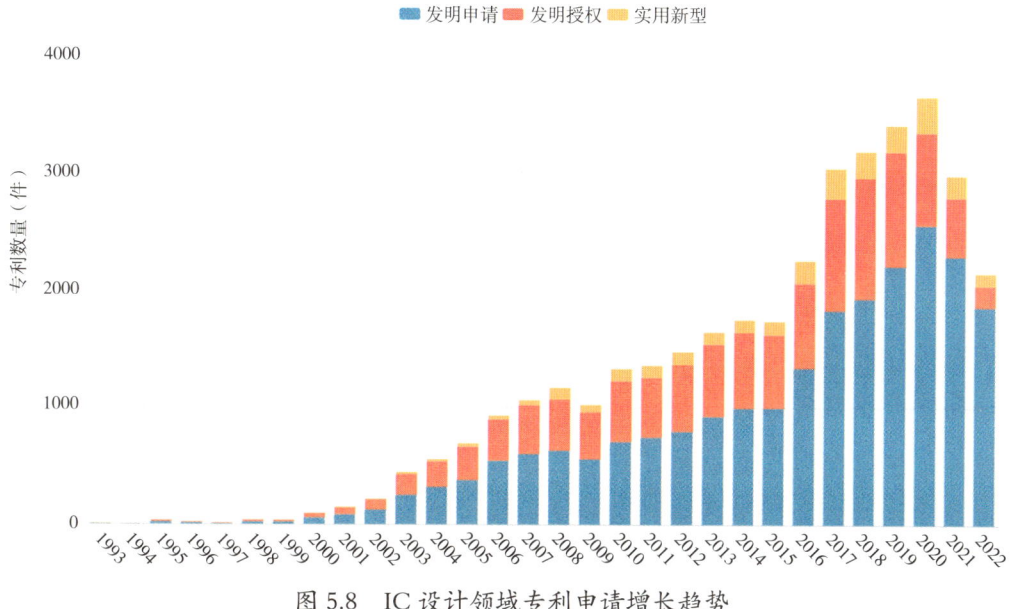

图 5.8 IC 设计领域专利申请增长趋势

如图 5.9 所示，中国 IC 设计领域的主要申请人有华为、中兴通讯、腾讯等国内企业和高通、三星等国外企业，电子科技大学、西安电子科技大学、浙江大学等有电子优势学科的科研院所也成绩不菲。结合图 5.8 的专利增长趋势来看，总体来讲，中国 IC 设计领域的相关专利申请中，国内的相关企业增长较为迅速，从数量上已经呈现出了赶超国外企业的趋势。

但是从整体的技术现状和市场占有现状看，国内企业的技术实力与国外企业仍然存在较大差距。根据中国半导体行业协会的数据，2020 年我国模拟芯片自给率仅为约 12%，预计 2021—2025 年我国模拟芯片市场规模 CAGR（复合年均增长率）为 9.6%，2025 年模拟芯片自给率为 20%。半导体产业的发展对我国经济增长、就业机会创造、关键技术突破和国家安全至关重要,也是抓住新一轮科技和产业革命历史机遇的关键。在全球贸易保护主义升温的背景下，我国迫切需要提升芯片自给率，摆脱对以美国为主的国际技术的依赖。一方面，我国 IC 进出口长期存在巨额贸易逆差，芯片对外依存度高，高端芯片严重依赖进口；另一方面，根据 IC Insights 的数据，我国 IC 自给率虽

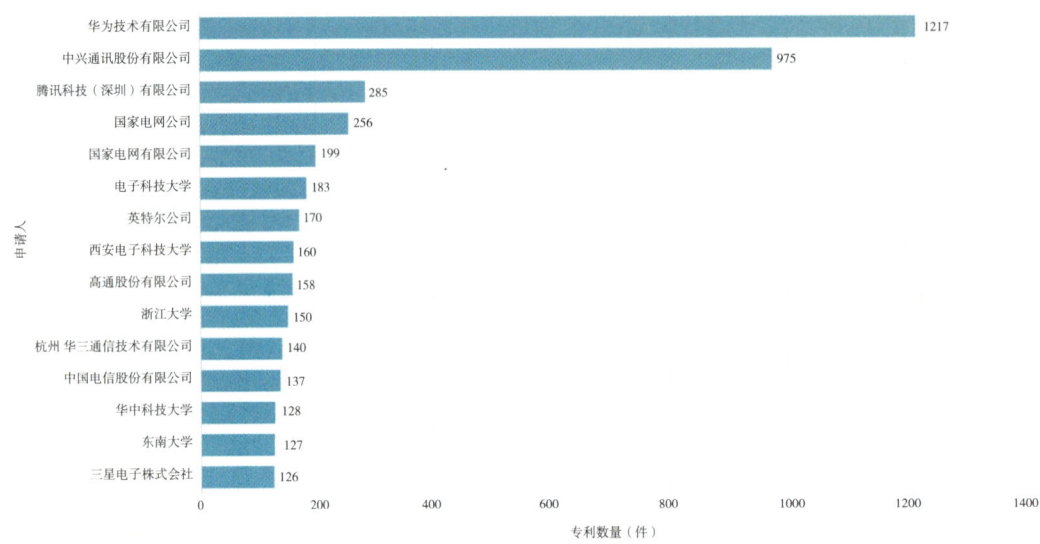

图 5.9　IC 设计领域专利申请人排名

总体呈现上升趋势，但目前仍然处于低位，芯片自给率亟待提升。核心芯片缺乏，芯片国产化和设计技术实力的提升迫在眉睫。

5.3.2　IC 制造

如图 5.10 所示，从中国 IC 制造领域的专利申请增长趋势可以看出申请量整体呈现上升趋势，并于 2002 年后申请量增长明显，2004 年后增幅趋于平稳。该项技术的研发热度在平稳增加。从 IC 制造的市场环境来看，IC 制造中的晶圆制造产业向国内转移。在半导体向国内转移的趋势下，国际大厂纷纷到我国大陆地区设厂或者增大国内建厂的规模。据 IC Insights 数据，2016 年底，我国大陆地区晶圆厂 12 英寸月产能 21 万片（包括存储产能），8 英寸产能 61 万片。本土的中芯国际、华力微以及武汉新芯的 12 英寸产能合计为 16 万片。根据 TrendForce 统计，自 2016 年至 2017 年底，中国新建及规划中的 8 英寸和 12 英寸晶圆厂共计约 28 座，其中 12 英寸有 20 座，8 英寸则为 8 座。这说明 IC 制造领域的技术发展与市场转移方向是一致的。

如图 5.11 所示，中国 IC 制造领域专利申请人排名中，华虹、台积电、中芯国际、三星等老牌晶圆制造企业依旧是专利申请大户。而长江存储、长鑫存储等晶圆制造新贵则是加紧专利申请积累。中国科学院微电子研究所、西安电子科技大学等科研院所也是紧跟直上。

国内企业占据了大部分席位，表明在 IC 制造领域的相关技术中，中国国内的企业已经具备了相当的研究实力，且在专利申请量上已超越国外企业。同时国外 IC 制造领域的龙头企业也十分重视中国的市场，在中国市场展开了较为充分的专利布局。

第五章 集成电路产业专利分析

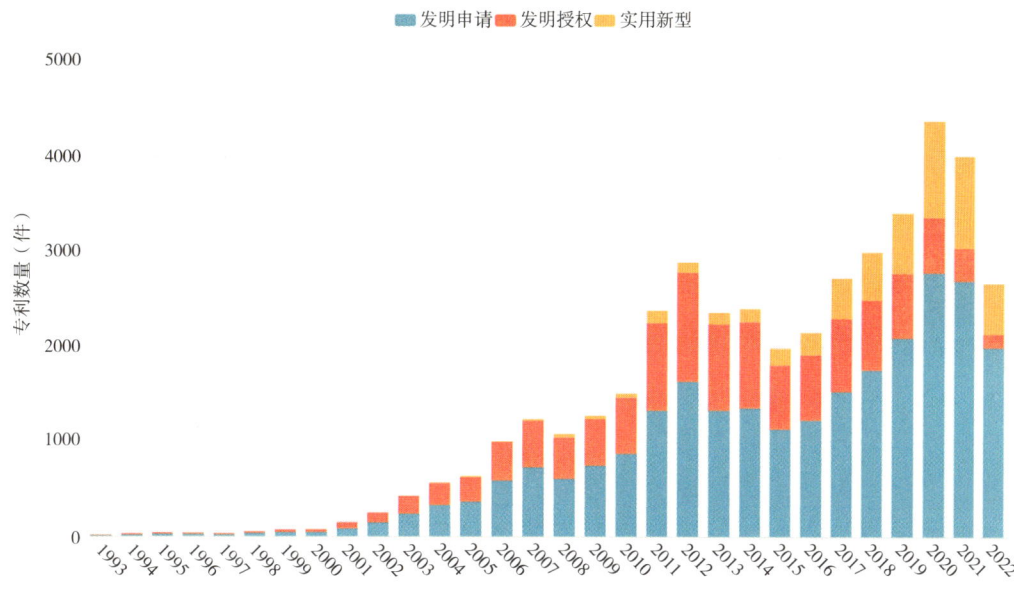

图 5.10 中国 IC 制造领域专利申请增长趋势

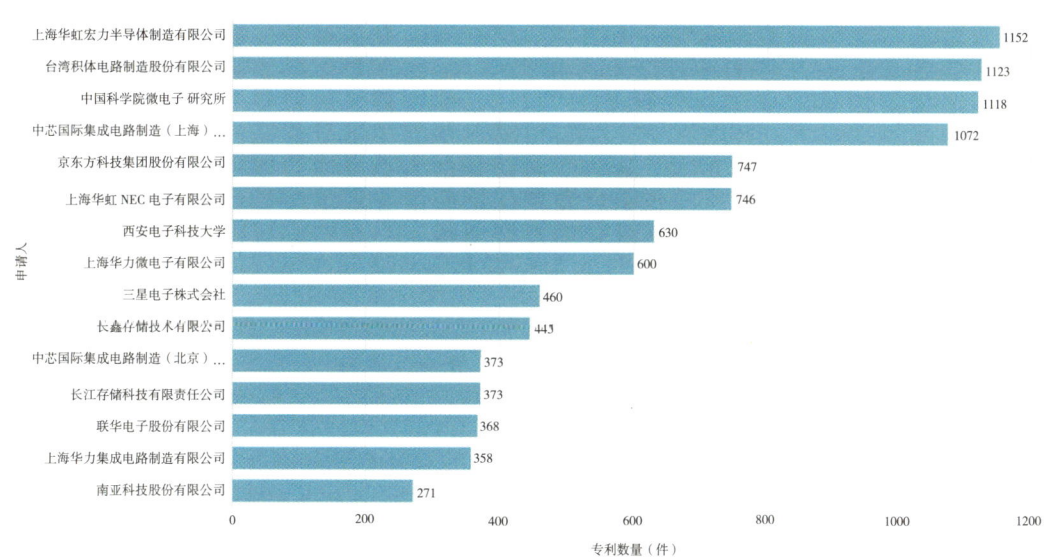

图 5.11 中国 IC 制造领域专利申请人排名

5.3.3 IC 封测

如图 5.12 所示，中国 IC 封测领域的专利申请趋势中，中国在 IC 封测领域的技术起步开始于 1993 年前后，相对于 IC 制造和 IC 设计领域较早地出现了相关技术的专利申请，并于 1997 年出现过一次申请高峰。经深入探究，如图 5.13 所示，1997 年的相关专利的申请人主要包括：LG 半导体株式会社、松下电器产业株式会社、精工爱普生株式会社、华通电脑股份有限公司、三星电子株式会社等来自日本、中国和韩国的企业。封装测试领域不仅需要掌握封装技术和工艺制程，而且需要较多的劳动力、土地、资金等要素资源。在20世纪90年代，中国大陆地区的人工成本优势逐渐在IC封测领域展现出优势，吸引了中国台湾地区和日韩的相关企业在中国大陆地区投资设厂，并展开专利布局，抢占市场。进入21世纪后，中国IC封测领域的相关专利申请量持续走高，随着集成电路产业逐渐向中国转移，IC封测领域逐渐成为我国在国际市场中具备竞争力的技术环节，同时也涌现出了一批竞争实力强劲的本土企业。当前，晶圆制造与先进封装越来越多地进行结合。

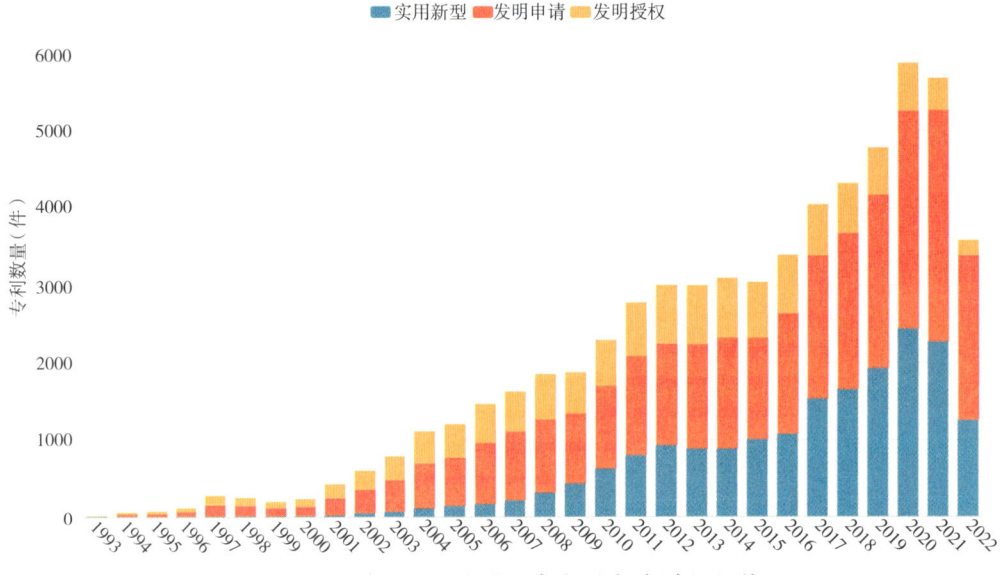

图 5.12　中国 IC 封测领域专利申请增长趋势

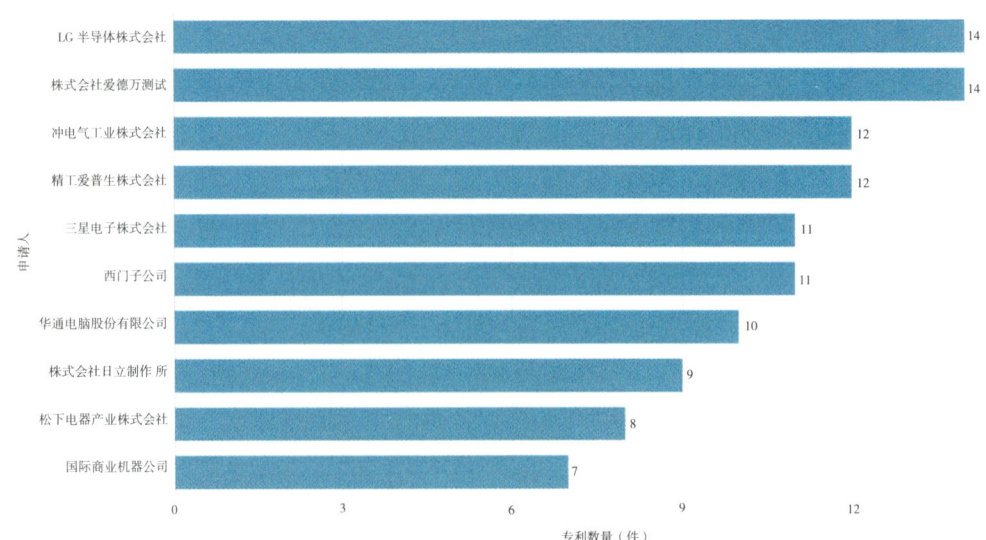

图 5.13　1997 年中国 IC 封测领域主要专利申请人排名

如图 5.14 所示，中国 IC 封测领域主要专利申请人中，江苏长电科技、华进半导体、华天科技等中国企业排名靠前，尤其是江苏长电科技，以 812 件相关专利申请排名第一。

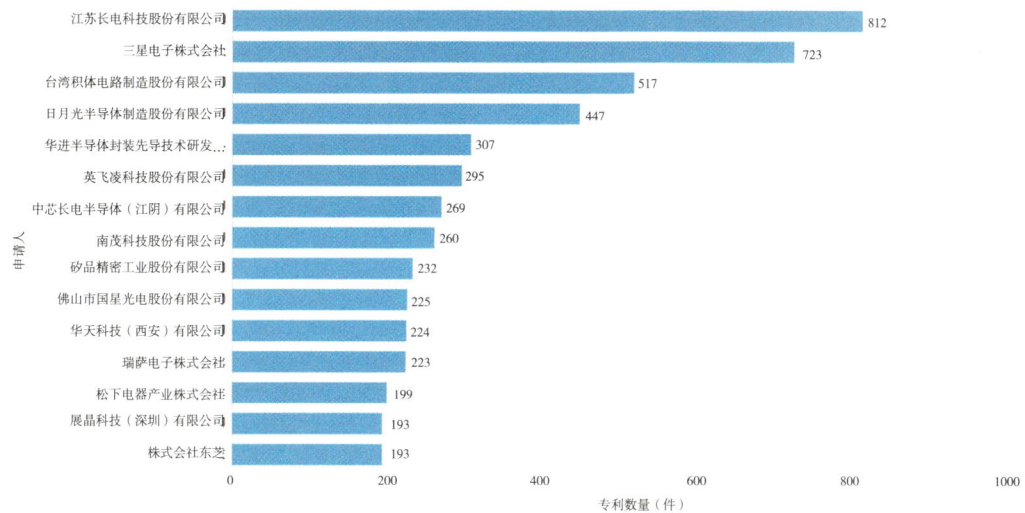

图 5.14 中国 IC 封测领域主要专利申请人排名

5.4 莆田市创新实力定位

中国各省份和福建省各地市集成电路领域相关专利申请量排名如图 5.15 所示。可以看出，广东、江苏、北京、台湾等在集成电路领域专利申请量较多，也反映了这些地区的技术实力较强；山东、四川、湖北、福建等处于中游水平。在福建省内，厦门、泉州和福州的相关专利申请量排名靠前，莆田处于第四位，表明莆田的集成电路技术实力，尚有较大的提升空间。

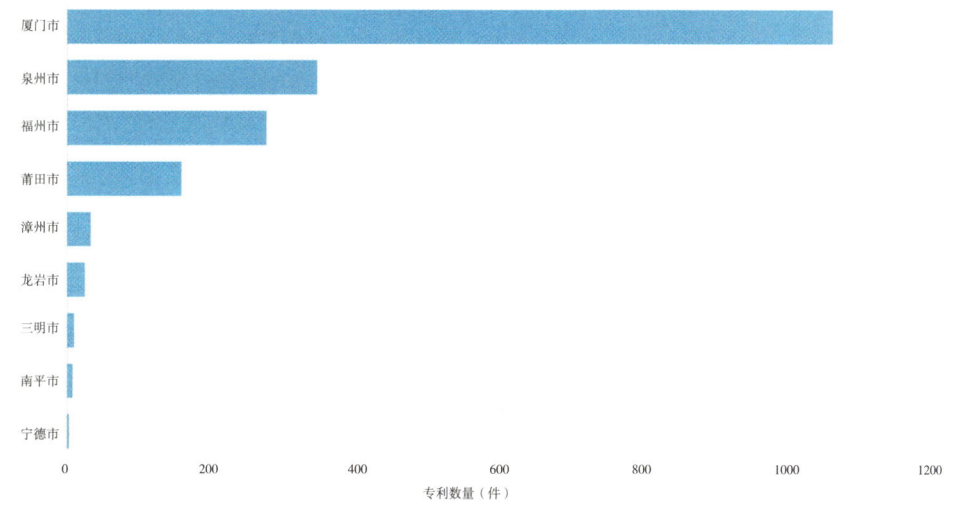

图 5.15 福建省各地市集成电路领域相关专利申请量排名

莆田市集成电路产业相关专利详见表 5.1。

表 5.1 莆田市集成电路产业相关专利

公开号	标题（中文）	公开类型	申请人
CN102104589A	专有网系列	发明申请	刘文祥
CN203596369U	一种高光效的 LED 模组结构	实用新型	福建省万邦光电科技有限公司
CN104659183A	一种 LED 发光模组的结构及其制作工艺	发明申请	福建省万邦光电科技有限公司
CN105163086A	一种基于行车记录仪的路景分享方法及装置	发明申请	莆田市云驰新能源汽车研究院有限公司
CN205038302U	计算器 IC 检测装置	实用新型	福建莆田市涵江珍宝电子塑胶有限公司
CN205246824U	一种计算器 IC 测试装置	实用新型	莆田德信电子有限公司
CN105163086B	一种基于行车记录仪的路景分享方法及系统	发明授权	福建省汽车工业集团云度新能源汽车股份有限公司
CN205542755U	一种高可靠功率器件共晶硅背面金属化结构	实用新型	福建安特微电子有限公司
CN106197634A	一种免停车的车载称重在线监测系统	发明申请	锐马（福建）电气制造有限公司
CN104659183B	一种 LED 发光模组的结构及其制造工艺	发明授权	莆田康布斯光电科技有限公司
CN108321104A	一种具有新型管路结构的蚀刻装置	发明申请	福建省福联集成电路有限公司
CN207753007U	一种瞬变电压二极管芯片装置	实用新型	福建安特微电子有限公司
CN207765421U	一种基于多角度控制机构的蚀刻装置	实用新型	福建省福联集成电路有限公司
CN207883664U	一种均匀场流的蚀刻装置	实用新型	福建省福联集成电路有限公司
CN207883665U	一种具有新型管路结构的蚀刻装置	实用新型	福建省福联集成电路有限公司
CN108565210A	一种半导体器件制造方法及半导体器件	发明申请	福建省福联集成电路有限公司

续表

公开号	标题（中文）	公开类型	申请人
CN108598016A	一种均匀场流的蚀刻装置	发明申请	福建省福联集成电路有限公司
CN108766888A	一种Y栅半导体器件制造方法及半导体器件	发明申请	福建省福联集成电路有限公司
CN108922850A	一种Y栅晶体管器件制造方法及晶体管器件	发明申请	福建省福联集成电路有限公司
CN108922924A	一种多层自对准Y栅晶体管器件制造方法及晶体管器件	发明申请	福建省福联集成电路有限公司
CN106197634B	一种免停车的车载称重在线监测系统	发明授权	锐马（福建）电气制造有限公司
CN109860089A	一种翻转机构及其制作方法	发明申请	福建省福联集成电路有限公司
CN109860147A	一种叠状电容制作方法及半导体器件	发明申请	福建省福联集成电路有限公司
CN108565210B	一种半导体器件制造方法及半导体器件	发明授权	福建省福联集成电路有限公司
CN108766888B	一种Y栅半导体器件制造方法及半导体器件	发明授权	福建省福联集成电路有限公司
CN108922924B	一种多层自对准Y栅晶体管器件制造方法及晶体管器件	发明授权	福建省福联集成电路有限公司
CN110047742A	一种半导体器件制作方法及半导体器件	发明申请	福建省福联集成电路有限公司
CN110047940A	一种双沟道的TFT结构	发明申请	福建华佳彩有限公司
CN110071096A	一种提高容值和耐压的叠状电容及制作方法	发明申请	福建省福联集成电路有限公司
CN110120351A	一种金属柱制作方法及半导体器件	发明申请	福建省福联集成电路有限公司
CN110133961A	一种改善光阻显影和变形的方法	发明申请	福建省福联集成电路有限公司
CN110190126A	一种抗反激信号的半导体器件及制作方法	发明申请	福建省福联集成电路有限公司

续表

公开号	标题（中文）	公开类型	申请人
CN110211873A	一种低线宽半导体器件制作方法及半导体器件	发明申请	福建省福联集成电路有限公司
CN110223970A	一种孔槽式的电容结构及制作方法	发明申请	福建省福联集成电路有限公司
CN110233147A	一种叠状电感及制作方法	发明申请	福建省福联集成电路有限公司
CN108922850B	一种Y栅晶体管器件制造方法及晶体管器件	发明授权	福建省福联集成电路有限公司
CN110335818A	一种异质结双极晶体管结构及制造方法	发明申请	福建省福联集成电路有限公司
CN209496842U	一种翻转机构	实用新型	福建省福联集成电路有限公司
CN110416076A	一种改善金属线路断裂的方法及器件	发明申请	福建省福联集成电路有限公司
CN110429027A	一种提高低线宽栅极器件生产效率的方法及器件	发明申请	福建省福联集成电路有限公司
CN110429028A	一种晶体管器件增强型和耗尽型栅极集成制作方法及器件	发明申请	福建省福联集成电路有限公司
CN110429063A	一种低噪声值的半导体器件制造方法及器件	发明申请	福建省福联集成电路有限公司
CN110459535A	一种叠层电感的制作方法及制得的器件	发明申请	福建省福联集成电路有限公司
CN110491830A	一种空气桥制作方法及具有该空气桥的器件	发明申请	福建省福联集成电路有限公司
CN110491831A	一种制作通孔的方法及制得的器件	发明申请	福建省福联集成电路有限公司
CN110504194A	一种自动撕金装置	发明申请	福建省福联集成电路有限公司
CN209728119U	一种用于检测计算器集成电路板的检测装置	实用新型	莆田德信电子有限公司

续表

公开号	标题（中文）	公开类型	申请人
CN110634731A	一种MIM电容及制作方法	发明申请	福建省福联集成电路有限公司
CN209880623U	一种双沟道的TFT结构	实用新型	福建华佳彩有限公司
CN209912893U	一种散热型发光二极管	实用新型	莆田市多容光学电子有限公司
CN110676163A	一种异质结叠瓦太阳能电池的切片方法	发明申请	福建钜能电力有限公司
CN110690282A	一种基于晶体管的电阻结构及其制作方法	发明申请	福建省福联集成电路有限公司
CN110767650A	一种提高抗击穿能力的SMIM电容结构及制作方法	发明申请	福建省福联集成电路有限公司
CN110777406A	一种孔内电镀结构及其制作方法	发明申请	福建省福联集成电路有限公司
CN110783321A	一种制作SMIM电容结构的方法及电容结构	发明申请	福建省福联集成电路有限公司
CN110797299A	一种通孔结构及其制作方法	发明申请	福建省福联集成电路有限公司
CN110828341A	一种自动倾斜晶圆载片装置	发明申请	福建省福联集成电路有限公司
CN110867457A	一种高电容结构的阵列基板及制作方法	发明申请	福建华佳彩有限公司
CN210200675U	一种自动撕金装置	实用新型	福建省福联集成电路有限公司
CN110993561A	一种防止金属连接线断连的方法	发明申请	福建省福联集成电路有限公司
CN111048592A	一种薄膜场效应晶体管结构及制作方法	发明申请	福建华佳彩有限公司
CN111063657A	一种用于大电流的空气桥及制作方法	发明申请	福建省福联集成电路有限公司
CN111063659A	一种具有双层结构的无源器件及制作方法	发明申请	福建省福联集成电路有限公司

续表

公开号	标题（中文）	公开类型	申请人
CN111106007A	一种半导体台面及蚀刻方法	发明申请	福建省福联集成电路有限公司
CN111106040A	精准控制金属下沉的设备	发明申请	福建省福联集成电路有限公司
CN111106054A	一种预判晶圆校准值的方法和存储介质	发明申请	福建省福联集成电路有限公司
CN210535635U	一种自动倾斜晶圆载片装置	实用新型	福建省福联集成电路有限公司
CN111180396A	一种氧化物半导体基板结构及制作方法	发明申请	福建华佳彩有限公司
CN210668293U	一种防止晶圆反吸和斜插的装置	实用新型	福建省福联集成电路有限公司
CN111312614A	一种蚀刻与甩干一体式机台以及甩干机构	发明申请	福建省福联集成电路有限公司
CN210805714U	一种晶圆检视治具	实用新型	福建省福联集成电路有限公司
CN210805715U	一种湿法蚀刻机台	实用新型	福建省福联集成电路有限公司
CN210925955U	一种蚀刻与甩干一体式机台以及甩干机构	实用新型	福建省福联集成电路有限公司
CN211208447U	一种氧化物半导体基板结构	实用新型	福建华佳彩有限公司
CN111599682A	一种新型TFT结构及制作方法	发明申请	福建华佳彩有限公司
CN111599867A	一种薄膜晶体管结构及制作方法	发明申请	福建华佳彩有限公司
CN111653521A	一种OLED显示结构及制作方法	发明申请	福建华佳彩有限公司
CN111681960A	一种TFT结构的制作方法	发明申请	福建华佳彩有限公司
CN111739841A	一种顶栅结构的In-cell触控面板及制作方法	发明申请	福建华佳彩有限公司
CN111739895A	一种TFT背板结构及制作方法	发明申请	福建华佳彩有限公司

续表

公开号	标题（中文）	公开类型	申请人
CN111834488A	一种太阳能电池的制备方法	发明申请	福建钜能电力有限公司
CN111968945A	一种BCE结构TFT的制作方法及结构	发明申请	福建华佳彩有限公司
CN112103244A	一种TFT阵列基板及其制作方法	发明申请	福建华佳彩有限公司
CN112103246A	一种TFT阵列基板结构及制作方法	发明申请	福建华佳彩有限公司
CN112103384A	一种Mini LED屏结构及其封装方法	发明申请	福建华佳彩有限公司
CN112117234A	一种盲孔屏背板结构及制作方法	发明申请	福建华佳彩有限公司
CN110233147B	一种叠状电感及制作方法	发明授权	福建省福联集成电路有限公司
CN110459535B	一种叠层电感的制作方法及制得的器件	发明授权	福建省福联集成电路有限公司
CN110783321B	一种制作SMIM电容结构的方法及电容结构	发明授权	福建省福联集成电路有限公司
CN212810254U	一种裂片盘装置	实用新型	福建华佳彩有限公司
CN212874536U	一种Mini LED屏结构	实用新型	福建华佳彩有限公司
CN110777406B	一种孔内电镀结构及其制作方法	发明授权	福建省福联集成电路有限公司
CN112652650A	一种内嵌式的面板结构及其制作方法	发明申请	福建华佳彩有限公司
CN213042913U	一种盲孔屏背板结构	实用新型	福建华佳彩有限公司
CN110211873B	一种低线宽半导体器件制作方法及半导体器件	发明授权	福建省福联集成电路有限公司
CN110223970B	一种孔槽式的电容结构及制作方法	发明授权	福建省福联集成电路有限公司
CN213212166U	一种TFT阵列基板结构	实用新型	福建华佳彩有限公司
CN112838184A	一种两段式吸附光罩及其吸附方法	发明申请	福建华佳彩有限公司

续表

公开号	标题（中文）	公开类型	申请人
CN113113336A	一种阳极键合设备	发明申请	莆田学院
CN213845277U	一种内嵌式的面板结构	实用新型	福建华佳彩有限公司
CN109860147B	一种叠状电容制作方法及半导体器件	发明授权	福建省福联集成电路有限公司
CN113327945A	一种窄边框 TFT 结构及其制作方法	发明申请	福建华佳彩有限公司
CN110071096B	一种提高容值和耐压的叠状电容的制作方法	发明授权	福建省福联集成电路有限公司
CN110421270B	一种晶圆切割方法	发明授权	福建省福联集成电路有限公司
CN110429027B	一种提高低线宽栅极器件生产效率的方法及器件	发明授权	福建省福联集成电路有限公司
CN110416076B	一种改善金属线路断裂的方法及器件	发明授权	福建省福联集成电路有限公司
CN113659095A	一种 OLED 器件支撑柱的结构及其制作方法	发明申请	福建华佳彩有限公司
CN113659100A	一种显示面板及其制作方法	发明申请	福建华佳彩有限公司
CN110429028B	一种晶体管器件增强型和耗尽型栅极集成制作方法及器件	发明授权	福建省福联集成电路有限公司
CN214848687U	一种两段式吸附光罩	实用新型	福建华佳彩有限公司
CN215070017U	一种隧道炉式太阳能电池电注入增效设备	实用新型	福建钜能电力有限公司
CN110429063B	一种低噪声值的半导体器件制造方法及器件	发明授权	福建省福联集成电路有限公司
CN110634731B	一种 MIM 电容及制作方法	发明授权	福建省福联集成电路有限公司
CN110767650B	一种提高抗击穿能力的 SMIM 电容结构及制作方法	发明授权	福建省福联集成电路有限公司
CN113782662A	一种微型发光二极管面板结构及其制作方法	发明申请	福建华佳彩有限公司

续表

公开号	标题（中文）	公开类型	申请人
CN113793857A	高性能双栅 LTPO 面板结构及制备工艺	发明申请	福建华佳彩有限公司
CN113838873A	一种 Top Com 阵列结构	发明申请	福建华佳彩有限公司
CN113838874A	一种阵列基板及其制造方法	发明申请	福建华佳彩有限公司
CN113862612A	一种用于异形屏的掩膜条结构及其制造工艺	发明申请	福建华佳彩有限公司
CN113921466A	一种降 TP RC loading 方法	发明申请	福建华佳彩有限公司
CN215496649U	一种 TFT 基板制作用蚀刻槽结构	实用新型	福建华佳彩有限公司
CN215496719U	一种窄边框 TFT 结构	实用新型	福建华佳彩有限公司
CN113990806A	一种改善 Source Line 暗线的方法	发明申请	福建华佳彩有限公司
CN110676163B	一种异质结叠瓦太阳能电池的切片方法	发明授权	福建钜能电力有限公司
CN114050164A	一种可避免有源层开孔过刻的阵列基板及其制造方法	发明申请	福建华佳彩有限公司
CN114070835A	远程传输系统设计方法、系统及装置	发明申请	福建省莆田市气象局 福建省气象科学研究所
CN215896394U	高性能双栅 LTPO 面板结构	实用新型	福建华佳彩有限公司
CN114150265A	一种用于异形屏的掩膜条结构及其制程方法	发明申请	福建华佳彩有限公司
CN114182204A	一种异形屏的掩膜条结构及其制备方法	发明申请	福建华佳彩有限公司
CN216054709U	一种 Top Com 阵列结构	实用新型	福建华佳彩有限公司
CN216107161U	一种用于异形屏的掩膜条结构	实用新型	福建华佳彩有限公司
CN216213465U	一种双面显示面板结构	实用新型	福建华佳彩有限公司
CN216288466U	一种减少光罩的 AMOLED 背板结构	实用新型	福建华佳彩有限公司
CN216354220U	一种可避免有源层开孔过刻的阵列基板	实用新型	福建华佳彩有限公司

续表

公开号	标题(中文)	公开类型	申请人
CN111106007B	一种半导体台面及蚀刻方法	发明授权	福建省福联集成电路有限公司
CN111106040B	精准控制金属下沉的设备	发明授权	福建省福联集成电路有限公司
CN110491831B	一种制作通孔的方法及制得的器件	发明授权	福建省福联集成电路有限公司
CN113113336B	一种阳极键合设备	发明授权	莆田学院
CN216771913U	一种电子表COB板芯片封装测试架	实用新型	莆田市新利源电子实业有限公司
CN114675161A	一种集成电路芯片测试仪	发明申请	潘雄
CN114678384A	一种改善Taper侧面金属残留的TFT阵列基板结构及其制造方法	发明申请	福建华佳彩有限公司
CN114725154A	一种Micro&Mini-LED的架构及其制造方法	发明申请	福建华佳彩有限公司
CN114784169A	一种半导体发光器件封装结构	发明申请	范潇敏
CN114814526A	一种集成电路芯片测试接口板	发明申请	赵倩
CN111063657B	一种用于大电流的空气桥及制作方法	发明授权	福建省福联集成电路有限公司
CN114864622A	一种Mini&Micro-LED巨量转移方法	发明申请	福建华佳彩有限公司
CN217134374U	一种阵列基板	实用新型	福建华佳彩有限公司
CN110797299B	一种通孔结构及其制作方法	发明授权	福建省福联集成电路有限公司
CN111106054B	一种预判晶圆校准值的方法和存储介质	发明授权	福建省福联集成电路有限公司
CN110491830B	一种空气桥制作方法及具有该空气桥的器件	发明授权	福建省福联集成电路有限公司
CN111063659B	一种具有双层结构的无源器件及制作方法	发明授权	福建省福联集成电路有限公司

续表

公开号	标题（中文）	公开类型	申请人
CN114944362A	一种避免有源层蚀刻的7 Mask 阵列基板及其制造方法	发明申请	福建华佳彩有限公司
CN115000085A	一种避免 IGZO 与像素电极相互蚀刻的 TFT 基板及其制备方法	发明申请	福建华佳彩有限公司
CN115132656A	一种避免触控金属层开孔过刻的阵列基板的制造方法	发明申请	福建华佳彩有限公司
CN110690282B	一种基于晶体管的电阻结构及其制作方法	发明授权	福建省福联集成电路有限公司
CN111048592B	一种薄膜场效应晶体管结构及制作方法	发明授权	福建华佳彩有限公司
CN110335818B	一种异质结双极晶体管结构及制造方法	发明授权	福建省福联集成电路有限公司
CN218004859U	一种 Micro&Mini-LED 的架构	实用新型	福建华佳彩有限公司
CN115483123A	一种铜栅太阳能电池的测试方法	发明申请	福建钜能电力有限公司

5.5 莆田市重点企业分析

5.5.1 福建省福联集成电路有限公司

（1）企业现状

福建省福联集成电路有限公司是由福建省电子信息集团投资，与台联电（UMC）技术合作的国有控股企业，专注于第二代与第三代半导体芯片制造的晶圆加工服务，成立于 2015 年 10 月，第一期投资 10 亿元人民币，在福建省莆田市建设一座砷化镓芯片制造的 6 英寸晶圆厂，于 2017 年正式投产；二期计划投资 20 亿元扩建砷化镓产能并建设一座氮化镓芯片制造的晶圆厂。福联主要生产化合物半导体（砷化镓、氮化镓）微波射频芯片，具有完整的 HBT、PHEMT 器件技术，研发团队中硕士 24 人、博士 1 人。

如表 5.2 所示，从公司的专利申请现状来看，截至目前公司共申请专利 78 件，其中发明专利 68 件（其中实质审查 7 件、授权 57 件、驳回 4 件），实用新型专利 10 件。从申请趋势来看，福联 2015 年 10 月才成立，专利布局处于起步阶段，专利申请主要集中在 2018 年和 2019 年。从专利申请来看，公司的专利技术方向主要围绕晶圆/芯片/晶体管制造加工工艺过程的一些环节，包括晶圆芯片的切割方法（CN201810015647.X）、蚀刻液（CN201721465421.7）、晶圆弯曲度检测（CN201721451761.4）、铟锡氧化物检测（CN201810179729.8）、基于砷化镓的集成晶体管（CN201721642209.3）、制程冷却水（CN201721139509.X）等。从专利布局上来看技术较为分散，没有明显的核心专利及围绕核心专利进行扩展的专利布局。专利布局是通过合理的设计和规划，构建系统化的、有组织的、有竞争力的专利组合，强调的是支撑和服务于商业竞争需求和商业竞争布局的专利部署，是专利包的构建，公司在这方面的建设应该加强。

表 5.2　福联集成电路中国专利布局

标题（中文）	申请号	申请日	专利类型	当前法律状态
一种具有新型管路结构的蚀刻装置	CN201810214433.5	2018/03/15	发明申请	实质审查
一种基于多角度控制机构的蚀刻装置	CN201820354939.1	2018/03/15	实用新型	授权
一种均匀场流的蚀刻装置	CN201820354115.4	2018/03/15	实用新型	授权
一种具有新型管路结构的蚀刻装置	CN201820355416.9	2018/03/15	实用新型	授权
一种半导体器件制造方法及半导体器件	CN201810570864.5	2018/06/05	发明申请	授权
一种均匀场流的蚀刻装置	CN201810215677.5	2018/03/15	发明申请	实质审查
一种Y栅半导体器件制造方法及半导体器件	CN201810570863.0	2018/06/05	发明申请	授权
一种Y栅晶体管器件制造方法及晶体管器件	CN201810577762.6	2018/06/05	发明申请	授权
一种多层自对准Y栅晶体管器件制造方法及晶体管器件	CN201810570056.9	2018/06/05	发明申请	授权
一种翻转机构及其制作方法	CN201910062354.1	2019/01/23	发明申请	实质审查
一种叠状电容制作方法及半导体器件	CN201910131306.3	2019/02/22	发明申请	授权
一种半导体器件制造方法及半导体器件	CN201810570864.5	2018/06/05	发明授权	授权

续表

标题（中文）	申请号	申请日	专利类型	当前法律状态
一种Y栅半导体器件制造方法及半导体器件	CN201810570863.0	2018/06/05	发明授权	授权
一种多层自对准Y栅晶体管器件制造方法及晶体管器件	CN201810570056.9	2018/06/05	发明授权	授权
一种半导体器件制作方法及半导体器件	CN201910175443.7	2019/03/08	发明申请	驳回
一种提高容值和耐压的叠状电容及制作方法	CN201910193926.X	2019/03/13	发明申请	授权
一种金属柱制作方法及半导体器件	CN201910259350.2	2019/04/02	发明申请	驳回
一种改善光阻显影和变形的方法	CN201910343802.5	2019/04/26	发明申请	实质审查
一种抗反激信号的半导体器件及制作方法	CN201910364224.3	2019/04/30	发明申请	驳回
一种低线宽半导体器件制作方法及半导体器件	CN201910329491.7	2019/04/23	发明申请	授权
一种孔槽式的电容结构及制作方法	CN201910366425.7	2019/05/05	发明申请	授权
一种叠状电感及制作方法	CN201910380364.X	2019/05/08	发明申请	授权
一种Y栅晶体管器件制造方法及晶体管器件	CN201810577762.6	2018/06/05	发明授权	授权
一种异质结双极晶体管结构及制造方法	CN201910433131.1	2019/05/23	发明申请	授权
一种翻转机构	CN201920111147.6	2019/01/23	实用新型	授权
一种改善金属线路断裂的方法及器件	CN201910484293.8	2019/06/05	发明申请	授权
一种提高低线宽栅极器件生产效率的方法及器件	CN201910564879.5	2019/06/27	发明申请	授权
一种晶体管器件增强型和耗尽型栅极集成制作方法及器件	CN201910705434.4	2019/08/01	发明申请	授权

续表

标题（中文）	申请号	申请日	专利类型	当前法律状态
一种低噪声值的半导体器件制造方法及器件	CN201910573633.4	2019/06/28	发明申请	授权
一种叠层电感的制作方法及制得的器件	CN201910658933.2	2019/07/22	发明申请	授权
一种空气桥制作方法及具有该空气桥的器件	CN201910648325.3	2019/07/18	发明申请	授权
一种制作通孔的方法及制得的器件	CN201910680978.X	2019/07/26	发明申请	授权
一种自动撕金装置	CN201910724944.6	2019/08/07	发明申请	实质审查
一种MIM电容及制作方法	CN201910747380.8	2019/08/14	发明申请	授权
一种基于晶体管的电阻结构及其制作方法	CN201910784342.X	2019/08/23	发明申请	授权
一种提高抗击穿能力的SMIM电容结构及制作方法	CN201910890383.7	2019/09/20	发明申请	授权
一种孔内电镀结构及其制作方法	CN201910913727.1	2019/09/25	发明申请	授权
一种制作SMIM电容结构的方法及电容结构	CN201910978367.3	2019/10/15	发明申请	授权
一种通孔结构及其制作方法	CN201910937839.0	2019/09/30	发明申请	授权
一种自动倾斜晶圆载片装置	CN201910983989.5	2019/10/16	发明申请	实质审查
一种自动撕金装置	CN201921269895.3	2019/08/07	实用新型	授权
一种防止金属连接线断连的方法	CN201911191046.5	2019/11/28	发明申请	驳回
一种用于大电流的空气桥及制作方法	CN201911197175.5	2019/11/29	发明申请	授权
一种具有双层结构的无源器件及制作方法	CN201911191053.5	2019/11/28	发明申请	授权
一种半导体台面及蚀刻方法	CN201911226977.4	2019/12/04	发明申请	授权
精准控制金属下沉的设备	CN201911238198.6	2019/12/06	发明申请	授权

续表

标题（中文）	申请号	申请日	专利类型	当前法律状态
一种预判晶圆校准值的方法和存储介质	CN201911235572.7	2019/12/05	发明申请	授权
一种自动倾斜晶圆载片装置	CN201921736780.0	2019/10/16	实用新型	授权
一种防止晶圆反吸和斜插的装置	CN201922062866.6	2019/11/22	实用新型	授权
一种蚀刻与甩干一体式机台以及甩干机构	CN201911196366.X	2019/11/29	发明申请	实质审查
一种晶圆检视治具	CN201922090495.2	2019/11/28	实用新型	授权
一种湿法蚀刻机台	CN201922096963.7	2019/11/29	实用新型	授权
一种蚀刻与甩干一体式机台以及甩干机构	CN201922101052.9	2019/11/29	实用新型	授权
一种叠状电感及制作方法	CN201910380364.X	2019/05/08	发明授权	授权
一种叠层电感的制作方法及制得的器件	CN201910658933.2	2019/07/22	发明授权	授权
一种制作SMIM电容结构的方法及电容结构	CN201910978367.3	2019/10/15	发明授权	授权
一种孔内电镀结构及其制作方法	CN201910913727.1	2019/09/25	发明授权	授权
一种低线宽半导体器件制作方法及半导体器件	CN201910329491.7	2019/04/23	发明授权	授权
一种孔槽式的电容结构及制作方法	CN201910366425.7	2019/05/05	发明授权	授权
一种叠状电容制作方法及半导体器件	CN201910131306.3	2019/02/22	发明授权	授权
一种提高容值和耐压的叠状电容的制作方法	CN201910193926.X	2019/03/13	发明授权	授权
一种晶圆切割方法	CN201910561903.X	2019/06/26	发明授权	授权
一种提高低线宽栅极器件生产效率的方法及器件	CN201910564879.5	2019/06/27	发明授权	授权

续表

标题（中文）	申请号	申请日	专利类型	当前法律状态
一种改善金属线路断裂的方法及器件	CN201910484293.8	2019/06/05	发明授权	授权
一种晶体管器件增强型和耗尽型栅极集成制作方法及器件	CN201910705434.4	2019/08/01	发明授权	授权
一种低噪声值的半导体器件制造方法及器件	CN201910573633.4	2019/06/28	发明授权	授权
一种MIM电容及制作方法	CN201910747380.8	2019/08/14	发明授权	授权
一种提高抗击穿能力的SMIM电容结构及制作方法	CN201910890383.7	2019/09/20	发明授权	授权
一种半导体台面及蚀刻方法	CN201911226977.4	2019/12/04	发明授权	授权
精准控制金属下沉的设备	CN201911238198.6	2019/12/06	发明授权	授权
一种制作通孔的方法及制得的器件	CN201910680978.X	2019/07/26	发明授权	授权
一种用于大电流的空气桥及制作方法	CN201911197175.5	2019/11/29	发明授权	授权
一种通孔结构及其制作方法	CN201910937839.0	2019/09/30	发明授权	授权
一种预判晶圆校准值的方法和存储介质	CN201911235572.7	2019/12/05	发明授权	授权
一种空气桥制作方法及具有该空气桥的器件	CN201910648325.3	2019/07/18	发明授权	授权
一种具有双层结构的无源器件及制作方法	CN201911191053.5	2019/11/28	发明授权	授权
一种基于晶体管的电阻结构及其制作方法	CN201910784342.X	2019/08/23	发明授权	授权
一种异质结双极晶体管结构及制造方法	CN201910433131.1	2019/05/23	发明授权	授权

(2) 检索策略

在数据检索、整理、分析方面，为保证砷化镓 HBT、HEMT 器件技术领域专利文献检索的全面性，在项目开始实施前期，笔者与相关技术专家进行沟通，明确行业技术和技术要点，先使用广泛扩展的关键词和分类号在重要数据库中进行初步检索，再从检索结果中去除检索噪音与不重要或不相关的专利，筛选重要关键词和分类号，反复确认，将经过确认的关键词、分类号及申请人再次扩大检索数据库进行补检。合并筛选后的初检结果与补检结果，得到目标专利。

针对所分析的技术领域，确定以下检索策略。

关键词1：砷化镓、异质结、异质接面、双极、晶体管、电晶体、高电子迁移、高迁移率、二维电子气、调制掺杂、场效应。

关键词2：GAAS、HBT、HEMT、heterojunction、bipolar、transistor、high-electron-mobility-transistors、two-dimensional-electron-gas、2D-electron-gas、MODFET、2DEGFET。

主要 IPC：H01L、H01L29/737、H01L29/778。

检索式1：（（（IPC-MAIN=H01L AND TIABC=（（（异质结 or 异质接面）and 双极 and （晶体管 or 电晶体））or HBT）AND TIABC=（GAAS or 砷化镓））OR（IPC=H01L29/737 AND TIABC=（GAAS or 砷化镓））and auth=cn）or（（（（IPC-MAIN=H01L AND TIABC=（（heterojunction and bipolar and transistor）or HBT）AND TIABC=GAAS）OR（IPC=H01L29/737 AND TIABC=GAAS））not ti=（amplifier））not auth=cn））。

检索式2：（（（IPC-MAIN=H01L AND TIABC=（HEMT OR MODFET OR 2DEGFET OR（（高电子迁移 OR 高迁移率 or 二维电子气）AND（晶体管 OR 电晶体））OR（调制掺杂 and 场效应 and（晶体管 OR 电晶体））AND TIABC=（GAAS or 砷化镓）OR（IPC=H01L29/778 AND TIABC=（GAAS or 砷化镓）））and auth=cn）or（（（IPC-MAIN=H01L AND TIABC=（HEMT OR MODFET OR 2DEGFET OR（（high-electron-mobility-transistor or two-dimensional-electron-gas or 2D-electron-gas）AND transistor））AND TIABC=GAAS）OR（IPC=H01L29/778 AND TIABC=GAAS））not auth=cn））。

根据以上检索策略，共检出砷化镓 HBT 器件技术专利 2472 件。为了更加客观地验证上述策略的查全率，在国内外选取了美国的思佳讯（SKYWORKS）、稳懋半导体有限公司、成都海威华芯科技有限公司这三家在砷化镓 HBT 器件技术领域有较多专利布局企业的相关专利申请为样本进行验证。以这三家公司作为申请人进行二次检索，并经过人工阅读、清理，共检索出这三家公司在砷化镓 HBT 器件技术领域的专利申请量为思佳讯 56 件、稳懋半导体 41 件、成都海威华芯 12 件。

同时，以上述三家公司直接作为申请人检索这三家公司的全部专利申请，得到如下结果：思佳讯 3635 件、稳懋半导体 221 件、成都海威华芯 202 件。通过人工阅读、清理，得到与检索主题（砷化镓 HBT 器件技术）相关的专利申请为思佳讯 61 件、稳懋半导体 42 件、成都海威华芯 13 件。

因此，可计算查全率如下：

查全率 =（56+41+12）/（61+43+13）× 100%=93.2%。

故，砷化镓 HBT 器件技术领域查全率为 93.2%。

同理，可验证砷化镓 HEMT 器件技术主题的查全率。根据检索策略，共检出砷化镓 HEMT 器件技术专利 3583 件。为了更加客观地验证上述策略的查全率，同时兼顾分析样本选取的合理性（部分国外跨国公司专利申请量巨大，如日立、三星电子等，人工筛选阅读量过大，暂不做考虑），在选取了稳懋半导体有限公司、中国科学院微电子研究所、中国电子科技集团第五十五研究所这三家在砷化镓 HEMT 器件技术领域有较多专利布局企业的相关专利申请为样本进行验证。根据检索策略，以这三家公司作为申请人进行二次检索，并经过人工阅读、清理，共检索出这三家公司在砷化镓 HEMT 器件技术领域的专利申请量为稳懋半导体 35 件、中国科学院微电子研究所 22 件、中国电子科技集团第五十五研究所 11 件。

同时，以上述三家公司直接作为申请人检索这三家公司的全部专利申请，得到如下结果：稳懋半导体 221 件、中国科学院微电子研究所 5701 件、中国电子科技集团第五十五研究所 518 件。通过人工阅读、清理，得到与检索主题（砷化镓 HEMT 器件技术）相关的专利申请为稳懋半导体 37 件、中国科学院微电子研究所 25 件、中国电子科技集团第五十五研究所 12 件。

因此，可计算查全率如下：

查全率 =（35+22+11）/（37+24+12）× 100%=94.4%。

故，砷化镓 HEMT 器件技术领域查全率为 94.4%。

为了保证查准率验证分析样本的合理性和分散性，选取 2005 年以来的奇数年专利申请作为样本，即 2005 年、2007 年、2009 年、2011 年、2013 年、2015 年、2017 年的专利为样本进行查准率验证。

砷化镓 HBT 器件技术领域查准率：根据检索策略共检索出砷化镓 HBT 器件技术领域在 2005—2017 年奇数年共申请了专利 306 件（样本率 =306/2472=12.4%），通过人工阅读、清理，得到与砷化镓 HBT 器件技术主题相关的专利申请 298 件。砷化镓 HBT 器件技术领域查准率 =（301/306）× 100%=97.4%。

砷化镓 HEMT 器件技术领域查准率：根据检索策略共检索出砷化镓 HEMT 器件技术领域在 2005—2017 年奇数年共申请了专利 511 件（样本率 =511/3583=14.3%），通过人工阅读、清理，得到与砷化镓 HBT 器件技术主题相关的专利申请 497 件。砷化镓 HEMT 器件技术领域查准率 =（497/511）× 100%=97.3%。

（3）砷化镓 HBT 器件技术专利态势分析

①申请趋势

全球共申请砷化镓 HBT 器件技术专利 2850 件，其中中国专利 227 件，中国发明专利申请 94 件、授权发明专利 111 件、实用新型专利 22 件。

从砷化镓 HBT 全球申请趋势来看（图 5.16），砷化镓 HBT 器件技术在 1971 年就已经出现申请，1983 年前申请增长相对缓慢，1983 年后专利申请量有较大的增长。从总体趋势来看，1986—2005 年这 20 年为该领域专利布局的黄金 20 年，这一时期的专利申请量远大于其他时期，这一时期的专利申请呈"M"趋势。1987 年和 2002 年的专利申请量达到相应时期的巅峰，1997 年左右申请量处于这一时期的低谷。2007 年以后专利申请量处于一个较低的震荡时期，技术亟待突破。而从中国的专利申请趋势来看（图 5.17），IBM 公司早在 1989 年就在中国布局基于砷化铝镓的异质结双极晶体技

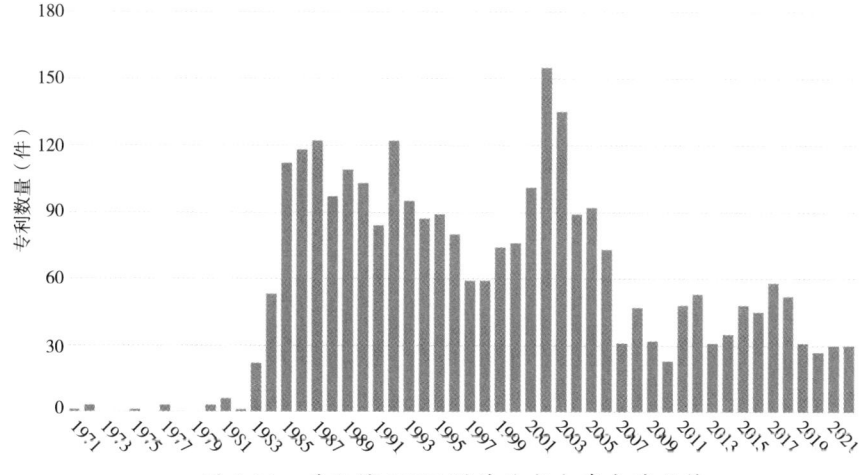

图 5.16　砷化镓 HBT 器件技术全球申请趋势

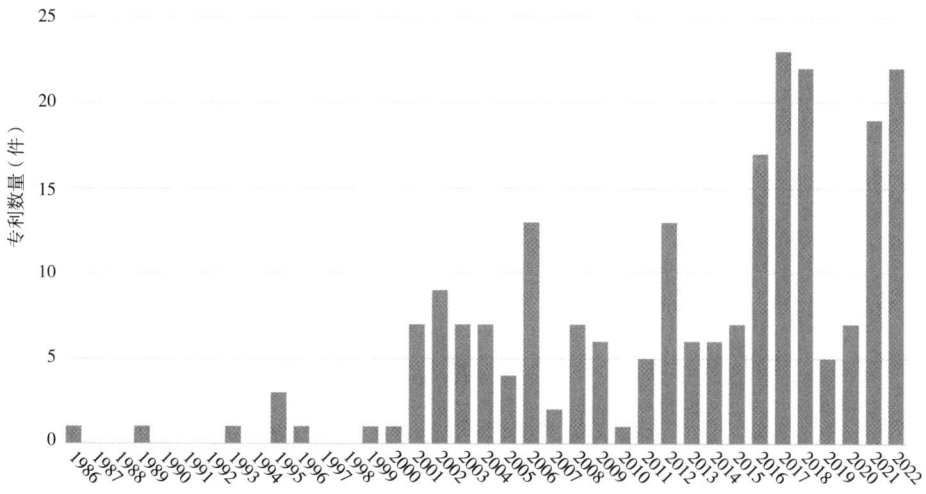

图 5.17　砷化镓 HBT 器件技术中国申请趋势

术,但此后的很长一段时间,国内相关的专利布局不多,年专利申请量在几件到十几件。直到 2015 年以后,随着我国对该领域的不断重视和产业发展不断加码,相应的专利申请有了明显的提升,而且可以预见的是在未来几年,这种专利增长态势将延续下去。未来中国在砷化镓 HBT 器件技术领域将占据越来越重要的地位。

②地域分布

从专利全球分布来看(图 5.18),砷化镓 HBT 器件技术专利布局主要集中在欧美和东亚地区,日本以 1220 件专利申请遥遥领先,占全球专利申请的近 42.8%,说明当前日本在该领域具有不可动摇的霸主地位,美国、中国分别以 658 件、227 件专利申请居二、三位。除了这些国家之外,在这一领域具有较多的 PCT 申请和欧专局专利申请,这一情况的出现说明各国砷化镓 HBT 器件技术也更加注重国际(或区域)布局,单一国的申请已不能满足权利人对这一全球技术的市场需求。

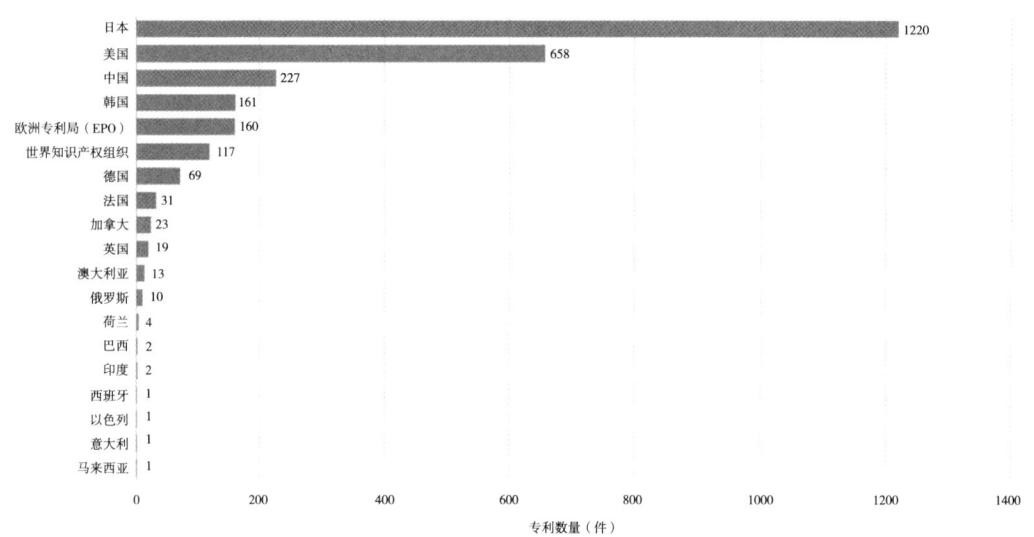

图 5.18 砷化镓 HBT 器件技术专利全球地域排名

从全国专利申请人的地域来看(图 5.19),砷化镓 HBT 器件技术专利国内申请人以福建、江苏、台湾、四川等地为主体,其他省市布局不多。值得一提的是,在国内砷化镓 HBT 器件技术领域的专利布局中,有一大部分是来华企业申请的,这也从侧面反映出国内企业在该领域的技术基础较弱。

③主要申请人排名

在本章中,要对一些申请人的表述进行约定(合并),一是为了方便申请人的统计,将一些公司的不同子公司的专利申请进行合并,保证统计结果的客观性;二是为了在作图和制表时避免专利申请人的名称过长,需要对一些专利申请人的名称进行简化。表 5.3 是本章中出现频率较多的部分专利申请人的名称合并。

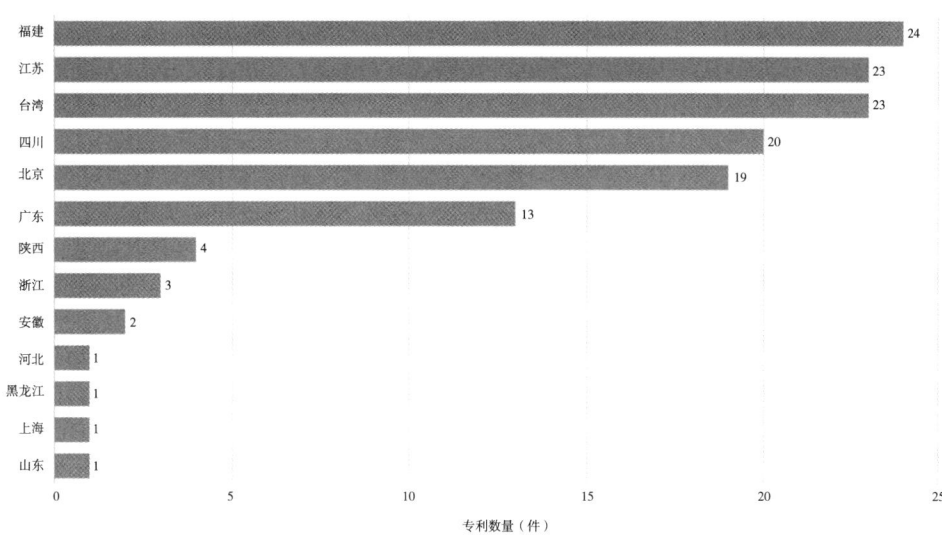

图 5.19 砷化镓 HBT 器件技术专利申请人全国省市排名

■ 表 5.3 申请人名称合并

合并后申请人名称	合并申请人	合并后申请人名称	合并申请人
富士通	FUJITSU LTD.	东芝	TOSHIBA CORP
	FUJITSU LIMITED		KABUSHIKI KAISHA TOSHIBA
	FUJITSU QUANTUM DEVICES LIMITED		TOSHIBA KK
	富士通昆腾装置股份有限公司		东芝股份有限公司
	富士通株式会社		株式会社东芝
日本电气	NEC CORPORATION	IBM	INTERNATIONAL BUSINESS MACHINES CORPORATION
	NEC COMPOUND SEMICONDUCTOR DEVICES LTD.		万国商业机器公司
	NEC COMPOUND SEMICONDUCTOR		国际商业机器公司
	NEC ELECTRONICS CORP	思佳讯	SKYWORKS SOLUTIONS INC
	NEC 化合物半导体器件株式会社		西凯渥资讯处理科技公司

续表

合并后申请人名称	合并申请人	合并后申请人名称	合并申请人
松下电器	MATSUSHITA ELECTRIC IND CO., LTD.	思佳讯	天工方案公司
	MATSUSHITA ELECTRIC INDUSTRIAL CO., LTD.		斯盖沃克斯瑟路申斯公司
	PANASONIC CORP		空间工程股份有限公司
	松下电器产业株式会社	住友化学	SUMITOMO CHEMICAL CO.
日立电子	HITACHI LTD.		SUMITOMO ELECTRIC IND LTD.
	HITACHI CABLE		住友化学株式会社
	HITACHI VLSI ENG CORP		住友化学工业股份有限公司
	日立制作所股份有限公司	稳懋半导体	稳懋半导体股份有限公司
	日立电线株式会社		WIN SEMICONDUCTORS CORP

从全球专利布局申请人来看（图5.20），日本的企业处于绝对优势的地位。全球专利布局申请人申请量排名前20的企业中，日本企业占据10席，其中日立、富士通、松下电器、东芝、住友化学这些企业均以超过100件的专利申请位居前5。美国企业

排名	申请人	所属国	申请量
1	日立电子	日本	215
2	富士通	日本	195
3	松下电器	日本	182
4	东芝	日本	152
5	住友化学	日本	105
6	德州仪器	美国	85
7	日本电信	日本	80
8	夏普	日本	67
9	思佳讯	美国	56
10	IBM	美国	52
11	索尼	日本	52
12	稳懋半导体	中国	41
13	古河电气	日本	31
14	天合汽车	美国	26
15	村田制作所	日本	26
16	韩国电信	韩国	21
17	HRL LABORATORIES LLC	美国	17
18	MicroLink Devices	美国	17
19	THOMSON CSF	法国	17
20	全新光电	中国	14

图5.20 全球专利布局申请人排名

的表现也比较抢眼,德州仪器、思佳讯、IBM 等知名公司在该领域也有较多的专利布局。稳懋半导体作为全球 6 英寸砷化镓代工龙头,以 41 件相关专利申请排名第 12。成都海威华芯、稳懋半导体、住友化学、松下电器、三安光电等企业在中国国内专利布局量相对较多(图 5.21)。

④生命周期

砷化镓 HBT 器件技术生命周期分析如图 5.22 所示。

排名	申请人	申请量
1	成都海威华芯科技有限公司	12
2	稳懋半导体股份有限公司	11
3	住友化学	9
4	松下电器	9
5	三安光电	7
6	思佳讯	7
7	四川大学	5
8	村田制作所	5
9	北京工业大学	4
10	东芝	3
11	IBM	3
12	索尼	3

图 5.21 中国专利申请人排名

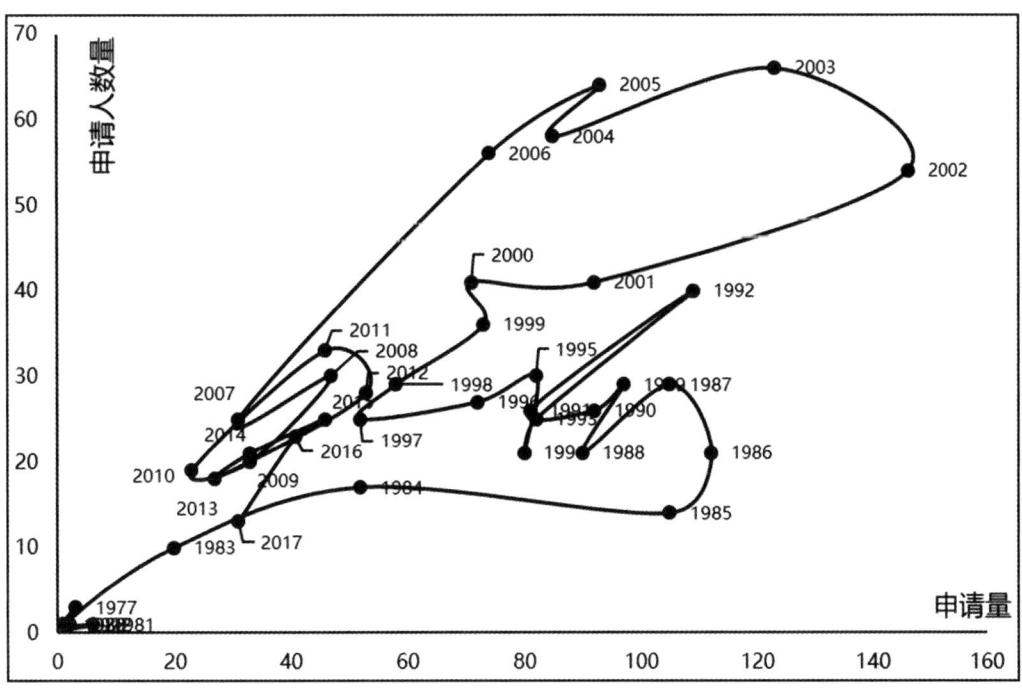

图 5.22 全球电路板生产制造专利技术生命周期分析

根据专利技术生命周期理论，电路板制造技术发展可分为以下几个阶段。

萌芽期（1972—1982）：这一时期砷化镓 HBT 器件技术相关的基础专利开始诞生，研究和开发主要集中在少数几个公司，专利申请量与专利申请人数量都不多，集中度较高。

技术第一发展期（1983—1986）：砷化镓 HBT 器件技术得到长足的发展，其应用发明专利逐渐出现，技术有了突破性的进展，市场逐渐扩大，介入的企业也逐渐增多，专利申请量与专利申请人数量稳步上升，具有技术发展的明显特征。

技术瓶颈期（1987—1997）：全球专利申请量出现了较大的回落，但是专利申请人数量基本维持在 20—30 家之间，技术发展趋于瓶颈，技术门槛加大，新进入的企业较少，技术发展进入瓶颈期。

技术第二发展期（1998—2002）：这一时期是全球信息产业开启高速增长的黄金时期。随着技术的不断变革和突破，经济全球化的出现和技术的不断普及，该领域的门槛略有降低，砷化镓 HBT 器件技术专利申请量和申请人数量又开始双双增长，技术发展进入第二期。

技术淘汰期（2003—2010）：以日本、美国为主的发达国家在该领域的专利布局有所回落，竞争加剧，涉足的企业数量和专利量迅速减少，从特征来看技术发展进入淘汰期。

新的技术增长期（2011 至今）：在新一代信息技术发展的大背景下，以中国为主的新兴发展中国家在全球信息化浪潮中慢慢崛起，推动了砷化镓 HBT 器件技术新的发展，申请人数量在这一阶段逐步回升，介入的企业也慢慢增多，但这一阶段总体上技术发展仍然缓慢，亟待突破。

5.5.2 安特微电子有限公司

福建安特微电子有限公司是俄罗斯在福建省投资的第一家微电子外资企业，成立于 2002 年 2 月，投资额 4670 万美元，坐落在莆田市国家高新技术开发区。公司集设计、研发、生产、销售为一体，先后引进 4 英寸、5 英寸、6 英寸芯片生产设备，采用先进的 CMOS 集成电路、功率器件等工艺和产品技术，成功开发了 100 多种具有自主知识产权的集成电路、功率器件等微电子芯片产品，主营产品包括石英钟 IC、电子表 IC、计算器 IC、闪灯 IC、节能灯 IC。

（1）企业创新能力

安特微电子有限公司目前拥有研发人员 32 人，年投入研发经费 389 万元。公司目前关注产品升级、工艺改良和成本降低。自 2007 年以来，公司专利申请趋势如图 5.23 所示，专利概况如表 5.14 所示。

第五章 集成电路产业专利分析

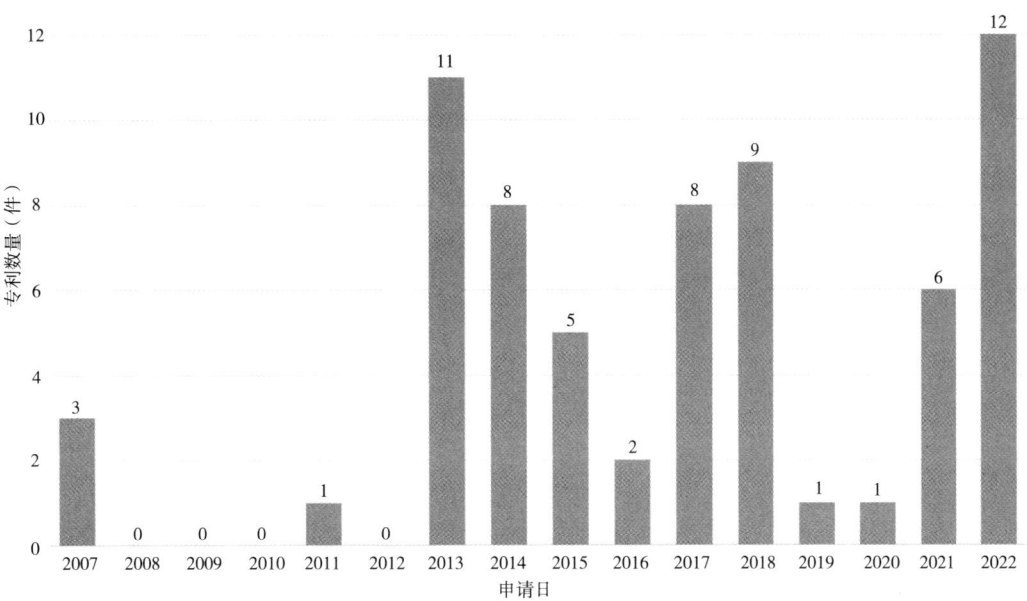

图 5.23 安特微电子专利申请年度趋势

■ 表 5.4 安特微电子专利一览表

序号	标题（中文）	申请号	申请日	专利类型	当前法律状态	专利有效性
1	一种具有稳定击穿电压的稳压二极管	CN202222293586.8	2022/08/31	实用新型	授权	有效
2	一种贴片式高稳定性的稳压二极管	CN202222263394.2	2022/08/27	实用新型	授权	有效
3	一种盛放硅片的石英舟	CN202221530269.7	2022/06/17	实用新型	授权	有效
4	一种硅片的位置矫正装置	CN202221530400.X	2022/06/17	实用新型	授权	有效
5	一种硅片矫正轴的顶升机构	CN202221529784.3	2022/06/17	实用新型	授权	有效
6	一种硅片腐蚀清洗的扰动机构	CN202221327697.X	2022/05/30	实用新型	授权	有效
7	一种硅片清洗槽	CN202221328310.2	2022/05/30	实用新型	授权	有效
8	一种用于硅片清洗的升降机构	CN202221327586.9	2022/05/30	实用新型	授权	有效

续表

序号	标题（中文）	申请号	申请日	专利类型	当前法律状态	专利有效性
9	一种管式扩散炉的气体导向装置	CN202221231436.8	2022/05/18	实用新型	授权	有效
10	一种石英炉管真空炉的散热冷却装置	CN202221231287.5	2022/05/18	实用新型	授权	有效
11	一种硅片的导片块	CN202221228625.X	2022/05/18	实用新型	授权	有效
12	一种硅片的分合片导片装置	CN202221232969.8	2022/05/18	实用新型	授权	有效
13	一种晶体管生产加工用硅片切割装置	CN202122065064.8	2021/08/30	实用新型	授权	有效
14	一种肖特基芯片加工用清洗装置	CN202122062451.6	2021/08/30	实用新型	授权	有效
15	一种场效应晶体管生产用刮边装置	CN202122048203.6	2021/08/28	实用新型	授权	有效
16	一种多功能晶体管测试夹具	CN202122048204.0	2021/08/28	实用新型	授权	有效
17	一种方硅芯少数载流子测试用工作台	CN202122048189.X	2021/08/28	实用新型	授权	有效
18	一种硅材料少数载流子寿命检测用固定装置	CN202120541955.3	2021/03/16	实用新型	授权	有效
19	一种用于制造二极管的扩散炉设备	CN202020817750.9	2020/05/15	实用新型	授权	有效
20	半导体芯片表面钝化保护的多层薄膜结构、应用及工艺	CN201910193476.4	2019/03/14	发明申请	撤回	失效
21	一种沟槽肖特基二极管及其制造方法	CN201811572160.8	2018/12/21	发明申请	驳回	失效
22	一种肖特基二极管的安装基座	CN201822145912.4	2018/12/20	实用新型	授权	有效

续表

序号	标题（中文）	申请号	申请日	专利类型	当前法律状态	专利有效性
23	一种肖特基二极管的封装结构	CN201822146305.X	2018/12/20	实用新型	授权	有效
24	一种大功率功放晶体管冷却装置	CN201822145411.6	2018/12/20	实用新型	授权	有效
25	一种成组肖特基二极管装置	CN201822145939.3	2018/12/20	实用新型	授权	有效
26	一种高压超快恢复二极管生产用烘干装置	CN201822145395.0	2018/12/20	实用新型	授权	有效
27	一种肖特基二极管测试座	CN201822186571.5	2018/12/20	实用新型	授权	有效
28	一种大功率功放晶体管生产用磨边装置	CN201822163720.6	2018/12/20	实用新型	授权	有效
29	一种高压超快恢复二极管生产用涂胶装置	CN201822188156.3	2018/12/20	实用新型	授权	有效
30	一种浅PN结扩散技术	CN201711442448.9	2017/12/27	发明授权	授权	有效
31	一种具有防电流逆转终端保护膜的平面整流二极管	CN201721866678.3	2017/12/27	实用新型	授权	有效
32	一种瞬变电压抑制二极管芯片的检测装置	CN201721866703.8	2017/12/27	实用新型	授权	有效
33	一种IGBT模块的新型封装装置	CN201721865445.1	2017/12/27	实用新型	授权	有效
34	一种瞬变电压二极管芯片装置	CN201721864099.5	2017/12/27	实用新型	授权	有效
35	一种具有高压终端保护膜的平面整流特种二极管芯片	CN201721866679.8	2017/12/27	实用新型	授权	有效

续表

序号	标题（中文）	申请号	申请日	专利类型	当前法律状态	专利有效性
36	一种高HTRB的快高压恢复二极管芯片	CN201721863785.0	2017/12/27	实用新型	授权	有效
37	一种渐变电场限制环高压快恢复二极管芯片	CN201721863908.0	2017/12/27	实用新型	授权	有效
38	一种硅片撕膜机	CN201620330177.2	2016/04/19	实用新型	授权	有效
39	一种高压续流二极管模块	CN201620261891.0	2016/03/31	实用新型	授权	有效
40	一种快软恢复特性的高压续流二极管	CN201521038050.5	2015/12/15	实用新型	授权	有效
41	一种极软恢复特性的高压续流二极管	CN201521038052.4	2015/12/15	实用新型	授权	有效
42	一种高可靠功率器件共晶硅背面金属化层	CN201521038049.2	2015/12/15	实用新型	授权	有效
43	一种槽栅型肖特基二极管	CN201521024399.3	2015/12/11	实用新型	授权	有效
44	一种高可靠功率器件共晶硅背面金属化结构	CN201521025203.2	2015/12/11	实用新型	授权	有效
45	基于金属化共晶结构的太阳能电池硅片	CN201420701491.8	2014/11/19	实用新型	授权	有效
46	一种基于超快恢复二极管的开关模块	CN201420698632.5	2014/11/19	实用新型	授权	有效
47	一种晶体硅太阳能电池组件	CN201420657009.5	2014/11/05	实用新型	授权	有效
48	一种软恢复续流的二极管	CN201420656294.9	2014/11/05	实用新型	授权	有效
49	一种新型硅片测试机的乘片台盘	CN201420103147.9	2014/03/07	实用新型	授权	有效

续表

序号	标题（中文）	申请号	申请日	专利类型	当前法律状态	专利有效性
50	一种cmos硅片裂片的处理装置及其处理方法	CN201410064069.0	2014/02/25	发明授权	授权	有效
51	一种cmos硅片裂片的处理装置	CN201420080953.9	2014/02/25	实用新型	避重放弃	失效
52	一种新型硅片干燥箱控制系统	CN201420075218.9	2014/02/21	实用新型	授权	有效
53	用于热释电红外探测器的半导体结型场效应管源极跟随器	CN201320327960.X	2013/06/07	实用新型	未缴年费	失效
54	一种结型场效应管输入级的有源电极缓冲放大器	CN201320327796.2	2013/06/07	实用新型	未缴年费	失效
55	一种用于夹取半导体硅片的镊子	CN201320256354.3	2013/05/13	实用新型	未缴年费	失效
56	半导体制造LPCVD工艺中用于放置硅片的装置	CN201320257020.8	2013/05/13	实用新型	未缴年费	失效
57	一种用于锑乳胶源埋层扩散的专用设备及方法	CN201310158166.1	2013/05/02	发明授权	授权	有效
58	双极型集成电路制造工艺中表面钝化的专用设备及方法	CN201310158157.2	2013/05/02	发明授权	授权	有效
59	一种用于双极型集成电路工艺线的设备	CN201320231784.X	2013/05/02	实用新型	未缴年费	失效
60	一种用于半导体器件中钝化膜工艺的设备	CN201320231791.X	2013/05/02	实用新型	未缴年费	失效
61	一种用于取放石英容器的叉子	CN201320129319.5	2013/03/20	实用新型	未缴年费	失效

续表

序号	标题（中文）	申请号	申请日	专利类型	当前法律状态	专利有效性
62	一种半导体硅片导片器	CN201320128835.6	2013/03/20	实用新型	未缴年费	失效
63	一种半导体硅片调向器	CN201320129332.0	2013/03/20	实用新型	未缴年费	失效
64	一种微型高温压力传感器结构	CN201120090922.8	2011/03/29	实用新型	未缴年费	失效
65	标贴片（IC堆码）	CN200730002125.9	2007/01/09	外观设计	未缴年费	失效
66	硅片盒（竖立式）	CN200730002123.X	2007/01/09	外观设计	未缴年费	失效
67	平叠式硅片盒	CN200730002124.4	2007/01/09	外观设计	未缴年费	失效

（2）企业定位分析

在集成电路领域中，安特属于新进入型企业，先后引进4英寸、5英寸、6英寸芯片生产设备，成功开发了100多种具有自主知识产权的集成电路、功率器件等微电子芯片产品，目前处于快速发展阶段。

（3）集成电路氧化铝钝化技术专利分析

通过到企业调研，最终确认了安特重点关注的技术方向为硅基半导体芯片氧化层与金属互连线外表面的钝化技术，目前采用聚亚酰胺作为钝化材料。导航目的是为技术开发确定方向和技术方案［对三氧化二铝（Al_2O_3）钝化材料有研发应用兴趣］。

截至2022年12月30日，根据上述检索策略，并对检索结果进行筛选后，共检索到全球相关专利申请128件，其中中国68件排第一，美国43件排第二。

（4）集成电路氧化铝钝化技术专利申请地域分布分析

从专利全球地域分布来看，可见集成电路氧化铝钝化技术领域专利布局主要集中在中国和美国，两国总计占专利总量近90%；韩国、德国、日本专利申请量相当，欧专局和世界知识产权组织各有1件。

从全国专利申请人的地域来看，集成电路氧化铝钝化技术领域专利申请人比较分散，没有某个区域具有绝对优势，广东、北京的申请量略高于其他省市，沪江浙三地一致，湖南、福建、江西、台湾、湖北和重庆也均有申请。全部 68 件国内申请的专利中，有 22 件为国外来华企业申请，其中欧司朗光电 5 件，英飞凌科技 4 件。从以上分析也可以看出，集成电路氧化铝钝化技术领域没有任何一家公司有绝对优势。从技术层面分析，导致专利申请人分散的原因可能是集成电路氧化铝钝化技术不属于核心技术。

（5）企业竞争对手分析

通过专利申请人的标准化处理及专利申请量的统计可以发现，安特在硅基半导体芯片氧化层与金属互连线外表面的钝化技术领域的主要竞争对手如下。

英飞凌科技有限公司。2006 年首次申请了集成电路氧化铝钝化技术实用新型专利 1 项；2007 年申请了 2 件发明专利；2008—2011 年均没有专利申请；2012 年、2013 年分别申请了 4 件和 5 件发明专利，其中 1 件专利因撤回而失效，其余专利均有效；2014—2016 年再次没有专利申请；2017 年申请了 1 件发明专利。从申请情况分析，可以认为英飞凌科技一直都有保持对集成电路氧化铝钝化技术的研发和应用。

欧司朗光电半导体有限公司。2004 年即提出集成电路氧化铝钝化技术的发明专利申请，2005 年申请了 3 件专利，2009 年 2 件、2011 年 3 件、2012 年 3 件、2016 年 2 件。其中，中国专利 5 件、美国专利 4 件、日本专利 3 件、德国和欧专局各 1 件。

雷斯昂公司。自 2007 年进入集成电路氧化铝钝化技术领域，2008 年申请了 4 项专利，2012—2013 年又各申请了 1 项。

LG 伊诺特有限公司。于 2010 年、2011 年分别申请了 3 件和 2 件专利。

对比发现，国外企业在集成电路氧化铝钝化技术领域的研发基本都是 10 年前就开始了，而国内在该领域的研发都是 2012 年后才开始的。因此，有效利用国外先进技术，是安特公司快速提高本领域技术水平的捷径。

5.6 莆田市产业定位分析

除了新型显示技术之外，集成电路是莆田市电子信息产业发展的另一重点。通过对莆田市集成电路领域专利检索分析可以发现，莆田市共有 123 件集成电路相关专利申请。其中，实用新型专利 37 件、发明专利 86 件。发明专利占全部专利申请的 69.9%，其中有 35 件获得授权。有效专利 67 件，审查中专利 45 件，失效专利 11 件。这说明莆田市在集成电路领域专利申请数量较多，发明专利占比较高，具有较好的研究基础。

通过专利申请人分析发现，莆田市集成电路领域主要专利申请人是福建华佳彩有限公司，共申请专利 52 件，其中实用新型专利申请 18 件、发明专利申请 34 件，体现了较强的研究开发能力。

此外，福建省福联集成电路有限公司申请专利50件，包括40件发明专利与10件实用新型专利。这些专利主要围绕蚀刻装置与半导体器件，显示了企业较高的创新实力。

5.7 分析结论

集成电路领域的专利在中国出现时间较早，在1985年即有集成电路相关的专利申请，技术水平也曾经领先于韩国。

中国集成电路领域专利申请主要集中在半导体制造和封装测试领域，这与中国集成电路在产业链中主要位于附加值和技术含量较低的制造和封装测试模块相一致。

中国集成电路领域专利申请机构以企业为主，数量最多的是中国企业，比如中芯国际、华力微电子、华为等。国外申请人三星、英特尔和高通等大型企业在中国也有大量专利布局，国内企业要密切关注。此外，来自中国台湾地区的企业台积电、日月光半导体等企业也有大量专利申请，这些企业都是著名的半导体制造、封装测试技术持有者，是中国大陆地区企业集成电路技术的重要引进源头，值得国内相关企业及政府部门重视。

中国集成电路IC设计领域专利申请总体呈现上升趋势。2002年起增幅明显增大，年申请量突破1000件；2011年起申请量突破3000件，进入第二次增长高峰。IC设计领域是集成电路产业链的上游，这一领域的主要申请人是华为、中兴、IBM、Intel以及高通公司，美国企业在中国集成电路IC设计领域具有很高的市场控制力。

中国IC制造领域的专利申请增长趋势与IC设计基本相似，这主要缘于IC制造中的晶圆制造产业向中国的转移。专利申请量排名靠前的是中芯国际、上海华虹、上海华力、台积电、中科院电子研究所等，主要为中国企业，国外企业已逐渐淡出中国IC制造产业。

跟IC设计与IC制造相比，中国IC封测领域的专利申请增长趋势类似，但起步更早。由于该领域属于技术与劳动密集型产业，国内企业竞争力逐渐显现，江苏长电科技、华进半导体、华天科技等中国大陆地区的企业均有大量专利申请，中国台湾地区的日月光、台积电、矽品精密工业，以及韩国的三星集团在该领域也有较强的竞争力。

在集成电路领域，广东、江苏、北京和台湾申请量较多，技术实力较强，山东、四川、湖北、福建和安徽处于中游水平。莆田市在福建省内落后于厦门、福州和泉州，处于第四位，集成电路技术实力并不强，产业发展需要借助外力。

福建省福联集成电路有限公司所关注的砷化镓器件领域，中国将占据越来越重要的地位。在国内砷化镓HBT器件与HEMT器件领域的专利布局中，有一大部分为来华企业申请，主要是来自日本的企业，福联公司需要加强与相关海外企业的合作，密切跟踪相关技术。

　　硅基半导体芯片氧化层与金属互连线外表面的钝化技术主要在中国与美国，此外，韩国、德国、日本也有少量专利申请。该技术的分布比较分散，尚未出现技术垄断。国外企业欧司朗光、英飞凌科技、雷斯昂、三星电机、株式会社半导体能源研究所和石以瑄等均有一定数量的专利申请，且研究历史悠久，值得安特公司加以学习借鉴。

第六章

智能终端电子产品及计算器产业专利分析

6.1 智能终端电子产品及电子计算器产业链相关产品

6.1.1 智能终端的概念及其作用

互联网数据中心（IDC）国际研究所认为智能终端产品包括智能手机、智能设备、PC 及 PC 延伸产品四大类。目前移动智能终端在全球已应用于多种行业（如保险、医疗、公共安全和生活服务），已在各领域发挥着不可替代的作用。智能终端促进了人类社会的信息化与移动化。通过存储器和各种控制技术的应用，智能终端设备的作用也愈来愈强大。目前来说，智能终端设备主要具备以下功能。

第一，智能终端能够实现社交通信和视频监控。这也是智能终端最基本的功能。作为移动设备，智能终端中各种社交软件的开发让身处各地的人们能够自由地进行语音或者视频通话等。另外，智能终端的使用能够实现视频监控。目前我国大部分商场都已经安装了微型摄像头，从而为用户提供实时监控服务。这种自动化的服务为用户提供了诸多便利。

第二，智能终端能够进行环境监测活动。当前工业化的迅速发展导致了很多环境污染，这对我国经济的可持续发展与人们的生命安全都造成了较大的威胁。智能终端设备的应用能够利用传感器有效地监测环境中甲醛或者粉尘的含量，通过判断这些污染物是否超标来采取一定的环境处理措施。

第三，智能终端具有收费管理功能。为了促进交易活动的顺利进行，也为了方便人们的生活，智能终端设备具有了收付款的功能。例如，我们去超市购物，完全不用随身携带现金，只要拿着智能手机，付款活动就可以顺利完成。

第四，智能终端具有电力通信的功能。目前，我国电力通信行业在积极开发各类应用软件，力求进一步减轻工作负担。行业开发出来的软件能够利用传感器进行电力抄表或者设备维护等，极大地减轻了电工的工作负担，有利于实现电力通信的智能化。

除了上述几个方面之外，智能终端还有利于促进警务管理工作的智能化。目前我国很多道路的十字路口都已经安装了信息识别与拍照的终端设备。这些设备能够自动对违规人员或者车辆进行拍照，并能够将这些人员的信息自动上传到系统中，以便后台人员进行信息统计与处理。总之，智能终端的作用十分强大，方便了人们的生产与生活。

6.1.2 我国智能终端产业集聚区

电子信息产业是我国经济的战略性、基础性和先导性支柱产业，也是我国工业的第一大支柱产业，并且渗透性强、带动作用大。智能终端以其高度的技术集成、快速的迭代演进、直接的用户体验，始终是电子信息产业皇冠上的"明珠"。2022年以来，面对世界百年未有之大变局和新冠肺炎疫情大流行交织影响的复杂环境，我国的电子信息产业保持了相当的韧性并显示了极强的活力。数据显示，2022年1—8月，规模以上电子信息制造业增加值同比增长9.3%，增速分别超出工业、高技术制造业5.7个百分点和0.9个百分点。作为电子信息产业的重要成就之一，我国已经成为全球最大的智能终端生产国、出口国和消费国，手机、平板、智能穿戴设备等主要终端产品产量均位居全球第一，占全球出货量超过一半以上的比重。2021年，我国手机产量达16.6亿部，占全球手机产量的67%，其中5G手机出货量达到2.7亿部。

目前，包括智能终端在内的电子信息产业已经成为广东省第一大支柱产业。广东省作为我国最大的电子信息产品生产制造基地，对稳定产业增速、促进产业投资有着举足轻重的作用。据数据预测，到2025年，广东省电子信息产业实力将达到世界先进水平，新一代电子信息产业营业收入预计达到6.6万亿元，形成世界级新一代电子信息产业集群。数据统计显示，2021年广东规模以上电子信息制造业营业收入4.56万亿元，占全国32.3%，已连续31年位居全国第一，在智能终端、信息通信、集成电路设计等领域具有良好的产业基础，5G手机、通信设备、计算机整机等产品产量居全国前列，尤其在手机制造领域，VIVO、OPPO、荣耀、华为等广东省企业占据中国近70%的市场份额。据广东省统计局数据，2021年广东省手机产量达6.7亿部，占全国40.3%，位居全国第一。根据海关总署数据，2021年，广东省手机出口2.95亿部，占全国手机出口量的30.9%，位居全国第一；出口总额396.46亿美元，占全国24.1%。

从广东省电子信息产业分布来看，主要以珠江东岸电子信息产业带为集聚区，向广东全域以辐射型向两端呈"哑铃"型扩散，在智能终端、信息通信、集成电路设计等领域具有扎实的产业基础。根据"2021年广东省电子信息制造业综合实力百强企业"名单，华为、比亚迪、中兴通讯、创维、TCL、OPPO、VIVO、华贝电子、旭硝子、雷曼、聚飞、洲明等龙头企业均榜上有名。从产业结构来看，规模以上电子信息企业主要领域涉及智能终端设备、通信设备、消费类电子设备、新型显示、电子元器件、锂离子电池、电子装备设备等。

在整机方面，华为和中兴作为全球四大通信设备商，涵盖消费者业务、运营商业务、政企业务三大业务，其中消费者业务涉及手机、移动数据终端、家庭智能终端和融合创新终端等；龙头手机企业OPPO、VIVO和荣耀主营的消费者业务在手机、家庭智能终端领域具有极高的占比，海能达作为全球领先的专用通信及解决方案提供商可提供各种规格的专用通信设备。此外，康佳集团和创维集团作为领先的消费类电子、半导体、智能技术复合业务集团企业，在多媒体和智能电器等领域也有着极高的市场占有率。在终端解决方案上，关键器件方面，半导体显示领域的龙头企业TCL、聚焦智能手机面板的天马、主营光学和微电子业务的欧菲光、从事研发设计液晶模组的同兴达、从事印刷电路板设计研发的鹏鼎控股、从事锂电池研发生产的龙头企业欣旺达等都是代表企业。包括深圳、东莞、惠州、河源在内的广东省几大终端集聚区已经形成了支撑终端产业发展的"四梁八柱"。

粤港澳大湾区和深圳先行示范区已形成广东省智能终端产业高密度聚集地，同时，相关资源和需求正在逐步向广东省内两端扩散，就在深圳、东莞、惠州以东，一个新的产业集聚区正在形成，并逐步在"粤东宝地"河源市形成终端产业创新的最佳生态栖息地。河源地处广东省东北部、东江中上游，拥有丰富的被誉为"固体金矿"的稀土矿以及石英砂等电子信息产业的战略资源，独特的地理位置和资源生态优势成为河源确定电子信息产业发展路线的基础。电子信息产业是河源的优势产业、主导产业，已经形成了以河源国家高新区为主阵地，源城、龙川等多县区共同发展的格局，产业空间集聚效应明显。[9]

6.1.3 全球智能终端产业发展动态

自 2015 年起，移动互联网与智能手机的创新动力减弱，产业进入有限创新、有限增长的成熟阶段，已成型的巨大产能迫切寻觅新的增长点，掀起新兴智能硬件的创新浪潮。未来 3—5 年内，智能手机依然是智能硬件体系中的核心终端、主要形态，并没有出现被新的终端取而代之的前兆，将成为较长代的计算平台。

（1）人工智能带来智能终端产业链的变化

在过去两年间，步入技术拐点和布局关键期的人工智能成为重塑全球硬件智能的新动力。整个 ICT 产业在人工智能技术的影响下可能发生巨变：一是出现了基础智能服务商，这类服务商数量少但其话语权将逐步增强。具备技术能力的人工智能基础企业对下游企业提供智能服务，并与元器件企业、OS 企业一起成为终端产业链基础环节，进一步拉长产业链长度。二是智能硬件企业可以开展更多的商业智能服务，收入结构将有所变化。

（2）5G 网络和人工智能影响下，对智能家居和专有领域市场提出更高挑战

5G 网络将大力促进智慧城市、智能家居、可穿戴设备等智能终端的发展。在个人与家庭消费市场中，多项规模产品共同发展的格局将逐步取代智能手机一枝独秀的局面，最主要的增长点来自以智能语音为入口的家居和车载产品。在专有领域市场中，智能硬件越来越多地渗入国民经济各大领域，如交通、环境、安全、建筑、生产和教育等。5—15 年后，比智能手机更重要的终端可能是已存在和正在研发中的新技术糅合形成的颠覆者。

（3）智能手机市场空间

以美国为代表的北美、欧洲市场已进入智能手机发展的平稳期。以中国为代表的亚太市场完成智能手机普及，进入产品结构升级阶段，未来3年仍存较高的产品结构升级动力。目前最大的战略级海外市场就是印度，其次是东南亚。印度智能手机普及率约20%，增量市场至少还有7亿—8亿台。其他新兴市场的需求也将大幅增长，如巴西。

（4）智能手机进入后智能时代，元器件仍存升级空间

外观与功能的设计创新将成为智能机在存量市场的焦点，主要体现在元器件和软件方面。比如，外观的创新、全面屏或折叠手机、屏下指纹、机身材质、双摄像头、内存、快充、生物识别、AI、新材料、处理器的进一步提升等。基于人工智能算法的技术和器件布局成为热点。

6.1.4 我国智能终端存在的问题

我国智能终端产业在政府的推动下蓬勃发展，但距离集研发、设计、软件开发等一体化智能终端全产业链集聚区的目标还有差距。各集聚区竞争优势不足，引进企业和发展方向类同，缺乏协调创新的特色发展。

（1）核心技术仍未完全掌握，技术对外依赖度高

在智能终端领域，核心电子元器件及操作系统产品基本由国外企业把控，产业对外依存度高。芯片和元器件方面，CPU、传感器、大容量存储芯片、高分辨率显示器件等80%以上主要依赖国外供给。2015年，因索尼高端图像传感器产能不足直接影响我国智能终端企业出货。2016年，中兴由于受到美国制裁，导致核心芯片供应停止，直接影响企业正常的生产。这些问题都凸显出核心技术产品对外的依赖。

（2）零配件加工利润低

智能终端企业大多处于生产加工制造的低端基础环节，组装的智能终端产品多数是高销量、低价格、低产业链的微利润现状。入驻的零配件相关企业整体处于产业链中的低溢价、低盈利的环节和位置。

（3）对技术创新和品牌建设重视不够

智能终端企业之间模仿跟随，产品同质化严重，集中在低端市场，通过低利润、低价格进行市场竞争。不重视产品创新，中高端市场的品牌塑造不够，鼓励支持企业产品技术创新和品牌建设的机制不足。

（4）产品同质化现象严重，缺乏核心竞争力

智能终端产业入行门槛低，部分企业一味地模仿跟随导致产品同质化严重。手机厂商通过网络媒体炒作、打价格战等方式，逐渐陷入价格竞争泥潭，忽视了对产品定义和原始创新的能力。此外，对品牌的定义模糊、盲目跟风，导致所出产品良莠不齐，品牌缺乏市场核心竞争力。

（5）产业链整体面临较大的转型升级压力

一是中低端供应链企业市场压力增大。在激烈的市场竞争环境下，国产智能手机企业普遍存在销量高、价格低的情况，劳动密集型的生产制造和低端加工配套产业占比很高。伴随全球手机市场的洗牌，手机厂商进而调整战略布局以及逐步精减产品线，直接影响产业链相关企业生存。二是国内手机制造产业成本优势下降。我国劳动力成本上升、优惠政策退出和土地价格骤升等因素导致制造业经营成本快速上升，而印度和东南亚等国家明显的成本优势，都在加速中国手机制造产业链既有优势的丧失。富士康、纬创等手机制造业巨头均计划在东南亚加大投资力度。

（6）吸引产业高端人才的政策和配套环境不够突出

各产业吸引留住智能终端产业高端人才或团队的激励机制和政策不完善、不突出。鼓励创新、包容创新失败的机制、环境和文化有待优化。

（7）知识产权问题仍在持续

经过多年努力，以华为、中兴、联想以及 TCL 为代表的企业，通过自身研发或者专利收购，已经形成一定的专利储备，基本解决了与外企在专利许可授权上的问题。但是，以小米、乐视、魅族为代表的企业，尽管在品牌、规模方面获得长足发展，但在专利方面仍处在研发能力不强、专利储备不够的窘境，在与外企专利许可授权问题的谈判中面临极为不利的局面。

6.2 智能终端产品领域全球专利分析

在 incoPat 中对全球范围内智能终端电子产品及电子计算器产业链相关产品（以下简称：智能终端产品领域）相关专利技术进行检索，进行简单同族缩减后，命中 206012 项专利。

6.2.1 专利申请趋势分析

如图 6.1 和图 6.2 所示，从终端产品领域的全球发明专利申请趋势和排名前 5 的国家发明专利申请变化趋势可以看出，终端产品领域的相关技术发展开始于 2000 年前后，并随着时间的推移，专利申请数量不断增加，尤其是进入 2010 年之后，专利申请数量猛增。其中，中国的相关专利申请量在 2010 年开始增长明显，韩国的相关专利申请从 1999 年到 2004 年持续处于增长的态势，但在 2008 年之后出现了短暂的申请量下降的情况，在 2015 年后又再度高速增长。

第六章 智能终端电子产品及计算器产业专利分析

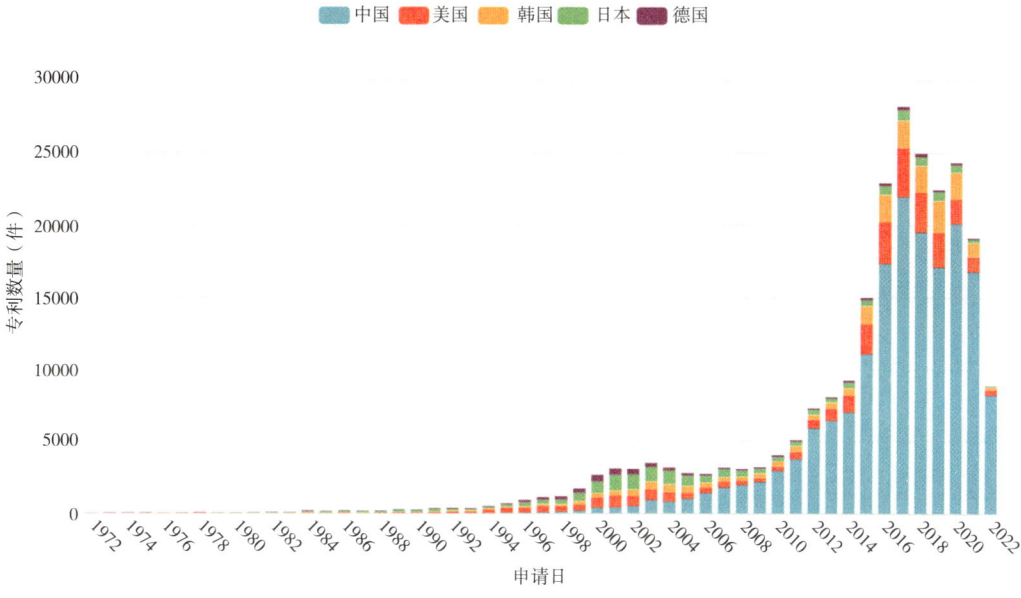

图 6.1 终端产品领域全球发明专利申请趋势变化图

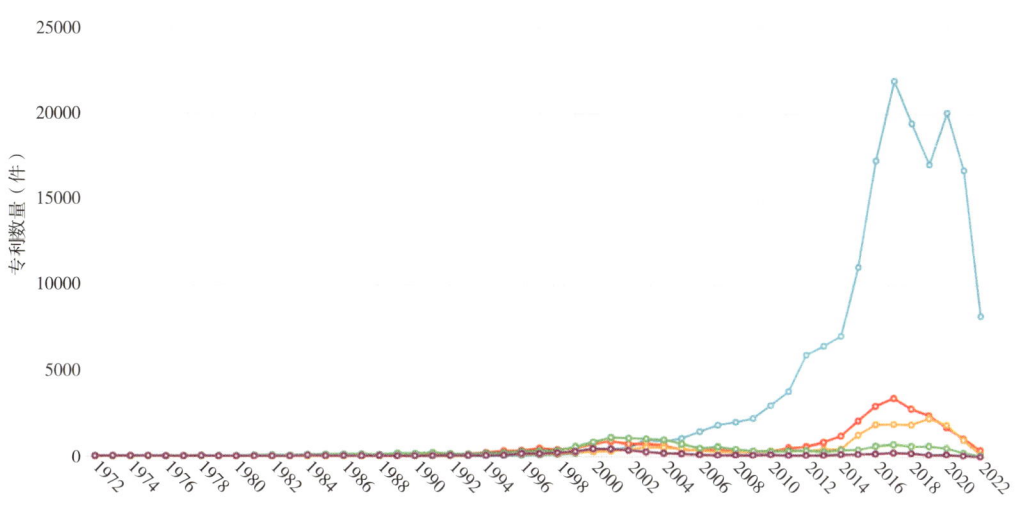

图 6.2 终端产品领域排名前 5 的国家发明专利申请变化趋势

6.2.2 专利技术来源国和应用国分析

中国、美国、韩国和日本在终端产品领域的相关专利申请排名靠前。其中，中国以 151145 件相关专利申请排名第一，美国以 15015 件相关专利排名第二。这说明中国和美国在智能终端电子技术领域处于全世界范围内的领先位置。应用国方面，中国也以 152267 件相关专利申请位列第一，紧随其后的是美国和韩国，分别为 16914 件和

11606 件。这表明在全世界范围内，中国、美国和韩国是智能终端电子技术领域的重要市场，是世界各国进行专利布局的重要国家。

6.2.3 主要专利申请人及竞争力分析

终端产品领域主要专利申请人如图 6.3 所示，中兴通讯股份有限公司、广东欧珀移动通信有限公司和惠州 TCL 移动通信有限公司在终端产品领域的相关专利申请量领先于其他申请人，其中中兴通讯股份有限公司有 979 件相关专利申请。

图 6.4 为终端产品领域竞争者实力气泡图。其中三星位于第一象限，在终端产品领域处于领先者的地位。相对来讲，除 LG 外，终端产品领域的其余申请人均处于追赶者的位置。

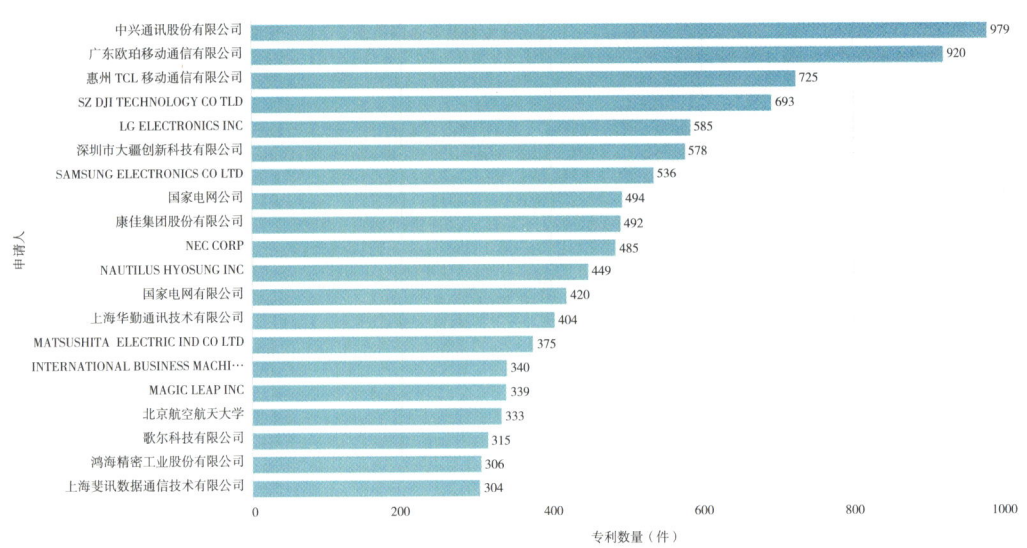

图 6.3　终端产品领域专利主要专利申请人排名

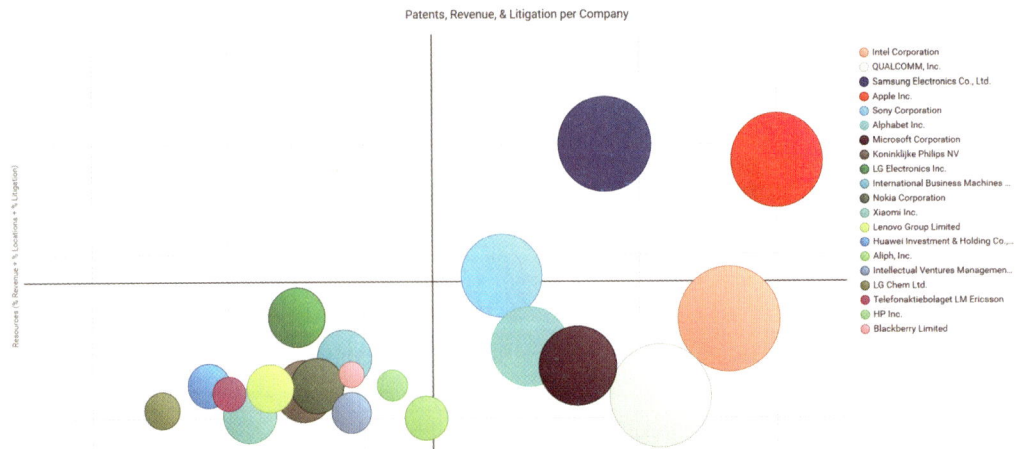

图 6.4　终端产品领域相关专利申请人竞争者实力气泡图

6.2.4 专利价值度分析

合享价值度是合享新创公司制作的专利价值度评估体系,选取了业内常见的专利价值评估指标,从技术稳定性、技术先进性和保护范围三个维度综合衡量专利的价值度。

利用incoPat的专利价值度分析功能,对智能终端电子技术全球专利进行统计分析,得到如图6.5所示的智能终端电子技术全球专利价值度分布。通过分析可见,智能终端电子技术全球专利中,专利价值度7分的专利数量最多,有34123件。专利价值度在5分及以下的专利比例为41.67%,表明该技术的发展已经较为成熟,技术含量相对较高,已经存在较多的基础、核心专利,导致外围布局专利的评分一般较低且比例较大。同时,由于外围专利的增多,超高频次被引用的专利就较多,因而高价值度专利,尤其是8—10分的专利也有不少,占比为34.27%。

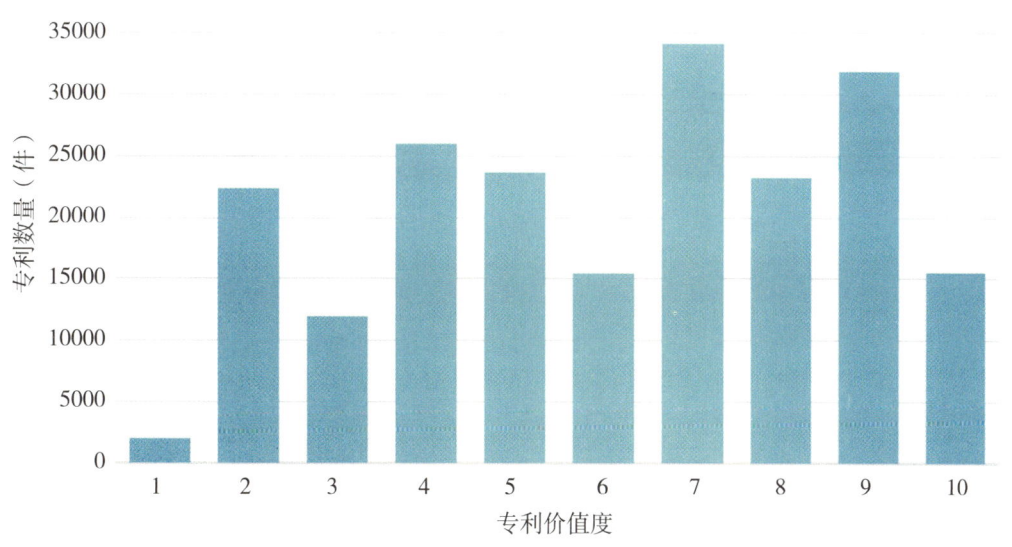

图6.5 全球终端产品领域相关专利价值度分布图

6.3 智能终端产品领域中国专利分析

6.3.1 专利申请趋势

采用智能终端产品领域中文检索式在incoPat中进行检索,中国范围内智能终端产品领域的相关专利命中专利152661件,其中发明专利69100件、发明授权15628件、实用新型专利83561件;有效专利68588件、失效专利85625件、审查中专利14101件(表6.1)。

表 6.1 中国智能终端产品领域相关专利申请统计表　　　　　　　　　单位：件

申请量	发明	实用新型	发明授权
152661	69100	83561	15628

中国智能终端产品领域专利申请增长态势如图 6.6 所示。

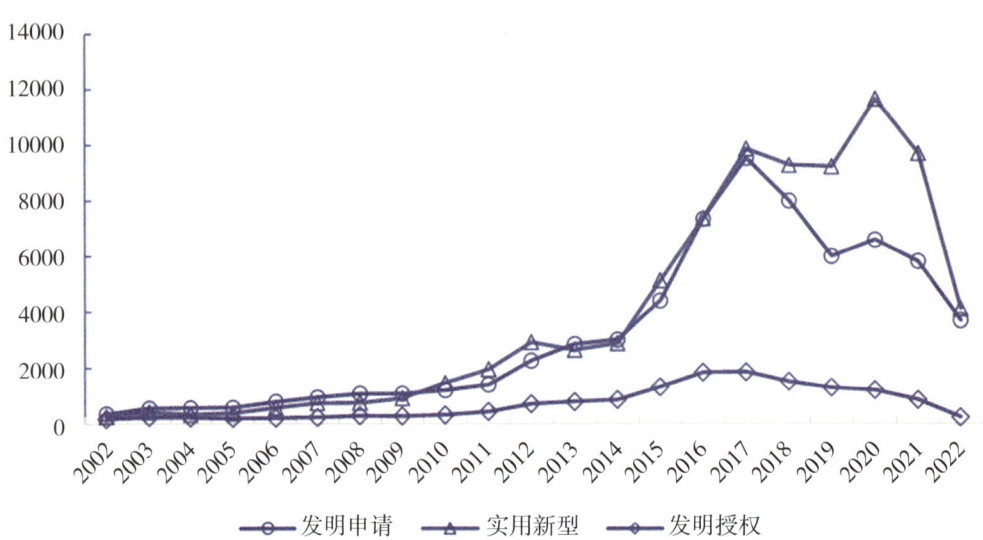

图 6.6　中国智能终端产品领域专利申请增长态势分析

从图 6.6 可以看出，中国智能终端产品领域相关专利申请起步较早，并保持稳定的增长趋势。到 2012 年，有一个较大幅度的增长，专利年申请量达到 2275 件；2015 年开始加速发展，当年专利申请量超过 4000 件，2017 年达 9546 件的高峰。而国产智能手机产业也上了两个台阶，达到全球出货量第一。从图中还可以发现，2017 年以前每年智能终端产品领域的发明专利申请与实用新型专利申请数量基本相近，2017 年后智能终端产品领域实用新型专利申请数量远大于发明专利申请，这说明产品结构方面的创新是智能终端产品的重要方向。

6.3.2　专利布局结构

对照智能终端专利技术进行分类，可发现智能终端专利技术主要分布于如下领域，如图 6.7 所示。

从图 6.7 可以看出，智能终端技术主要分布于 H04M1 大组，即电话通信领域，专利申请量达 60727 件，占智能终端全部专利申请的 39.88%。其次是在 H02J7（用于电池组的充电或去极化或用于由电池组向负载供电的装置）、B64C39（其他飞行器）、

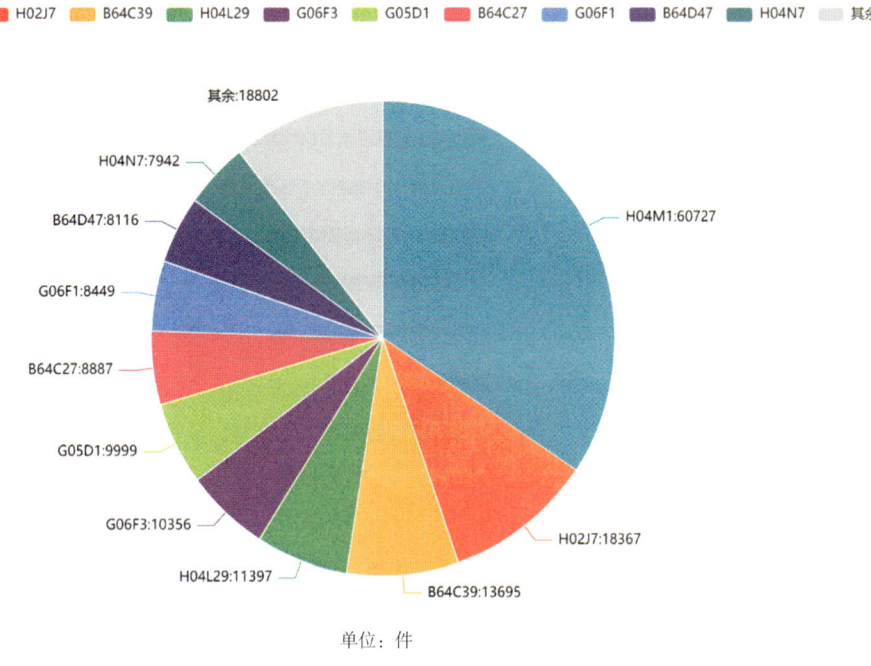

图 6.7 智能终端产品领域产业重点技术

H04L29（数字信息传输的其他装置、设备、电路和系统）三个大组。从创新所在技术领域来看，中国智能终端技术创新最多的四个领域是智能手机、电池、数据与信息接口、数字信息传输的非主流技术。

此外，G06F3（用于将所要处理的数据转变成为计算机能够处理的形式的输入装置；用于将数据从处理机传送到输出设备的输出装置，例如接口装置）、G05D1（陆地、水上、空中或太空中的运载工具的位置、航道、高度或姿态的控制，例如自动驾驶仪）、B64C27（旋翼机；其特有的旋翼）、G06F1（其他数据处理设备的零部件）、B64D47（用于与飞机配合或装到飞机上的设备；飞行衣；降落伞；动力装置或推进传动装置在飞机中的配置或安装）、H04N7（电视系统），也位列智能终端十大技术分支。

6.3.3 专利申请人分析

中国智能终端产品领域主要申请人排名如图 6.8 所示。从中可以看出，中国智能终端产品专利申请量排名靠前的企业有中兴通讯、广东欧珀、国家电网、惠州 TCL 移动、深圳市大疆创新、康佳集团、上海华勤通讯、北京航空航天大学、歌尔、上海斐讯等。通过对智能终端产品领域主要申请人分析发现，在我国大陆地区排名前十的申请人中，并没有国外电子信息企业的身影，说明中国大陆地区的智能终端产品的创新规模已处于前列，创新生态已经形成。

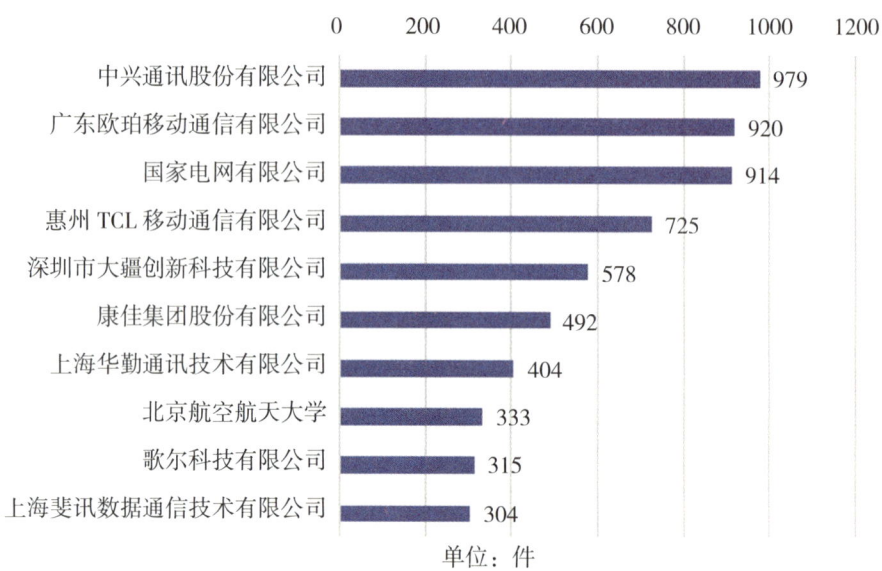

图 6.8 中国智能终端产品领域主要申请人排名

6.3.4 区域创新实力定位

中国智能终端产品领域省市和福建省各地市排名如图 6.9 和图 6.10 所示。

如图 6.9 和图 6.10 所示，中国智能终端产品领域，专利申请量排名第一的是广东省，共有 48134 件相关申请。江苏、北京、浙江、上海处于第二梯队，申请量均超过了 8000 件。山东、四川、安徽、湖北与福建处于第三梯队，申请量均超过了 3000 件。可以看出，福建省在智能终端产品领域的创新实力在全国来讲处于中游水平。

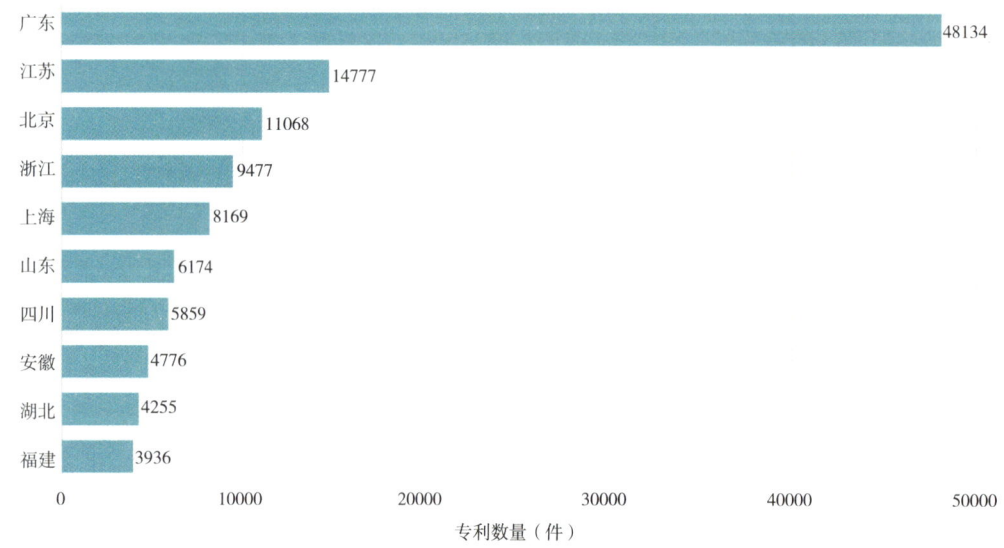

图 6.9 中国智能终端产品领域省市排名

第六章 智能终端电子产品及计算器产业专利分析

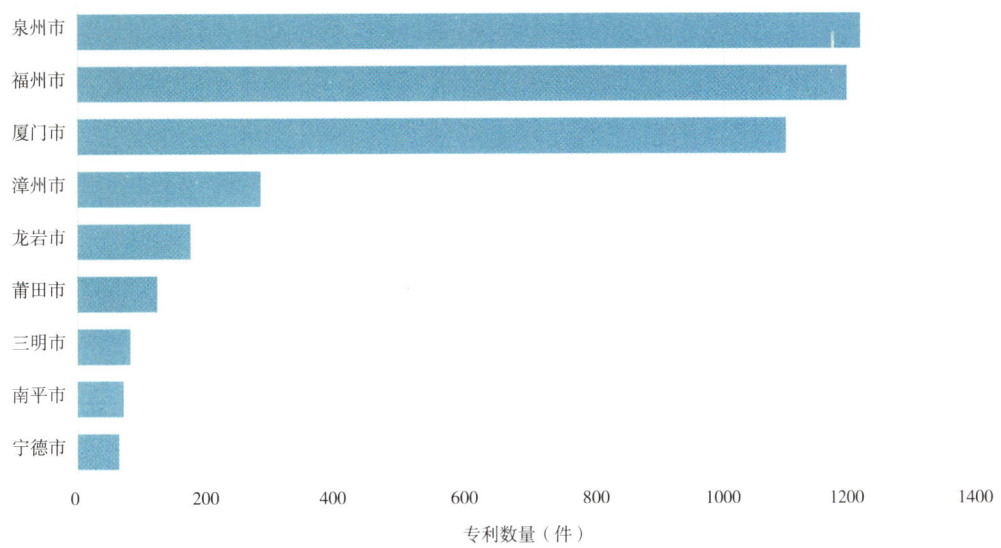

图 6.10　福建省智能终端产品领域各地市专利申请量排名

福建省内，智能终端产品领域的相关专利申请主要集中在泉州、福州和厦门，漳州、龙岩、莆田、三明、南平和宁德的相关申请量均较少。

福建省智能终端产品领域相关专利主要申请人排名如表 6.2 所示。

表 6.2　福建省智能终端产品领域相关专利主要申请人排名

排名	申请人	专利数量（件）
1	福州大学	66
2	厦门大学	45
3	国网福建省电力有限公司	38
4	南安市高捷电子科技有限公司	37
5	庄景阳	34
6	福建省石狮市通达电器有限公司	34
7	厦门理工学院	33
8	福建农林大学	32
9	中国移动通信集团福建有限公司	30
10	联想移动通信科技有限公司	28
11	厦门雅迅网络股份有限公司	25
12	国家电网公司	25

续表

排名	申请人	专利数量（件）
13	福州博远无线网络科技有限公司	24
14	福州馨香苑信息科技有限公司	23
15	福建天晴数码有限公司	22
16	石狮市高鑫技术孵化有限公司	21
17	福建师范大学	20
18	仰恩大学	19
19	华侨大学	19
20	南安市丰州高捷摩托车节能实用科技产品销售中心	17

福建省内，福州大学以 66 件专利申请位居榜首，厦门大学、国网福建省电力有限公司、南安市高捷电子科技有限公司、庄景阳、福建省石狮市通达电器有限公司、厦门理工学院、福建农林大学、中国移动通信集团福建有限公司都有 30 件及以上数量的专利申请。从表 6.2 中还可以看出，福州大学、厦门大学、厦门理工学院、福建农林大学、福建师范大学、仰恩大学、华侨大学这几所福建省高等学校跻身专利申请排名前 20 强。专利申请量最多的福州大学也只有 66 件专利申请，说明福建省智能终端相关企业创新力度或创新保护意识不足，这可能是制约福建省智能终端产业上台阶的重要因素之一。

6.3.5 莆田市专利分析

对莆田市智能终端产业专利信息进行分析，莆田市智能终端专利申请量为 124 件，其中实用新型专利 88 件、发明专利 28 件。发明专利申请中，有效授权专利仅为 7 件，审查中专利 7 件，另有 14 件失效专利。这说明莆田市专利申请质量并不高，多数专利为最近几年申请，创新基础或意识有较大提升空间。

对莆田市智能终端技术专利申请人进行统计，得到如图 6.11 所示的排名情况。

从图 6.11 可以看出，莆田市智能终端专利申请量最多的申请人是莆田学院，共申请智能终端专利 16 件；之后为仙游县元生智汇科技有限公司（申请专利 12 件）、福建华佳彩有限公司（申请专利 8 件）、莆田市烛火信息技术有限公司（申请专利 6 件）、莆田空天网络科技有限公司（申请专利 6 件）；接着是个人申请人潘征东（申请专利 5 件）、曾智源（申请专利 3 件）；莆田市涵江区怡佳电子有限公司、莆田联政科技信息咨询有限公司、锐马（福建）电气制造有限公司，申请专利 3 件。可见，莆田

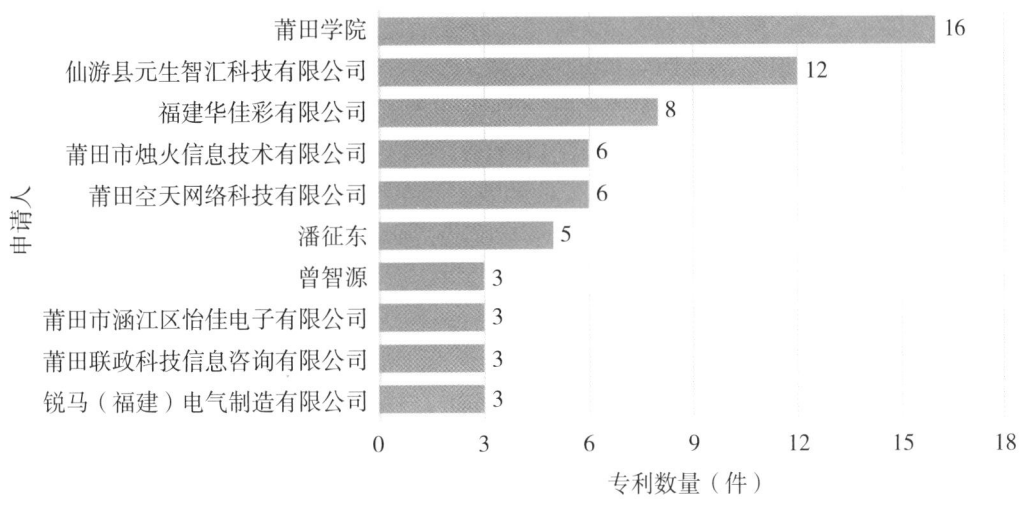

图 6.11　莆田市智能终端领域专利申请人排名

市在智能终端领域专利申请数量并不多，企业创新意识及知识产权保护意识不强的问题比较突出。

对莆田市智能终端产业技术领域做进一步分析发现，莆田市电子信息领域专利申请主要集中在 H04M1 大组，其次是 H02J7 大组（图 6.12）。

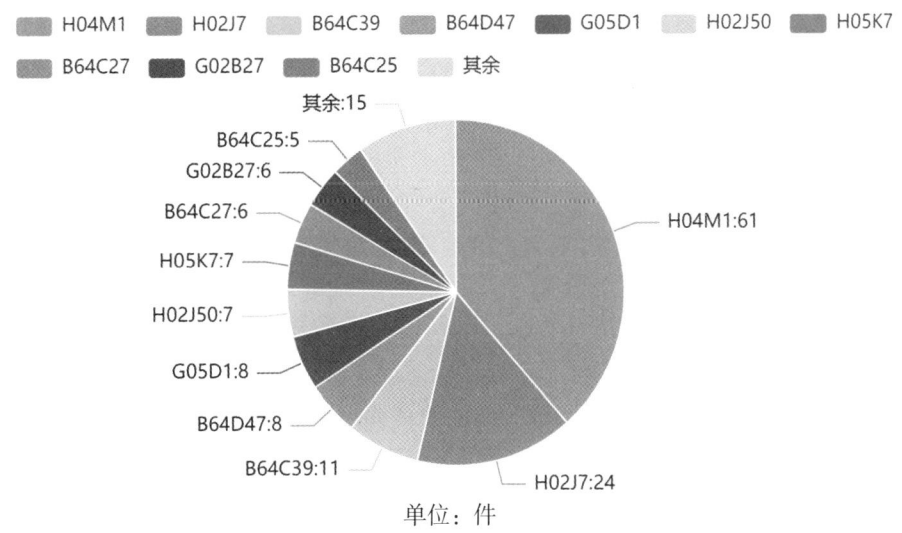

图 6.12　莆田市智能终端领域专利技术领域排名

H04M1 大组，专利申请数量最多，达 61 件，占专利申请总量的 49.19%。进一步分析发现，莆田市在电话通信领域的创新主要分布于手机壳、自拍杆、手机支架三个方面。其中，实用新型专利 50 件、发明专利 9 件，有 2 件专利获得授权并维持有效。H02J7 大组，专利申请量为 24 件。

6.4 分析结论

人工智能与5G网络是当前智能终端产业发展最大的机遇。当2020年5G正式商用时，当年的网络设备和终端设备收入达到约千亿元，同时智慧城市、智能家居、可穿戴设备等智能终端也将获得大发展。智能手机一枝独秀的局面有望得到改变，比如以智能语音为入口的家居和车载产品。智能硬件将越来越多地渗入国民经济中交通、环境、安全、建筑、生产和教育等领域。

我国智能终端产业仍存在技术创新不够、零配件加工利润低、缺乏核心竞争力的问题。智能终端产业入行门槛低，部分企业一味地模仿跟随，忽视了对产品定义和原始创新的能力，产品同质化严重，集中在低端市场，通过低利润、低价格进行市场竞争。

在全球智能终端领域，中国、美国、韩国和日本专利申请排名靠前，美国和韩国处于领先位置。中国作为应用国的专利项数和作为来源国的专利项数排名均为第一，既是技术输入国，又是技术来源国。

中兴通讯、广东欧珀和惠州TCL移动在终端产品领域的相关专利申请量领先于其他申请人。三星、索尼、苹果、谷歌与微软等公司申请量也超过1000件。

中国智能终端专利申请于2012年与2015年发生了两次跳跃性增长，这跟国产智能手机的阶段性发展密切相关。智能手机是目前智能终端最主要的形式，其直接专利申请量占智能终端技术的39.88%，智能手机的地位仍没有改变的迹象。

中兴通讯、广东欧珀、惠州TCL移动引领中国智能终端产业，中国企业的智能终端产品的创新规模已处于前列，创新生态已经形成。

广东省在中国智能终端产品领域一枝独秀，江苏、北京、浙江、上海处于第二梯队，山东、四川、安徽、湖北与福建处于第三梯队。莆田市在福建省内的专利申请优势并不明显，相关企业知识产权保护意识不强。

莆田学院以16件智能终端专利申请排在莆田市榜首，仙游县元生智汇科技有限公司申请专利12件，其他公司本领域专利申请量不足10件，专利申请数量较少。莆田市智能终端企业专利申请主要集中在电话通信领域，主要分布于手机壳、自拍杆、手机支架三个方面，技术含量较低，说明企业创新水平较低。

第七章

结论及建议

7.1 专利导航分析结论

电子信息产业作为世界各国重点发展的支柱性产业,近几十年来飞速发展,产业规模大幅扩张。经历了一个多世纪的发展,电子信息产业逐渐成为一个独立的、全球范围的、更新换代快的产业,并且深入到各行各业的发展当中。至今,电子信息产业已经分化出各种各样的细分产业。在本章中,结合莆田市电子信息产业发展现状和政府对电子信息产业导航项目分析的需求,对莆田市现阶段重点发展的新型显示产业和集成电路产业领域进行了着重的分析。同时,对莆田市关注的智能终端电子产品以及计算机产业链相关产品领域进行了简要的态势分析。基于产业现状分析和产业专利导航分析,得到了以下几点结论。

7.1.1 产业由发达国家向新兴经济体转移

从全球产业分布情况来看,全球电子信息产业格局目前已进入调整阶段,美国、日本以及欧洲等发达国家和地区依然是电子信息产业的主导,继续保持技术研发和产品设计领域的优势。中国、印度等新兴经济体电子信息产业技术能力不断提升,在全球产业中的比重持续增加。总体上看,世界电子信息产业格局保持稳定并持续小幅调整,新兴经济体的地位和作用越来越重要。具体到新型显示和集成电路产业,两个产业向中国大陆地区转移的趋势已逐渐显现。

新型显示技术方面,20 世纪 80—90 年代,日本和韩国基本占据了液晶显示产业的全部市场份额。进入 21 世纪,中国台湾地区逐渐崛起,并抢占了相当一部分市场份额。2010 年前后,中国大陆地区以京东方为首的新型显示企业迅速崛起,开始影响新型显示产业的世界竞争格局,呈现赶超的势头。从专利数据看,日本在新型显示领域的研究起步较早,共有 52674 件相关专利申请。2002 年之前,日本的相关专利申请量均处于领先地位。2006 年之后,相关专利的申请量呈下降趋势。美国、中国和韩国的相关专利申请自 20 世纪 90 年代开始出现,进入 2000 年之后,增幅明显。其中,中国的相关专利申请量在 2010 年开始迅速增多,逐渐取得领先的位置。

集成电路方面,技术起源于美国。20 世纪 70 年代,美国将装备产业转移到日本,半导体产业转变为 IDM 模式。20 世纪 90 年代,随着个人电脑的兴起,存储产业从美国转向日本后又开始转向韩国。同时,中国台湾积体电路公司成立后开启了晶圆代工模式,垂直分工模式逐渐成为主流,形成设计→制造→封测三大环节。随着智能手机市场的兴起,加之中国对半导体行业的大力支持,以及人才、技术、资本的产业环境不断成熟,中国集成电路生态逐渐形成,IC 设计领域自主发展迅速,群雄并起。IC 制造领域,晶圆制造产业向中国大陆地区转移,大陆地区 12 英寸晶圆厂产能爆发。IC 封测领域,国内封测三强进入第一梯队,抢先布局先进封装,中国在集成电路产业相关技术领域也加大了专利的布局。从总体的专利申请增长态势可以看出，中国在 2010 年后，明显加快了在集成电路产业相关领域的专利布局速度。在细分领域，IC 设计领域的收购受限、国产芯片自给率低等问题仍然存在，产业仍然主要集中在技术含量相对较低的 IC 封测领域，但中国 IC 设计、IC 制造、IC 封测的发展正日趋均衡，IC 设计、IC 制造、IC 封测专利申请量占比为 33%、42%、25%，设计和制造领域的专利占比逐渐趋于合理。从专利层面可以看出，中国集成电路产业结构正在向技术密集型、附加值较高的 IC 设计领域转变。

7.1.2　技术集中度高，龙头企业优势明显

电子信息产业全球化程度极高，大型跨国公司往往在世界各国设立分公司、子公司或合资公司，并通过专利布局抢占技术市场，继而在该国形成垄断态势。新型显示领域方面，三星、LG 等世界一流的大企业投资多年，积累了大量的技术和专利，三星和 LG 在新型显示领域的相关专利布局分别达 26587 件和 16132 件之多，遥遥领先于其他申请人。集成电路方面，高通、博通、三星、联发科等美国、韩国和中国台湾地区的企业掌握了核心科技，技术实力远远领先于中国大陆地区的企业；不过中国大陆地区经过多年的发展也已经涌现出了一批技术实力强劲的企业，集成电路产业领域相关的专利申请中，中芯国际申请位居首位，华力微电子、华为、中兴等企业紧随其后。

7.1.3　产业发展需要开放创新和自主创新并重

从产业发展的历程可以看出，无论是日本或是韩国，产业最初都是通过引入先进技术，同时不断自主创新，才得以发展壮大，逐渐在产业中占据主导地位。中国电子信息产业的发展正处于借助国外先进技术的阶段。以新型显示相关技术为例，目前中国作为技术应用国的专利件数大于作为技术来源国的专利件数，表明中国在新型显示技术领域属于技术输入国。但中兴事件和晋华事件的出现，提醒我们在技术引进的同时，需要注重自主创新的重要性，尤其是核心技术领域，要做到开放创新和自主创新并重。

7.1.4　莆田市电子信息产业创新能力有较大提升空间

莆田市电子信息产业在 20 世纪 80 年代起步，在 20 世纪曾是全球最大的电子计算器生产基地和国内最早的中小型液晶显示基地，聚集了新威、德信、安特等一批知名企业。21 世纪，在全球电子信息产业持续升级换代的背景下，莆田市电子信息产业的发展逐渐落后，结合本章的分析来说主要有以下几个方面。

(1) 产品科技含量低，缺乏创新，附加值少

莆田市电子信息产业的优势主要集中在消费类电子、LED、LCD以及电子元器件的加工组装及配套环节，加工方式主要是贴牌生产（OEM），通过直接引进国外先进技术、关键电子设备和现代化生产线进行生产，且多为低端产品，技术含量不高，赚取的利润多是加工费，而加工费收入在整个产品生产链中所占比重已呈现下降趋势。企业对外依存度高，长期停留在加工、组装的阶段，其所设立的研发部门也仅仅是根据客户的要求来设计或修改原有的产品，缺乏有效创新；从专利数据看，莆田市新型显示和集成电路领域的专利申请分别为41件和68件，申请量均排在厦门、福州和泉州之后，专利申请量较少，表明其创新能力有待进一步提升。

(2) 处于产业链低端，缺乏品牌效应

莆田市电子信息企业刚开始的产品主要是电子表及计算器，基本上由华侨出资，由其亲属组织人员生产，因此电子信息企业多是从家庭作坊式、中小规模家族企业慢慢发展而来。发展至今，虽然有许多企业已形成规模，但是在管理方式上，仍较多地侧向于家族式管理，这些企业在产品研发方面的重视程度和开发能力均存在着明显的不足，这使得其产品比较单一，且更新周期长、档次不高、产品技术水准低、附加值少，自有品牌和自主产权的品牌少，总体上处于全球产业链的中低端，行业整体效益不高，在市场上缺乏竞争实力。

(3) 企业规模小、功能弱，且企业间缺乏有效合作，未形成完整的产业链

莆田市电子信息企业大多数以中小型企业为主，且多数电子信息企业之间缺乏合作。一方面企业规模偏小，产品种类单一，产业链上游的关键零部件、重要材料和专用设备等基本依赖进口，下游缺少营销网络健全的大型电子交易市场、会展中心，无法形成完整的产业链，产业链互补性不强。另一方面，产业内企业缺乏资源整合的合作机制，在产品研发攻关技术合作和企业资源优势互补上没有统一的组织，各自产品所需的元器件及销售也基本上都在外省或外国。

(4) 大型项目相继落地，但专利申请量有待提升

近几年，莆田市不断优化产业结构，频频在高新电子信息产业领域发力，引进一批重大项目，如华佳彩项目、福联集成电路、佳华超金属膜机材项目等，为莆田市电子信息产业的发展注入了新活力。但根据莆田市新型显示产业和集成电路产业的专利信息分析结果，莆田市新型显示产业和集成电路产业的专利申请量分别为42件和68件，专利申请量较少，尚有较大的提升空间。

7.2 莆田市电子信息产业发展定位分析

7.2.1 莆田市电子信息产业发展优势

(1) 区位优势明显

福建临海，北邻电商大省浙江，东望文创繁荣的我国宝岛台湾地区，是东亚地区与南亚、西亚、非洲的最短航线的必经地。地理位置具有明显的优势。近几年，国家不断出台促进海峡两岸贸易的各种政策，跨境电商发展迅猛。莆田市已被评为"国家电子商务示范城市"，莆田市城厢区安福电子商务城已被评为"国家电子商务示范基地"。

(2) 基础设施完善

近年来，莆田市港口、铁路、高速公路、国省干线、疏港道路等交通基础设施日趋完善，港口资源、妈祖文化、生态环境、民间资本等优势逐步凸显。莆田市正处于蓄势待发、乘势崛起的重要关口，完全有条件在"十四五"时期再上一个新台阶。

(3) 产业基础好

莆田市电子信息产业起步于20世纪八九十年代，第一波莆籍港商和侨商携资来江口镇创办电子厂，主要生产电子表和计算器。之后又有一批台企入驻，生产对讲机、呼叫机等电子产品，形成一个比较完整的产业链，成为国家级电子信息基地。莆田高新园区共有各类工业企业396家，其中规模以上企业167家、高新技术企业30家，先后被认定为"国家火炬计划莆田液晶显示产业基地""中俄科技合作（莆田）示范基地""莆田国家液晶显示高新技术产业化基地""省级新型工业化产业示范基地（电子信息）""莆田通用设备制造产业人才聚集基地"等。产业规模大，2017年实现规模产值252亿元，占全市规模工业比重7.9%。工人操作水平较高、数量充足，具有较好的电子信息产业发展基础。

莆田市电商发展较早，安福电商城、海峡艺雕城陆续建成。莆田市电商集聚，在分销、美工、结算、团队孵化等实质性服务上做得较好。涵江电商创业园、闽中电商产业园、玩觅电商大楼、仙游艺都电商城等也逐步投入使用，联发莆田电商城、华林电商城等新电商园区正在建设。

此外，莆田市鞋业全球闻名，造就大批鞋类电商。莆田市鞋业发达，精湛的制鞋工艺使其成为许多国际名牌代工厂，在国内市场，莆田鞋质高价廉、款式新颖，受消费者追捧。在电商热销的类目中，莆田鞋的销量数量庞大，莆田鞋业已成为一个优势产业，从而招揽了许多鞋类网商在莆田市发展电商。

(4) 现有政策条件好

中央支持福建经济社会发展上升到国家战略层面，并确立福建作为全国第二批自贸区建设试点，把福建作为21世纪海上丝绸之路的核心区，极大地拓展了莆田市加快发展的作为空间。建市以来，莆田市深入实施"以港兴市、产业强市"发展战略，经济社会实现了又好又快发展，为"十四五"发展奠定了良好基础。

莆田市创新"资本＋人才＋技术＋地方配套"的招商模式，在项目前期对接中通过引入产业龙头企业战略控股，给予人才股权激励，配套建设人才公寓、国际学校、国际医院等措施，促进项目落地、先进技术转移和高层次人才集聚。此外，出台战略性新兴产业重大项目招商引资专项政策，以更大的力度和更优的政策吸引战略性新兴产业重大项目落户。设立总规模25亿元的电子信息产业基金，对接福建省电子信息产业集群专项资金，支持重点项目建设和贷款贴息。实行前期工作全程代办、项目联审联批、部门提前介入，倒逼审批提速增效。

（5）政府重视产业发展

福建省以及莆田市出台的相关政策法规多立足于新型显示技术的产业角度，现有的方针政策就产业发展、产值变化等内容做出了具体规定，使行业、企业的建设发展有章可循，指明了行业的发展方向。与此同时，在区域与地方经济建设中，也对电子信息产业发展提供了政府帮扶，具体于技术、资金等方面均提供了有力支持，于产业建设中投入较多资源，如就高新技术企业专门制定扶持办法，补助高新技术企业科学化发展。面对经济新常态，莆田市获得全国新型城镇化、民营经济改革、社会资本办医改革等七个试点政策利好叠加，一批符合技术创新、生态环保、税收贡献的产业龙头项目落地建设、竣工投产，形成了较强的发展支撑。

综上可知，电子信息产业现今为福建省、莆田市重点支持的关键产业，结合近年来的政策内容分析可知，政府重视产业发展，可判定该产业在福建省拥有较好的发展空间与前景，存在的政策变动及风险较小。

7.2.2 莆田市电子信息产业发展劣势

（1）传统的电子信息产业大而不强，增长乏力

莆田市传统电子信息产业属劳动密集型产业，产品以中低端为主，依靠人力组装，技术门槛低。随着时代的变迁，大多企业没能抓住机遇及时转型升级，导致市场占有率渐渐萎缩，开始走下坡路。

（2）技术创新不足

从专利分析结果可知，莆田市电子信息产业专利申请量较少，在全国范围内竞争乏力，没有形成特定的技术优势，创新力度与莆田市电子信息产业的市场规模明显不匹配。莆田市高新技术主要依赖于外部引进，技术水平很大程度上受引进项目的影响，核心技术缺乏导致了核心竞争力不足，产业转型升级困难，没有形成良好的滚动发展机制。

（3）产业结构有待进一步完善

从专利技术领域分析可知，莆田市电子信息产业不仅专利申请少，技术创新领域也不健全，比如在智能终端领域专利主要集中在手机壳、自拍杆、手机支架以及电池装置等领域，集成电路领域失效专利超过50%，这说明莆田市创新技术链不完善、专利管理水平不足，对现代服务业和先进制造业的支撑作用不够。从专利分析结果还可以发现，电子信息原材料领域、软件行业等在莆田市乃至福建省均有待进一步发展。

（4）企业竞争力不足

从专利申请人分析结果可知，莆田市电子信息产业专利申请比较分散，尚未形成在全国具有较高创新水平的领军企业，甚至在福建省内竞争力也排名靠后，龙头企业的产业链带动未能传导到创新机制带动，这将影响企业的竞争力及持续健康发展。

7.2.3 莆田市电子信息产业发展机遇

（1）政策支持机遇

2016年以来，国家出台了一系列促进电子信息产业发展的规划：《中国制造2025》《"十三五"国家战略性新兴产业发展规划》《国家信息化发展战略纲要》《信息产业发展指南》等均对加快当前电子信息产业的发展起到指导作用。各个地市也从投融资政策、财税政策、创新创业支持政策、人才引培激励政策等方面制定了符合当地实际的产业促进政策，电子信息产业的兴起与大规模应用值得期待。

（2）技术升级机遇

根据电子信息专利分析结果，可以发现在新型显示领域、集成电路领域、智能终端领域，专利申请均呈现明显上升趋势。全球新型显示技术目前正处于新的发展阶段，人工智能与5G网络更是当前发展最大的机遇，莆田市可以抓住这一机会，搭上快速发展的列车。

（3）产业扩张机遇

电子信息产业在本世纪开始迅速发展，并逐步从传统PC及周边向着社会信息沟通、电子金融信息产业、物流传输产业、智慧城市建设等方面扩张。依据我国工商管理部门网络公布相关数据可知，2016—2018年期间，国内电子信息产业已涉及金融、电子、机械、物流、航空、销售等多个领域，其中金融产业占37.17%，技术、运输等领域占44.17%，电子信息产业在社会生活各方面的应用越来越广泛。

（4）国家战略机遇

随着"一带一路"倡议的推进，莆田高新区临近海上丝绸之路经济带起点，利于开拓"一带一路"沿线国家的国际合作。我国ICT品牌在"一带一路"沿线市场占有率快速上升，尤其是手机等3C产品已在"一带一路"沿线多个国家占据主导地位，在当地的产业链布局也渐次展开。

7.2.4 莆田市电子信息产业发展挑战

（1）中美经贸摩擦冲击电子信息产业发展

全球化是过去20余年来电子信息产业发展的重要基础，在全球投资、贸易自由化的基础上，我国电子信息产业供应链得以成为全球供应链的重要部分。特朗普上台后，推行单边主义与贸易保护主义，对我国电子信息产业转型升级的冲击不容低估。

（2）创新生态圈建设任重道远

莆田市电子信息产业处于代工和劳动力密集的生产加工阶段，在全球产业价值链中处于中低端。考虑到引进技术的风险小于自己研发，所以大多数企业都把资金花在引进技术上，而消化吸收和自主创新的投入资金相对较少，企业自主创新能力差且研发意识弱，严重阻碍了电子信息产业转型升级。

（3）兄弟城市的竞争与挑战

在国家一系列促进电子信息产业发展规划与政策的驱动下，国内许多城市出台了电子信息产业发展促进政策，比如天津市、宿州市、汝州市、东莞市、宜宾市、鹰潭市和南昌高新区、长沙经济技术开发区等。即便在福建省内，福州市、厦门市、泉州市电子信息产业发展也领先于莆田市，给莆田市带来一定的竞争压力。

（4）新产业的发展与支持政策的不匹配

创新与监管历来存在紧张关系，需要维持一种平衡状态。当前，新技术的发展应用正面临法律、伦理、制度、政策等方面的设计难以匹配实践的新挑战。

总体而言，在消费者、决策者还难以在短期内享受到新技术所带来的"技术红利"时，供给方的过度炒作，只会让消费者、决策者对新技术产生不切实际的过高预期，反而会透支新技术应用的公信力，降低人们对新技术的期待，引发倦意甚至排斥。

7.2.5 莆田市电子信息产业发展定位SWOT分析（态势分析）

电子信息产业的内在特征决定了企业难以独立完成从基础科研、开发、设计到产品制造和销售的全过程，它们需要与别的企业进行分工协作，集中资金与人力于自身具有比较优势的流程或环节，避免盲目投资及低水平重复建设，形成规模效应。

通过上述分析结果，可知莆田市发展电子信息产业具有区位优势、基础设施完善、产业基础好、现有政策条件好等优势；但也存在现有的传统的电子信息产业大而不强，增长乏力，技术创新不足，产业结构有待进一步完善，企业竞争力不足等问题。在当前莆田市享有政策支持、全球产业技术升级、产业扩张、国家战略重点支持的机遇下，必须做好准备，迎接中美经贸摩擦对电子信息产业发展的冲击，建设好创新生态圈，迎接兄弟城市的竞争与挑战，加快产业转型升级，努力做大做强。

通过专利信息分析结果，结合莆田市当前电子信息 SWOT 分析结论，可知莆田市在电子信息领域发展优势与劣势共存、机遇与挑战同在。总体来说，莆田市电子信息产业尚未形成良性自我发展的生态，目前处于全球电子信息产业链中处于跟随者地位，还需要政策的引导与支持。

7.3　莆田市电子信息产业技术发展规划建议

7.3.1　全球技术发展热点

根据上文专利信息分析结果，结合电子信息产业发展趋势及国内外龙头企业研发动态，判断新型显示、集成电路及智能终端领域的技术发展热点如下。

AMOLED 成为产业发展热点。2016 年，全球 AMOLED 手机面板出货量达到 3.7 亿片，相比 2015 年大幅增长 41.2%，而中国前十大品牌的 OPPO、VIVO、华为、金立、魅族、联想等贡献了 26% 的份额。2020 年，柔性 AMOLED 手机面板的年复合成长率达 88.2%。

超高世代产线成为产业发展重点。为了在愈加激烈的市场竞争中占据优势，全球各主要面板企业根据自身优势，开始抢占超大屏幕电视市场，纷纷投巨资建设超高世代产线，以期取得成本优势，在激烈的市场竞争中抢占先机。

新型显示领域创新进展。AMOLED 在高端手机市场抢占 LTPS 风头。由于 AMOLED 技术门槛高，在 AMOLED 面板领域积淀深厚的三星是 AMOLED 热潮的最大受惠者，其优势地位难以撼动。三星自身手机品牌的 AMOLED 面板采用率逐年攀升。韩国厂商中除三星外，LGD 也加紧脚步扩大产能。

韩国目标明确，以 OLED 技术实现柔性面板，逐渐退出 LCD 生产，并投入巨资进行柔性 OLED 产线建设。其中，三星已经明确以小尺寸 AMOLED 作为主要技术方向，LG 则主攻大尺寸柔性 AMOLED 屏。日本希望从擅长的液晶 LCD 技术上作深度延伸，实现柔性 LCD 和 OLED 双重布局。我国则看好柔性 OLED 市场，紧跟韩企潮流投入巨资。未来，中韩将成为全球柔性 OLED 的两大生产基地。

中小尺寸产品市场呈现旺盛需求态势。智能手机、可穿戴设备、VR/AR 等智能移动终端产品的快速发展提升了中小尺寸显示面板的市场需求，产业规模稳步增长。

除了智能移动终端产品外，车载显示也成为中小尺寸的又一重点应用，成为继手机、平板之后全球面板企业激烈争夺的细分市场。随着智能汽车、自动驾驶汽车以及新能源汽车等新兴汽车形态的出现，车内显示产品的需求将进一步增长，主要产品以汽车中控台部分的中央信息显示器、驾驶仪表盘以及驾驶员前方视野的抬头显示器等为主。7 英寸在车载显示中占据主流地位，市场份额超过 40%。未来车内显示屏市场将向着多数量、大尺寸、触控化、多功能、定制化方向发展。

7.3.2 莆田市技术基础

根据福建省及莆田市专利信息分析结果，结合莆田市产业具体情况，可以发现，从总体来看,福建省在国内电子信息领域处于第三梯队，莆田市又处于福建省中游水平，莆田市在电子信息领域的创新水平有较大的提升空间，具体技术情况如下。

在新型显示领域，从 2018 年 3 月起，福建华佳彩有限公司加大了对知识产权的保护力度，提交了 30 余件发明专利申请，占莆田市新型显示专利的一半以上，多数涉及新型显示技术及其周边配套技术的创新，在莆田市新型显示技术领域起到了引领创新的作用。华佳彩 IGZO 新世代面板项目的引进建设，使莆田市新型显示专利申请质量及数量均有提升，显著提升了莆田市的创新水平，使莆田市新型显示产业的发展获得持续的动力支持。

在集成电路领域，莆田市专利申请较多，发明专利占比较高，具有较好的技术基础。这些专利主要来自万邦光电、福建福联、福建安特等，其中福建福联专注于晶圆制造，在蚀刻装置与半导体器件领域表现突出，福建安特在半导体与微电子领域有一定数量的专利申请，但范围比较分散，可以加强专利布局工作。莆田市集成电路专利虽然数量较多，但失效专利占比高达 51.9%。

在智能装备领域，莆田市智能终端专利申请量不少，但实用新型专利占比较高，多数专利为最近几年申请，说明莆田市专利申请质量并不高。莆田市智能终端企业专利申请主要集中在电话通信领域，主要分布于手机壳、自拍杆、手机支架三个方面技术含量较低，其次是电池组及其装置，企业创新水平较低。智能终端专利申请人主要是元生智汇，其次是烛火信息怡佳电子等。

7.3.3 莆田市技术发展路线建议

电子信息产业是国民经济的战略性、基础性和先导性支柱产业，是经济社会发展的重要驱动力。同时，电子信息产业也是全球化程度最高的产业，产业全球分工极为明确，其产业价值链各环节在全球不同区域的分布以及在某些区域集聚的现象非常明显，利润分配也有地域性，产品生命周期特征显著。因此，莆田市电子信息产业的转型升级应该瞄准产业发展趋势与热点，立足自身技术基础，制定技术发展路线。

在新型显示领域，以福建华佳彩有限公司为龙头，建设好 IGZO 新世代面板项目，进一步落实二期规划及建设，支持华佳彩发展 LED 技术及投产，发展新型显示技术，对其周边配套技术进行创新。同时，发挥福建省飞阳光电有限公司等产业相关企业的作用，扩大新型显示相关产业的集聚规模。加强高端人才的引进与培育工作，加强产业链短板研究，提高莆田市新型显示技术的研究水平，使莆田成为国内中小面板生产的重要生产与创新基地。

在集成电路领域，围绕福建福联晶圆制造，发挥其在蚀刻装置与半导体器件领域的技术优势，建设氮化镓芯片制造的晶圆厂，发展三代半导体装备。同时，利用福建安特在半导体与微电子领域的技术基础，积极发展配套元器件，形成产业配套协作区。做好专利布局及企业知识产权的管理工作，培育莆田市集成电路产业自我发展的创新生态环境。

在智能装备领域，支持元生智汇的发展，鼓励相关企业整合或建立战略联盟，做大做强智能装备相关企业。加强智能装备领域的招商工作，引进符合当前发展趋势、能带动莆田市相关产业发展的战略性新兴项目（比如 5G、智能制造等），加快发展新型主流终端产品及品牌建设工作，增强产业带动作用。针对莆田市在智能装备产业专利技术含量较低的现状，为人才的流动与发展提供宽松的环境，吸引发达地区电子信息产业人才，培养智能装备领域的复合型人才。

7.4 莆田市电子信息产业发展策略建议

根据电子信息产业发展定位分析结果，莆田市在电子信息产业属于跟随者。因此，莆田市电子信息产业发展规划应该采用积极的技术跟随者策略，即立足本身的产业与技术发展特点，通过学习和利用领先者的技术与发展路线，发挥后发优势，由此提高研究起点并形成良性发展生态链，完成由技术跟随者向技术挑战者的身份转变。主要包括以下两个发展策略。

从上文对电子信息产业的分析可以看出，世界主要电子信息产业国家的成功发展，无一不与国家在战略层面的引导与支持息息相关。莆田市作为电子信息产业的技术跟随者，要实现电子信息产业的转型升级，离不开政府的引导作用。莆田市政府可以在增强企业竞争力、提升企业创新能力两大发展策略的指导下，根据自身情况选准产业突破口，加大政策支持，促进其快速成长，从而带动整个产业优化升级，形成莆田市独特的竞争优势。

7.4.1 构建良好的营商环境体系

营商环境也是生产力。优化营商环境，形成营商环境助力机制，对于促进工业企业稳健发展，增强工业的主导作用具有显著的作用。把握全球新一轮科技革命和产业变革背景下地方产业发展规律和产业集群高质量发展需求，研究制定适用于各地实际情况的产业政策，根据地方已有的产业基础选择适宜的产业重点发展方向，构建因地制宜、因势利导的营商环境、人才招引和应用示范环境，为电子信息产业提供更佳、更大的产业发展空间。

（1）提升公共创新服务体系

一是提供专利信息服务，为市内创新主体开展技术创新、实现共性技术和资源共享提供服务。整合市内电子信息产业专利信息服务平台资源，搭建完善专利检索平台和电子信息产业专利专题数据库，补全完善标准、非专利文献、市场数据等信息数据库；建立健全专利信息服务模块功能，围绕专利发展趋势、专利技术分布、竞争对手专利布局等开展相关技术领域的专利综合信息分析工作，摸清企业涉及领域的相关专利环境，对企业当前和未来技术与产品创新及专利风险防范提供辅助参考。二是开展专利信息培训，提升企业知识产权运用能力。面向市内电子信息产业的相关企业，开展专利信息获取专项培训，充分利用已有服务平台，加强平台使用集中和在线培训。三是推动企业贯标，提高企业专利管理水平和创新效率。鼓励市内相关企业开展知识产权贯标工作，逐步完善规范专利管理工作，切实提高专利管理水平和创新水平。

（2）构筑符合行业领域发展要求的专项规划体系

坚持整体推进与重点突破相结合，分类指导，精准施策。新兴产业领域，通过普惠性、市场化的政策工具，辅以负面清单、公平竞争审查等手段，促进新业态、新模式、新产品、新领域有序健康发展。产业关键核心领域，集中政策和资源，强化专项规划的战略目标引导。信息技术的融合领域，加强产业链关键环节和核心价值链的融合集成，推动跨界融合型平台组织和集成服务商的创新发展。

（3）构建企业创新普惠性支持政策

在促进循环经济和清洁生产、保护创新企业权益和减轻企业负担、促进市场公平竞争、保护知识产权、加强成果转化等方面构建法律法规保障体系，围绕问题导向，规范管理评价机制，增强企业创新创造活力，全面助推莆田市工业转型升级，增强创新发展的主导作用。

（4）制定切实有效的鼓励政策，鼓励企业提升专利拥有量

从整体上给予企业政策倾斜、奖金奖励、减免税收等政策，鼓励企业提升技术实力，形成自主创新机制，提升专利拥有量。但值得注意的是，不应一味追求专利申请数量，相对来说，更应该以授权后资助的方式对企业进行激励，以达到提升专利拥有量的同时，提升专利质量的目的。

7.4.2 提升企业创新能力

创新是引领发展的第一动力，也是推动工业转型升级、增强工业主导作用的关键路径。创新的本质是知识资本转化论，创新就是将远见、知识和冒险精神转化为财富的能力。以科技研发为先导的高创新性和高更新频率已经成为世界电子信息产业发展的重要特征。基于此，要构建"高校+企业"两轮驱动机制，全面推进产学研合作。

（1）推动高校+企业协同创新

产学研合作是指企业、科研院所和高等学校之间的合作，通常指以企业为技术需求方，与以科研院所或高等学校为技术供给方之间的合作，其实质是促进技术创新所需各种生产要素的有效组合。

国内外产学研合作的形式包括：高校和企业自主联合科技攻关与人才培养；共建研究中心、研究所和实验室；建立科技园区，实施科学研究与成果孵化；建立基金会，设立产学研合作专项基金；吸纳企业公司和社会资金成立学校董事会，建立高校高科技企业；高校与地区实行全方位合作等。其中，大学科技园作为教学、科研与产业相结合的重要基地，成为高校技术创新的基地、高新技术企业孵化的基地、创新创业人才培育的基地和高新技术产业辐射催化的基地。

支持企业与高校协同创新，打造电子信息系统的技术研发与检测平台，促进创新资源的集聚和产学研合作，为莆田市及周边企业的自主研发提供研发、设计、检测和咨询等服务。充分利用高校资源，是莆田市提升自身竞争实力的重要举措。

根据新型显示产业和集成电路产业的专利分析结果，可将中国高校的资源导向目录列举如表 7.1 所示。

表 7.1 高校资源导向目录

新型显示领域		集成电路领域	
高校名称	主要发明人	高校名称	主要发明人
华南理工大学	彭俊彪 吴为敬	中国科学院微电子研究所	朱慧珑 尹海洲 赵　超

续表

新型显示领域		集成电路领域	
高校名称	主要发明人	高校名称	主要发明人
清华大学	邱 勇	清华大学	严利人 刘道广 周伟松 周 卫
河北工业大学	孙玉宝 杨国强	北京大学	王阳元 张 兴 黄 如
福州大学	郭太良 林志贤 周雄图	中科院上海微系统与信息技术研究所	张 苗 狄增峰 叶 林
西安科技大学	尚长春	西安电子科技大学	胡辉勇 郝 跃
长春光学精密机械与物理研究所	丁铁夫	复旦大学	吴东平 许 鹏
上海交通大学	苏翼凯	电子科技大学	王向展 张 波
东南大学	任玉洁	华中科技大学	刘 胜
上海大学	冯 俊	中国科学院半导体研究所	李晋闽 王军喜

(2) 有效提升本地企业创新积极性

政府应完善以企业为主体,市场拉动、政府推动、产学研用相结合的技术创新体系。国家应创造良好的政策环境,支持鼓励有能力的大企业建立技术研发中心。一方面加强对核心技术的引进、消化、吸收和创新,并逐步转化为自身能力;另一方面进行企业内部研发,培育具有自主知识产权的产品,争取创新产品生命周期第一阶段的生产。

莆田市电子信息产业中新型显示和集成电路的区域定位分析中提到,新型显示领域相关申请41件,集成电路领域相关专利申请68件。莆田市相关专利申请量较少,一方面是由于莆田市电子信息产业的相关企业规模小、创新实力有限;另一方面也反映出企业的创新积极性不高,同时也代表了企业的知识产权意识和运用能力较差。因此,莆田市政府还应进一步完善创新基础建设，为创新发展提供支撑。

7.4.3 增强企业竞争力

从莆田市电子信息产业相关领域的专利技术分析中可知，莆田市电子信息产业的创新主体较为分散，尚未出现技术实力雄厚的龙头企业。因此，建立知识产权联盟将能够有效促进莆田市内电子信息产业相关企业联合创新，形成"抱团取暖"的效应，有效提升企业技术竞争实力。

（1）推动企业有效集聚整合

通过推动莆田市内电子信息产业相关企业的协同发展，要快速有效聚集产业，形成产业的集群式发展，单纯依靠市场机制是不容易实现的，需要莆田市政府强有力的推动。推动企业强强联合，通过兼并或战略联盟等形式打造企业利益共同体。莆田市政府要负责产业规划和制度设计，持续集聚创新要素，形成产业创新的"扎堆效应"，营造龙头企业领跑、中小企业跟进的"雁群效应"。深度整合政府和园区资源，通过建立产业联盟、电子信息专利池等措施，实现对莆田市电子信息企业的有效集聚。

（2）鼓励组建知识产权联盟

莆田市政府可牵头组织，根据企业创新实力和高新项目类型，优先联合华佳彩、福联、安特微电子、元生智汇、永德兴、科创光电、诺斯顿、飞阳光电等企业成立此联盟。

企业组建或加入知识产权联盟具有以下重要意义。

放大企业的专利技术扩散效应，为企业带来更大的经济效益。专利保护可以防止企业由于技术外溢而产生利益损失，但是过分地保护就会影响技术的普及和扩散，不利于产品的销售和利益最大化，也容易给竞争对手可乘之机。专利联盟可以通过联盟内企业的专利交叉许可和联盟外企业的批量许可，来弥补专利技术保护过分的缺点，放大企业专利技术的扩散效应，扩大对于新技术的推广与应用，为企业带来巨大的经济效益。

实现专利技术之间的协同效应。单个企业再强大，其拥有的资源也是有限的，不可能同时拥有和控制整个行业的核心技术，很难在产业技术上获得绝对优势。如果与相关企业和研究机构进行广泛的合作，建立专利联盟，则可以使企业迅速获得资源，形成更强大的技术实力，进而在行业内建立技术标准体系，使联盟成员获得稳定的市场份额，产生联盟企业内技术的协同效应。

建立企业之间的合作竞争关系。专利联盟的合作形式改变了以往企业之间的敌对竞争关系，进而形成了一种合作竞争的关系。专利联盟可以有效地降低联盟成员企业的风险和成本，弥补资金、技术和人才的不足，缩短新产品、新技术的开发周期等。加入专利联盟也许有时会导致短期收益相对减少，但却能够形成长期固定的市场收益，同时也可以极大地分散企业经营的风险。

进一步转化为技术标准，为企业带来巨大的商业效应。现实中技术与标准往往是捆绑在一起的，专利联盟是专利向标准转化中最重要的一个环节，一个运作成功的专利联盟是可以转化为技术标准的。专利联盟转化为标准后，通过技术标准的垄断，企业就可以在市场竞争中占据有利地位，从而将企业的技术研发转化为现实的竞争力，为企业带来巨大的商业利益。

7.5 莆田市电子信息产业发展其他建议

7.5.1 对管理及服务部门的建议

（1）推进创新人才高地政策

对于电子信息产业来说，一旦没有技术人才的支撑，就会在激烈的竞争中迅速败下阵来，不利于产业的升级发展。同时，创新能力的提升、企业竞争力的增强，无不需要人才的支撑。莆田市应在相关专业人才引进与培养上进行政策设计，吸引福建省和全国众多高校人才落户莆田市，以对莆田市电子信息产业集群的发展提供人才支持。

在吸引人才思路上，一是以项目引才，项目带动集聚人才，把招大商引强企作为人才引进的重要渠道，将项目引导落地，实现项目与人才双招双引，推动产业与人才互促共赢。二是以政策吸才，以人才引进奖励政策，创造人尽其才的工作和生活环境。三是以乡情吸引人才，健全莆籍海外留学定居人才和人才信息数据库，针对高层次人才和高技能人才实行动态管理。四是政企学三方联合培育，联合莆田学院等院校等实行引企入校，采取企业办班的方式，解决企业技能人才的需求问题。

在留住人才做法上，对企业职工教育经费和高校联合培育的经费可采用税收优惠，提高高科技人才和其他人员的工作积极性，对创新型人才在个人所得税方面进行优惠，尤其是对智力成果的转让、版权费用等，应免征个人所得税，以激发创新型人才科学研发的工作热情。同时加强与信息产业发达国家及地区的技术合作和人才交流，或者采取技术后备人才赴海外培训等方式，学习国外先进生产技术和管理方式，促进人才进步。

（2）构建金融支持体系

无论是增强企业竞争力，还是提升企业创新能力，都需要大量的资金支持。但莆田市电子信息企业多为劳动密集型的中小企业，普遍面临自主创新门槛高的"瓶颈"：一是中高级技术人才短缺，自主研发力量薄弱。二是在产品研发与市场开发环节缺乏必要的资金支持，难以形成有效竞争力。三是自主研发成本高、风险大，企业难以承担研发失败的财务风险。为此，政府应拓宽企业的融资渠道，发挥多层次资本市场的作用。

一是探索知识产权和经营权质押等各种灵活有效的担保方式。对企业的科技创新成果、自主知识产权、产品、商誉等无形资产进行专业评估并作为贷款的抵押担保依据。支持处于成长期的中小企业合理的发展资金需求。引导和鼓励金融机构和担保公司为信誉和市场前景较好的电子信息企业提供无形资产质押、订单质押、保理等方面的融资服务。

二是鼓励风险投资和私募股权基金等设立创业投资企业。推动科技保险发展，积极发展信用保险和短期抵押贷款保证保险等新型保险产品，为高新技术型中小企业提供创新创业风险保障。建立以政府资金为引导，民间资本为主体的创业资本筹集机制和市场化的创业资本运作机制，引导社会资金投入电子信息高新技术产业。

三是推动企业利用资本市场、债券市场直接融资，扶持若干条件比较成熟的高技术企业上市融资。随着"新三板"分层制度的推出，"新三板"逐渐趋于完善，已成为创新型中小企业融资的摇篮。莆田市电子信息产业集群以中小企业为主，在各地对"新三板"加大财政补贴的情况下，莆田市政府应以财政补贴或税收减免的形式引导企业挂牌登入"新三板"，以拓宽企业融资渠道。

四是推动地方政府建立高新技术类企业贷款风险补偿基金、融资担保基金等，合理分担高新技术企业贷款风险。

（3）重点项目重点支持

在产业发展初期，政府的导向不可或缺。莆田市可设立领导小组统筹协调，研究制定政策措施，完善工作体系，统筹市内各项资源，完善创新基础建设工作，将专利制度有机融入电子信息产业技术创新、产品创新中，营造良好的创新驱动发展基础环境；立足于莆田市电子信息产业的现状，通过加强技术研发、优化创新合作、引进国内外先进技术等多种途径，提升莆田市在电子信息产业的技术创新实力。

围绕已引进高新项目，配套产业链体系。近年来，莆田市积极推动产业升级转型，培育新型产业发展，目前已有一定成效。华映科技在莆田投资建设的6代金属氧化物面板项目，一期投资120亿人民币，建设月产能3万片的IGZO面板；与台湾联颖科技合作的福联6英寸砷化镓晶圆厂，一期总投资10亿元人民币，建设月产能3000片6英寸砷化镓芯片生产线。

根据新型显示和集成电路领域的专利数据分析结果，AMOLED、柔性显示和砷化镓半导体相关技术在全球范围内关注热度高，技术含量高，市场竞争激烈，将成为未来的技术发展热点方向之一。目前，莆田市技术创新基础较差，相关专利技术申请量均处于福建省的中游水平，通过技术引进的途径提升技术创新实力将是可行的方法。

莆田市应积极鼓励企业在莆田本地投入研发力量,并有效发挥专利在产业结构调整中的作用,提高企业技术创新能力和研发投入效率,增强企业市场竞争能力,实现产业的可持续发展。

莆田市电子信息产业的相关产品存在缺乏品牌效应、产品附加值不高、产品处于全球产业链的中低端、行业整体效益不高、在市场上缺乏有效的竞争实力等问题,产业结构亟需调整。

有的放矢,围绕高新项目招商引资。莆田市电子信息领域的企业类型少、规模小,多为电子信息终端设备组装/制造企业,电子信息产业的高新领域技术实力薄弱,电子信息产业的发展主要依托近年来引进的高新项目,如华佳彩、福联、元生智汇、安特等项目。因此,莆田市电子信息产业的招商引资策略也需要围绕已引进的高新项目,不断向产业链的上下游方向拓展,补全电子信息产业链。

资源导向目录。基于各技术领域中主要专利申请人的分析,为莆田市招商引资提供资源导向目录如表7.2、表7.3所示。

表7.2 新型显示领域资源导向目录

新型显示		
玻璃基板/滤光片/偏光片/背光模组	外框/PCB板/各类薄膜	智能终端设备
京东方[玻璃基板/背光模组(导光板、掩膜板)/滤光片/偏光片]	鸿海精密/鸿富锦精密/鸿胜科技	三星
华星光电[玻璃基板/背光模组(导光板、掩膜板、光学薄膜)/滤光片/偏光片]	欧珀移动通信(VIVO)	苹果
鸿海精密/鸿富锦精密[玻璃基板/背光模组(导光板、掩膜板、光学薄膜)/滤光片/偏光片]	三星电机	索尼
信利半导体[导光板/掩膜板/偏光片]	富葵精密	Alphabet
海信[背光模组]	深南电路	LG
友达光电[玻璃基板/背光模组/偏光片]	臻鼎科技	小米
东旭集团[玻璃基板/背光模组]	北大方正集团	联想
旭硝子[玻璃基板]	东莞联桥电子	华为
群创光电[背光模组]	华为	惠普
东旭光电[玻璃基板]	宏启胜精密	黑莓
群康科技[背光模组]	英业达	爱立信

续表

新型显示		
玻璃基板/滤光片/偏光片/背光模组	外框/PCB板/各类薄膜	智能终端设备
日东电工［光学薄膜］	揖斐电	—
HOYA［玻璃基板］	珠海方正科技	—
深圳TCL新技术［背光模组］	视源电子	—
龙腾光电［背光模组］	兴森快捷电路	—
旭飞光电［玻璃基板］	三星	—
—	迈致治具	—

表7.3 集成电路产业资源导向目录

集成电路		
IC设计	IC制造	IC封测
华为	中芯国际	长电科技
中兴	上海华虹	日月光
国际商业机器公司	上海华力	三星
英特尔	台积电	台积电
高通	国际商业机器公司	富士通
中芯国际	东京毅力科创	矽品精密
台积电	京东方	南茂科技
三星	海力士	华进半导体
华星光电	三星	晶方半导体
腾讯	宏旺电子	华天科技
—	联华电子	鸿海精密
—	方正集团	英飞凌科技

（4）促进信息技术与制造业深度融合

从专利信息分析结果可知，电子信息产业涉及众多的制造业领域，以互联网为代表的新兴电子信息技术与传统的制造业深度融合发展是当今电子信息产业的重要发展趋势。电子信息技术的融入，给制造业带来新的发展机会，即智能制造、绿色制造和服务制造成为制造业发展的重要方向。莆田市可以将电子信息产业的转型升级与鞋服产业、食品产业、高端制造产业等深度整合，推广电子信息产品和服务在传统典型领域的应用，通过应用和商业模式的创新，建设协同发展的产业体系。

7.5.2 对企业的发展建议

随着基础技术成熟，电子信息技术进入新一代信息技术阶段，多学科、多领域交叉成为常态。最典型的例如物联网，融合了传感器技术、计算机技术、信息网络、嵌入式系统等。因此，过去由单一企业实现的单一技术领域创新模式被彻底瓦解，进入跨领域、集成化的产业协同创新模式。

从重点领域看，人工智能、超高清视频、5G 等成为电子信息产业创新发展的主要引领。这些产业均有一个显著特点：本身技术含量高，同时又可带动相关产业或与其他产业融合。以 5G 为例，作为移动通信技术的又一次发展，5G 与 4G 相比，不仅仅是速度大幅提升，更重要的则是带动了相当一批要求高质量、高速度、低延时网络的产业。典型的就是物联网。物联网最终要实现人与人、人与物、物与物的全场景覆盖。5G 在物联网中担任传输连接作用，是物联网的基础。因此，5G 的广泛应用必然推动物联网与各行业的深度融合，使物联网成为可预见的拥有万亿级市场规模的产业。因此，要把握住这一波创新发展机遇，通过重点领域的发展，充分发挥其引领作用，实现电子信息产业创新发展。

（1）吸收利用引进技术，坚持创新发展

创新是发展的第一动力。从韩国电子信息产业发展经验可知，企业要有战略眼光，持续增加研发投入，拥抱创新发展动力。通过研发，量变引质变，最终形成占领产业链中上游的技术和产品。

一要不断推动代工制造优化升级。从 OEM（原始设备制造）和 ODM（原始设计制造）向 IDM（一体化制造）+EQS（电子制造服务）发展，从单独的生产、设计与服务转向综合生产、设计、材料、物流、维修、测试等在内的一揽子体系。二要在模仿中不断创新，通过引进、消化、吸收和改造成熟技术、从中高端元器件入手，实现部分领域的跨越式发展。

（2）利用市场动力，加强创新开发主动性

从电子信息专利分析结果可知，电子信息产业处于新的发展阶段，分布领域多，涉及产业链长，关联着生活生产的方方面面，市场空间巨大。在莆田市电子信息企业数量众多，并且以中小企业为主的情况下，产业想要获得长远的发展，就必须提升企业新产品研发的主动性，确保市场开发主动性较强。具体来说，就是企业不能只依据市场的发展趋向，或者在已有的产品的基础上被动地进行生产，而是要善于分析大众需求，敢于将"新"元素融合其中，在细分市场中寻找突破。随着消费个性化的逐渐显现，中小电子信息企业应利用自身的灵活优势，以选准细分市场为突破口，满足不同消费群要求，才能够保障国际化相互融合市场环境下，产业经济全面整合的价值。

（3）积极参与产业国际分工，延伸产品生命周期

从全球电子信息产业专利分析结果可知，电子信息产业生产链与价值链是全球分工的，积极参与国际分工，是发展壮大莆田市电子信息产业的必由之路。贸易保护主义抬头，中兴事件与晋华事件改变不了国内企业积极开展全球化合作拓展海外市场的趋势。

国际分工为相对落后的模仿国谋求产业发展提供了机遇和手段。以电子信息产业为例可以看出，发达国家之所以居于产业链上游环节，是因为持续的技术研发而控制了产业价值链。因此，各方面实力相对落后的发展中国家谋求发展，就必须积极加入产业国际分工中，缩小与主要产业强国的差距。一方面，"一带一路"，相当于给我国的对外经济贸易装上了大功率发动机，参与"一带一路"建设，可以开发非洲、拉美等市场，通过当地生产、当地销售，降低劳动力和运输成本，提升竞争力，延伸产品生命周期，以提升中国的贸易地位。另一方面，还要搭好创新对接平台，承接我国台湾、珠三角等地高新技术产业转移。优先承接技术密集型产业集群的转移，促进双方共同开展新产品研发，企业应建立技术开发中心，培育核心技术，保证技术水平不断提高。

（4）重视知识产权，加强知识产权创造与保护

知识产权不仅是创新的激励手段，也是保护创新成果的重要方式。应推进国家知识产权试点城市建设，创新成果转化股权和分红方式，完善知识产权创造、保护和运用体系。

注重高质量专利申请。现有的大多数专利布局的方式主要包括路障式布局、城墙式布局、地毯式布局、丛林式专利布局等，或者从技术链的角度、产业链的角度对技术在横向上（技术链方向）或者从纵向上（产业链方向）进行深度剖析，从而进行关联布局。

然而，"专利布局"并不是独立存在的个体，而与"专利挖掘"息息相关。"专利挖掘"服务于"专利布局"，"专利布局"依托于"专利挖掘"，"专利挖掘"呈现在最终所产生的专利数量上，"专利布局"反映在最终企业是否能够获得相关领域话语权的专利质量上。为形成企业在市场竞争中"数量布局、质量取胜"的良好局面，

二者密不可分。

(5) 加强品牌建设，增强企业竞争力

品牌建设是企业生存发展的重中之重，是提升产业集群竞争力的重要保证，也是企业研发、创新和设计的重要目的。在加强技术创新、重视产品质量的基础上，培育龙头企业，使龙头企业成熟稳定，拥有相对完整的产业链，在规模、研发能力和品牌建设上具有较大的竞争力，能吸附配套产业的组群式转移和迅速发展，并通过其辐射作用带动相关产业集群的发展。

在电子信息产业集群效应日益凸显的情况下，龙头企业应以其研发能力和优势加大精密核心器件的研发和生产。一般规模企业可将产业链从零部件生产向附加值高的整机等终端产品扩展。在功能架构上拓宽产品渠道，进行品牌建设，摆脱"低端锁定"陷阱。

参考文献

[1]陶于祥,袁野,樊自甫,等.全球电子信息制造业发展趋势与经验借鉴[J].重庆邮电大学学报(社会科学版),2018,30(1):89-95.

[2]中国产业信息网.2017年我国电子信息制造业细分领域需求规模测算[EB/OL].(2017-08-07)[2023-08-01].http://www.chyxx.com/industry/2017081547857.html.

[3]东南网.发力高新,电子信息业欲振雄风[EB/OL].(2018-07-09)[2023-08-01].http://finews.fjsen.com/2018-07-09/content_21235296_all.htm.

[4]福建省电子信息集团.莆田电子信息产业:加快步伐 瞄准未来[EB/OL].(2022-12-15)[2023-08-01].https://mp.weixin.qq.com/s/uLf9mONOjIixOISfyJ6HSw.

[5]孔彬.新型显示技术发展研究[J].中国数字电视,2013(Z2):52-57.

[6]E视角.宝典必藏《新型显示产业发展白皮书(2017版)》[EB/OL].(2017-08-16)[2023-08-02].https://www.sohu.com/na/165011948-505848.

[7]搜狐网.简述液晶面板产业发展简史.[EB/OL].(2018-07-09)[2023-08-05].https://www.sohu.com/a/240129129-713165.

[8]搜狐网.一文看懂国产芯片现状[EB/OL].(2018-04-25)[2023-08-08].https://www.sohu.com/a/229451292-355033?qq-pf-to=pcqq.group.

[9]通信产业网.广东终端产业持续领跑,河源集聚高地正在崛起[EB/OL].(2022-11-01)[2023-08-01].https://new.qq.com/rain/a/20221101A030Q700.